示范性高等职业院校建设校企合作特色教材

U0507062

初级财务会计

主　编　李　洁　佘菁华

副主编　王建新　李伟霞　尚　娜　戈　雯

参　编　范　洁

北京理工大学出版社
BEIJING INSTITUTE OF TECHNOLOGY PRESS

内 容 简 介

本书以财政部 2006 年至 2019 年颁布的一系列《企业会计准则》《企业会计准则讲解》以及相关会计法律法规等为依据编写，充分体现了最新的会计准则、会计政策、会计制度和原则。结合高职教学的特点，本书共分为 13 章，内容包括财务会计概述、货币资金、应收和预付款项、存货、金融资产、固定资产、无形资产、流动负债、非流动负债、所有者权益、收入和费用、所得税费用和利润、财务报告。本书主要按会计要素编排，主要业务内容从中小企业常见业务中选取。本书可作为高等职业院校财务会计类专业学生用书，也可供社会其他人士选取作为财务会计自学教材。

图书在版编目（CIP）数据

初级财务会计 / 李洁，佘菁华主编. —北京：北京理工大学出版社，2021.4（2021.6 重印）
ISBN 978-7-5682-9740-0

Ⅰ．①初…　Ⅱ．①李…②佘…　Ⅲ．①财务会计-高等学校-教材　Ⅳ．①F234.4

中国版本图书馆 CIP 数据核字（2021）第 071000 号

出版发行 / 北京理工大学出版社有限责任公司	
社　　址 / 北京市海淀区中关村南大街 5 号	
邮　　编 / 100081	
电　　话 / （010）68914775（总编室）	
（010）82562903（教材售后服务热线）	
（010）68948351（其他图书服务热线）	
网　　址 / http://www.bitpress.com.cn	
经　　销 / 全国各地新华书店	
印　　刷 / 河北盛世彩捷印刷有限公司	
开　　本 / 787 毫米×1092 毫米　1/16	
印　　张 / 17.25	责任编辑 / 孟祥雪
字　　数 / 398 千字	文案编辑 / 孟祥雪
版　　次 / 2021 年 4 月第 1 版　2021 年 6 月第 2 次印刷	责任校对 / 周瑞红
定　　价 / 49.80 元	责任印制 / 施胜娟

前　言

本书根据高职院校财务会计专业人才培养目标的要求，结合高职教育教学的特点和要求，力求将会计基本理论和方法与业务核算实践相结合，突出以应用为导向、以职业核心能力培养为目标这一关键思路。全书体系按照资产、负债、所有者权益、收入、费用、利润等要素进行讲解，按稍高于初级会计实务资格考试大纲的难度编排内容、选择案例。同时针对区域经济发展特点，本书凸显了中小企业的核算要求，除突出强化会计岗位技能外，坚持会计理论知识够用、适用，知识系统、深度适当，有针对性地删减了部分会计理论内容，将会计理论的讲解放置在"中小型企业"会计一般业务所要求的深度和难度，增加了对于专业知识具体运用的内容。

本书所有内容均符合近年来我国最新修订的企业会计准则和全面推行"营改增"以来颁布的各项税收相关法律法规的规范，调整和修订所参照的法律法规截止到 2019 年 12 月。本书在编写过程中，结合各位参编老师丰富的教学经验和学习体会，书中各章节中相关例题都贴切实际、具有典型性，力求用简明易懂的文字阐述会计理论，讲明会计方法，方便学生理解，充分体现高职院校素质教育的职业性和适用性。本书也适合非会计专业人员自学使用。本书由李洁、佘菁华任主编，王建新、李伟霞、尚娜、戈雯任副主编，范洁参与本书的编写工作。本书各部分内容分工如下：李洁负责第六章、第九章、第十章、第十二章的编写工作；佘菁华负责第三章、第五章、第十一章的编写工作；王建新负责第四章、第八章的编写工作；李伟霞负责第二章的编写工作；尚娜负责第十三章的编写工作；戈雯负责第七章的编写工作；范洁负责第一章的编写工作。

为了方便教师教学，本教材附有配套的相关电子教学课件，由李洁设计并主编，佘菁华、王建新、范洁参加编写。

在本书的编写过程中，我们参考了有关专家编著的书籍和发表的论文，并得到了乌海利原税务师事务有限公司于庆利女士提供的积极有效的修改建议和税务知识方面的指导，在此表示衷心的感谢。

由于编者水平和经验有限，书中难免存在疏漏之处，敬请各位专家同行和广大读者批评指正。

编　者

目　录

财务会计概述

第一节 财务会计概述

一、财务会计的含义

财务会计是为了满足企业外部会计信息使用者的需要，在《企业会计准则》的规范下，通过确认、计量、记录和报告等专门程序和方法，提供有关企业财务状况、经营成果、现金流量等会计信息的对外报告会计。

二、财务报告的目标

财务会计的目标是向企业外部信息使用者提供有用的信息，帮助使用者做出相关决策。承担这一信息载体和功能的是企业编制的财务报告，它是财务会计确认和计量的最终结果，是沟通企业管理层与外部信息使用者之间的桥梁和纽带。因此，财务会计报告的目标定位非常重要。

我国企业财务报告的目标是向财务报告使用者提供与企业财务状况、经营成果和现金流量等有关的会计信息，反映企业管理层受托责任的履行情况，有助于财务报告使用者做出经济决策。财务报告外部信息使用者主要包括投资者、债权人、政府及其他部门和社会公众等；内部信息使用者包括企业的管理层和员工等。因此，财务报告的目标主要包括以下两方面的内容：

（一）向财务报告使用者提供对决策有用的信息

企业财务报告的主要目的是满足财务报告使用者的信息需要，有助于财务报告使用者做出经济决策。向财务报告使用者提供对决策有用的信息是财务报告的基本目标。

根据向财务报告使用者提供对决策有用的信息这一目标的要求，财务报告所提供的会计信息应当如实反映企业所拥有或者控制的经济资源、对经济资源的要求权以及经济资源要求权的变化情况；如实反映企业的各项收入、费用、利得和损失的金额及其变动情况；如实反映企业各项经营活动、投资活动和筹资活动等所形成的现金流入和现金流出情况等。从而有助于现在的或者潜在的投资者、债权人以及其他使用者正确、合理地评价企业的投资质量、偿债能力、盈利能力和营运效率等；有助于财务报告使用者评估与投资和信贷有关的未来现金流量的金额、时间和风险等。

（二）反映企业管理层受托责任的履行情况

在现代公司制度下，企业所有权和经营权相分离，企业管理层是受委托人之托经营管理企业及其各项资产，负有受托责任，即企业管理层所经营管理的各项资产基本上均为投资者投入的资本（或者留存收益作为再投资）或者向债权人借入的资金所形成的，企业管理层有责任妥善保管并合理、有效地使用这些资产。因此，财务报告应当反映企业管理层受托责任的履行情况，以利于评价企业的经营管理责任以及资源使用的有效性，并为投资者决定是否继续维持现有的委托代理关系提供决策依据。

第二节　会计基本假设与会计基础

一、会计基本假设

会计基本假设是会计核算的前提条件。它是对财务会计核算所处的空间、时间、度量所做的合理设定。财务会计核算对象的确定、财务报表要素的确认与计量都要以这一基本前提为依据。会计基本假设包括会计主体、持续经营、会计分期、货币计量四个方面。

（一）会计主体

会计主体是指企业会计确认、计量和报告的空间范围。为了向财务报告使用者反映企业财务状况、经营成果和现金流量，提供对其决策有用的信息，会计核算和财务报告的编制应当反映特定对象的经济活动，才能实现财务报告的目标。

在会计主体假设下，企业应当对其本身发生的交易或者事项进行会计确认、计量和报告，反映企业本身所从事的各项活动。明确界定会计主体是开展会计确认、计量和报告工作的重要前提。

首先，明确会计主体，才能划定会计所要处理的各项交易或事项的范围。在会计实务中，只有那些影响企业本身经济利益的各项交易或事项才能加以确认、计量和报告，那些不影响企业本身经济利益的各项交易或事项则不能加以确认、计量和报告。通常所讲的资产、负债的确认，收入的实现，费用的发生等，都是针对特定会计主体而言的。

其次，明确会计主体，才能将会计主体的交易或者事项与会计主体所有者的交易或者事项以及其他会计主体的交易或者事项区分开来。例如，企业所有者的经济交易或者事项是属于企业所有者主体所发生的，不应纳入企业会计核算的范围，但是企业所有者投入企业的资本或者企业所有者分配的利润，则属于企业主体所发生的交易或者事项，应当纳入企业会计确认、计量和报告的内容。

会计主体不同于法律主体。一般而言，法律主体必然是一个会计主体。例如，一个企业作为一个法律主体，应当建立财务会计系统，独立反映其财务状况、经营成果和现金流量。但是，会计主体不一定是法律主体。例如，企业集团中的母公司拥有若干子公司，母、子公司虽然是不同的法律主体，但是母公司对子公司拥有控制权，为了全面反映企业集团的财务状况、经营成果和现金流量，需要将企业集团作为一个会计主体，编制合并财务报表，在这种情况下，尽管企业集团不属于法律主体，但它是会计主体。

（二）持续经营

持续经营是指在可以预见的将来，企业将会按当前的规模和状态继续经营下去，不会停业，也不会大规模削减业务。在持续经营前提下，会计确认、计量和报告应当以企业持续、正常的生产经营活动为前提。

例如，某企业购入一条生产线，预计使用寿命为10年，考虑到企业将会持续经营下去，因此可以假定企业的固定资产会在持续经营的生产经营过程中长期发挥作用，并服务于生产经营过程，直至生产线使用寿命结束。因此，固定资产应当以历史成本为基础进行记录，并采用折旧的方式，将历史成本分摊到预计使用寿命期间所产生的相关产品成本中。

会计准则体系是以企业持续经营为前提加以设立和规范的，涵盖了从企业成立到清算（包括破产）的整个期间的交易或者事项的会计处理。一个企业在不能持续经营时就应当停止使用这个假设，如果仍然按持续经营的基本假设选择会计确认、计量和报告的原则与方法，就不能客观地反映企业的财务状况、经营成果和现金流量，会误导会计信息使用者的经济决策。

（三）会计分期

会计分期是指将一个企业持续经营的生产经营活动划分为一个个连续的、长短相同的期间。会计分期的目的，在于将持续经营的生产经营活动划分成连续、相等的期间，据以结算盈亏，按期编报财务报告，从而及时向财务报告使用者提供有关企业财务状况、经营成果和现金流量的信息。

根据持续经营假设，一个企业将按当前的规模和状态持续经营下去。但是，无论是企业的生产经营决策还是投资者、债权人等的决策都需要及时的信息，因此，会计核算需要将企业持续的生产经营活动划分为一个个连续的、长短相同的期间，分期确认、计量和报告企业的财务状况、经营成果和现金流量。明确会计分期假设意义重大，由于会计分期，才产生了当期与以前期间、以后期间的差别，才使不同类型的主体有了记账的基准，进而出现了折旧、摊销等会计处理方法。

在会计分期假设下，企业应当划分会计期间，分期结算账目和编制财务报告。会计期间通常分为年度和中期。中期是指短于一个完整的会计年度的报告期间。

（四）货币计量

货币计量是指会计主体在财务会计确认、计量和报告时以货币计量，反映会计主体的生产经营活动。

在会计的确认、计量和报告过程中选择货币为基础进行计量，是由货币的本身属性决定的。货币是商品的一般等价物，是衡量一般商品价值的共同尺度，具有可加总性。其他计量单位，如千克、米、立方米、台、件等，只能从一个侧面反映企业的生产经营情况，无法在量上进行汇总和比较，不便于会计计量和经营管理。只有选择货币尺度进行计量，才能够将各种经济活动综合地反映出来，所以，基本准则规定，会计确认、计量和报告选择货币作为计量单位。

二、会计基础

企业会计的确认、计量和报告应当以权责发生制为基础。权责发生制要求，凡是当期已经实现的收入和费用，无论款项是否收付，都应当作为当期的收入和费用；凡是不属于当期的收入和费用，即使款项已在当期收付，也不应当作为当期的收入和费用。

权责发生制以权利取得和责任完成作为收入和费用发生的标志，有助于正确计算企业的经营成果。权责发生制的核心是实现概念和配比概念。

实现是指企业在履行义务的过程中（如销售商品、提供劳务、让渡资产的使用权）相应取得的现金或现金索取权（如应收票据）的流入，即实现概念指明了一项特定经营业务中确认的收入数量。例如，商店将商品交付给顾客并收到顾客支付的现金，商店就相应地从这笔销售中实现了收入。

收付实现制是与权责发生制相对应的一种会计基础，它是以现金的实际收到或支付作为确认收入和支出等的依据。目前，我国的行政事业单位预算会计采用收付实现制，行政事业单位财务会计采用权责发生制。

第三节 会计信息质量要求

一、会计信息质量要求的含义

会计信息质量要求是对企业财务报告中所提供高质量会计信息的基本规范，是使财务报告中所提供会计信息对投资者等使用者决策有用应具备的基本特征。根据基本准则规定，它包括可靠性、相关性、可理解性、可比性、实质重于形式、重要性、谨慎性和及时性等。

二、会计信息质量的具体要求

（一）可靠性

可靠性要求企业应当以实际发生的交易或者事项为依据进行确认、计量和报告，如实反映符合确认和计量要求的各项会计要素及其他相关信息，保证会计信息真实可靠，内容完整。

会计信息要有用，必须以可靠为基础，如果财务报告所提供的会计信息是不可靠的，就会给投资者等信息使用者的决策带来误导，甚至给其带来损失。为了贯彻可靠性要求，企业应当做到：

（1）以实际发生的交易或者事项为依据进行确认、计量，将符合会计要素定义及其确认条件的资产、负债、所有者权益、收入、费用和利润等如实反映在财务报表中，不得根据虚构的、没有发生的或者尚未发生的交易或者事项进行确认、计量和报告。

（2）在符合重要性和成本效益原则的前提下，保证会计信息的完整性。其中，包括编报的报表及其附注内容等应当保持完整，不能随意遗漏或者减少应予披露的信息，与使用者决策相关的有用信息都应当充分披露。

（3）在财务报告中的会计信息应当是中立的、无偏的。如果企业在财务报告中为了达到事先设定的结果或效果，通过选择或列示有关会计信息以影响财务报告中使用者决策或判断，这样的财务报告信息就不是中立的。

（二）相关性

相关性要求企业提供的会计信息应当与投资者等财务报告使用者的经济决策需要相关，有助于投资者等财务报告使用者对企业过去、现在或者未来的情况做出评价或者预测。

会计信息是否有用、是否具有价值，关键是看其与使用者的决策需要是否相关，是否有助于决策或者提高决策水平。相关的会计信息应当能够帮助使用者评价企业过去的决策，证实或者修正过去有关预测，因而具有反馈价值。相关的会计信息还应当具有预测价值，有助于使用者根据财务报告所提供的会计信息预测企业未来的财务状况、经营成果和现金流量。例如，区分收入和利得、费用和损失，区分流动资产和非流动资产、流动负债和非流动负债，以及适度引入公允价值等，都可以提高会计信息的预测价值，进而提高会计信息的相关性。

会计信息质量的相关性要求，需要企业在确认、计量和报告会计信息的过程中，充分考虑使用者的决策模式和信息需要。但是，相关性是以可靠性为基础的，两者之间并不矛盾，不应将两者对立起来。也就是说，会计信息应当在可靠性前提下，尽可能地做到相关性，以满足投资者等财务报告使用者的决策需要。

（三）可理解性

可理解性要求企业提供的会计信息应当清晰明了，便于投资者等财务报告使用者理解和使用。

企业编制财务报告、提供会计信息的目的在于使用。要让使用者有效利用会计信息，应让其能了解会计信息的内涵，弄懂会计信息的内容，这就要求财务报告所提供的会计信息应当清晰明了、易于理解。只有这样，才能提高会计信息的有用性，实现财务报告的目标，满足向投资者等财务报告使用者提供对决策有用信息的要求。投资者等财务报告使用者通过阅读、分析、使用财务报告信息，了解企业的过去和现状，以及企业净资产或企业价值的变化过程，预测未来发展趋势，从而做出科学决策。

会计信息是一种专业性较强的信息产品，在强调会计信息的可理解性要求的同时，还应假定使用者具有一定的企业经营活动和会计方面的相关知识，并且愿意付出努力去研究这些信息。对于某些复杂的信息，如交易本身或者会计处理较为复杂，但其与使用者的经济决策相关，企业就应当在财务报告中予以充分披露。

（四）可比性

可比性要求企业提供的会计信息应当具有可比性。具体包括下列要求：

1. 同一企业不同时期可比

为了便于投资者等财务报告使用者了解企业财务状况、经营成果和现金流量的变化趋势，比较企业在不同时期的财务报告信息，全面客观地评价过去、预测未来、做出决策，会计信息的可比性要求同一企业对于不同时期发生的相同或者相似的交易或者事项，应当采用一致的会计政策，不得随意变更。当然，满足会计信息可比性的要求，并不表明不允许企业变更会计政策，企业按照规定或者会计政策变更后可以提供更可靠、更相关的会计信息时，就有必要变更会计政策，以向使用者提供更为有用的信息，但是有关会计政策变更的情况，应当在附注中予以说明。

2. 不同企业相同会计期间可比

为了便于投资者等财务报告使用者了解企业财务状况、经营成果和现金流量的变动情况，从而做出科学合理的决策，会计信息质量的可比性要求不同企业同一会计期间发生的相同或者相似的交易或者事项，应当采用统一规定的会计政策，确保会计信息口径一致、相同可比，即对于相同或者相似的交易或者事项，不同企业应当采用一致的会计政策，以使不同企业按照一致的确认、计量和报告基础提供有关会计信息。

（五）实质重于形式

实质重于形式要求企业应当按照交易或者事项的经济实质进行会计确认、计量和报告，仅仅以交易或者事项的法律形式为依据。在实际工作中，交易或事项的外在法律形式并不总能完全真实地反映其实质内容。所以，会计信息要想反映真实的交易或事项，就必须根据交易或事项的实质和经济现实，而不能仅仅根据它们的法律形式进行核算和反映。例如，在企业合并中，经常会涉及"控制"的判断，有些合并从投资比例来看，虽然投资者拥有被投资企业50%或50%以上股份，但是投资企业通过章程、协议等有权决定被投资企业业务和经营政策的，就不应当简单地以持股比例来判断控制权，而应当根据实质重于形式的原则来判断投资企业对被投资企业的控制程度。

（六）重要性

重要性要求企业提供的会计信息应当反映与企业财务状况、经营成果和现金流量相关的所有重要交易或者事项，会影响投资者等使用者据此做出决策的，该财务报告中提供的会计信息的省略或者错报信息就具有重要性。重要性的应用需要依赖职业判断，企业应当根据其所处环境和实际情况，从项目的性质和金额大小两方面加以判断。例如，企业发生的某些支出，金额较小的，从支出受益期来看，可能需要在若干会计期间进行分摊，但根据重要性要求可以一次性计入当期损益。又如企业将劳动资料划分为固定资产和低值易耗品，也是基于重要性的会计核算质量要求。

（七）谨慎性

谨慎性要求企业对交易或者事项进行会计确认、计量和报告应当保持应有的谨慎，不应高估资产或者收益、低估负债或者费用。在市场经济环境下，企业的生产经营活动面临着许多风险和不确定性，如应收款项的可收回性、固定资产的使用寿命、无形资产的使用寿命、售出存货可能发生的退货或者返修等，会计信息质量的谨慎性要求企业在面临不确定性因素的情况下做出职业判断时，应当保持应有的谨慎，充分考虑到各种风险和损失，既不高估资产或者收益，也不低估负债或者费用。例如，要求企业对可能发生的资产减值损失计提资产减值准备、对售出商品可能发生的保修义务等确认预计负债等，就体现了会计信息质量的谨慎性要求。谨慎性的应用不允许企业设置秘密准备，如果企业故意低估资产或者收入，故意高估负债或者费用，将不符合会计信息的谨慎性要求，会损害会计信息质量，扭曲企业实际的财务状况和经营成果，从而对使用者的决策产生误导，这是不符合会计准则要求的。

（八）及时性

及时性要求企业对于已经发生的交易或者事项应当及时进行确认、计量和报告，不得提前或者延后。会计信息的价值在于帮助所有者或者其他方面做出经济决策，具有时效性。即使是可靠、相关的会计信息，如果不及时提供，也就失去了时效性，对于使用者的效用就大大降低甚至不再具有实际意义。在会计确认、计量和报告过程中贯彻及时性，一是要求及时收集会计信息，即在经济交易或者事项发生后，及时收集、整理各种原始单据或者凭证；二是要求及时处理会计信息，即按照会计准则的规定，及时对经济交易或者事项进行确认或者计量，并编制出财务报告；三是要求及时传递会计信息，即按照国家规定的有关时限及时地将编制的财务报告传递给财务报告使用者，便于其及时使用和决策。

第四节　会计要素及其计量属性

一、会计要素及其确认

会计要素是指按照交易或事项的经济特征所确定的财务会计对象的基本分类。会计要素按照其性质分为资产、负债、所有者权益、收入、费用和利润，其中资产、负债和所有者权益要素侧重于反映企业的财务状况，收入、费用和利润反映企业的经营成果。会计要素的界定和分类可以使财务会计系统更加科学严密，为投资者等财务报告使用者提供更加有用的信息。

（一）资产及其确认

1. 资产的定义

资产是指企业过去的交易或者事项形成的由企业拥有或者控制的、预期会给企业带来经济利益的资源。根据资产的定义，资产具有以下几个方面的特征：

（1）资产应为企业拥有或者控制的资源。资产作为一项资源，应当由企业拥有或者控制，具体是指企业享有某种资源的所有权，或者虽然不享有某种资源的所有权，但该资源能被企业所控制。

企业享有资源的所有权，通常表明企业能够排他性地从资产中获取经济利益。通常在判断资产是否存在时，所有权是考虑的首要因素。在有些情况下，资产虽然不为企业所拥有，即企业并不享有其所有权，但企业控制了这些资产，同样表明企业能够从资产中获取经济利益，符合会计上对资产的定义。如果企业既不拥有也不控制资产所能带来的经济利益，就不能将其作为企业的资产予以确认。

例如，某企业以融资租赁方式租入一项固定资产，尽管企业并不拥有其所有权，但是如果租赁合同规定的租赁时间长，接近该资产的使用寿命，企业控制了该资产的使用及其所能带来的经济利益，就应当将其作为企业资产予以确认、计量和报告。

（2）资产预期会给企业带来经济利益。资产预期会给企业带来经济利益，是指资产直接或者间接导致现金和现金等价物流入企业的潜力。这种潜力可以来自企业日常的生产经营活动，也可以来自非日常活动；带来的经济利益可以是现金或现金等价物，或者是可以转化为现金或者现金等价物的形式，或者是可以减少现金或者现金等价物流出的形式。

资产预期能否给企业带来经济利益是资产的重要特征。例如，企业采购的原材料、购置的固定资产等可以用于生产经营过程，制造商品或者提供劳务，对外出售后收回货款，货款即为企业所获得的经济利益。如果某一项目预期不能给企业带来经济利益，就不能将其确认为企业的资产。前期已经确认为资产的项目，如果不能再为企业带来经济利益，也就不能再确认为企业的资产。

（3）资产是由企业过去的交易或者事项形成的。资产应当由企业过去的交易或者事项所形成，过去的交易或者事项包括购买、生产、建造行为或者其他交易事项。换句话说，只有过去的交易或者事项才能产生资产，企业预期在未来发生的交易或者事项不形成资产。

例如，企业有购买某存货的意愿或者计划，但是购买行为尚未发生，就不符合资产的定义，不能因此而确认存货资产。

2. 资产的确认条件

将一项资源确认为资产，需要符合资产的定义，还应同时满足以下两个条件：

（1）与该资源有关的经济利益很可能流入企业。从资产的定义可以看到，能否带来经济利益是资产的一个本质特征，但在现实生活中，由于经济环境瞬息万变，与资源有关的经济利益能否流入企业或者能够流入多少实际上带有不确定性。因此，资产的确认还应与经济利益流入的不确定性程度的判断结合起来，如果根据编制财务报表时所取得的证据，与资源有关的经济利益很可能流入企业，那么应当将其作为资产予以确认；反之，不能确认为资产。

（2）该资源的成本或者价值能够可靠地计量。财务会计系统是一个确认、计量和报告的系统，其中计量起着枢纽作用，可计量性是所有会计要素确认的重要前提，资产的确认也是如此。只有当有关资源的成本或者价值能够可靠地计量时，资产才能予以确认。在实务中，企业取得的许多资产都是发生了实际成本的，例如，企业购买或者生产的存货，企业购置的厂房或者设备等，对于这些资产，只要实际发生的购买成本或者生产成本能够可靠计量，就视为符合了资产确认的可计量条件。在某些特定情况下，企业取得的资产没有发生实际成本或者发生的实际成本很小，例如，企业持有的某些衍生金融工具形成的资产，对于这些资产，尽管没有实际成本或者发生的实际成本很小，但是其公允价值能够可靠计量，也被认为符合了资产可计量的确认条件。

（二）负债及其确认

1. 负债的定义

负债是指企业过去的交易或者事项形成的，预期会导致经济利益流出企业的现时义务。根据负债的定义，负债具有以下几个方面的特征：

（1）负债是企业承担的现时义务。负债必须是企业承担的现时义务，它是负债的一个基本特征。其中，现时义务是指企业在现行条件下已承担的义务。未来发生的交易或者事项形成的义务，不属于现时义务，不应当确认为负债。

这里所指的义务可以是法定义务，也可以是推定义务。其中，法定义务是指具有约束力的合同或者法律、法规规定的义务，通常在法律意义上需要强制执行。例如，企业购买原材料形成应付账款，企业向银行贷款形成借款，企业按照税法规定应缴纳的税款等，均属于企业承担的法定义务，需要依法予以偿还。推定义务是指根据企业多年来的习惯做法、公开的承诺或者公开宣布的政策而导致企业将承担的责任，这些责任也使有关各方形成了企业将履行义务、解脱责任的合理预期。例如，某企业多年来有一项销售政策，对于售出商品提供一定期限内的售后保修服务，预期将为售后商品提供的保修服务就属于推定义务，应当将其确认为一项负债。

（2）负债预期会导致经济利益流出企业。预期会导致经济利益流出企业也是负债的一个本质特征，只有企业在履行义务时会导致经济利益流出企业的，才符合负债的定义，如果不会导致企业经济利益流出，就不符合负债的定义。在履行现时义务清偿负债时，导致经济利益流出企业的形式多种多样，例如，用现金偿还或以实物资产形式偿还；以提供劳务形式偿还；以部分转移资产、部分提供劳务形式偿还等。

（3）负债是由企业过去的交易或者事项形成的。负债应当由企业过去的交易或者事项所形成。换句话说，只有过去的交易或者事项才形成负债，企业将在未来发生的承诺、签订的合同等交易或者事项，不形成负债。

2. 负债的确认条件

将一项现时义务确认为负债，需要符合负债的定义，还需要同时满足以下两个条件：

（1）与该义务有关的经济利益很可能流出企业。从负债的定义可以看到，预期会导致经济利益流出企业是负债的一个本质特征。在实务中，履行义务所需要流出的经济利益带有不确定性，尤其是与推定义务相关的经济利益通常需要大量的估计。因此，负债的确认应当与经济利益流出的不确定性程度的判断结合起来，如果有确凿证据表明，与现时义务有关的经济利益很可能流出企业，就应当将其作为负债予以确认；反之，如果企业承担了现时义务，但是会导致企业经济利益流出的可能性很小，就不符合负债的确认条件，不应将其作为负债予以确认。

（2）未来流出的经济利益的金额应当能够可靠地计量。负债的确认在考虑经济利益流出企业的同时，对于未来流出的经济利益的金额应当能够可靠计量。对于与法定义务有关的经济利益流出金额，通常可以根据合同或者法律规定的金额予以确定，考虑到经济利益流出的金额通常在未来期间，有时未来期间较长，有关金额的计量需要考虑货币时间价值等因素的影响。对于与推定义务有关的经济利益流出金额，企业应当根据履行相关义务所需支出的最佳估计数进行估计，并综合考虑有关货币时间价值、风险等因素的影响。

（三）所有者权益及其确认

1. 所有者权益的定义

所有者权益是指企业资产扣除负债后，由所有者享有的剩余权益，公司的所有者权益又称为股东权益。所有者权益是所有者对企业资产的剩余索取权，它是企业资产中扣除债权人权益后应由所有者享有的部分，既可反映所有者投入资本的保值、增值情况，又体现了保护债权人权益的理念。所有者权益具有以下几个方面的特征：

（1）除非发生减资、清算或分派现金股利，企业不需要偿还所有者权益。

（2）企业清算时，只有在清偿所有的负债后，所有者权益才返还给所有者。

（3）所有者凭借所有者权益能够参与企业利润的分配。

2. 所有者权益的来源构成

所有者权益的来源包括所有者投入的资本、其他综合收益、留存收益等，通常由实收资本（或股本）、其他权益工具、资本公积（含资本溢价或股本溢价、其他资本公积）、其他综合收益、盈余公积和未分配利润构成。商业银行等金融企业按照规定在税后利润中提取的一般风险准备，也构成所有者权益。

3. 所有者权益的确认条件

所有者权益的确认和计量主要取决于资产、负债、收入、费用等其他会计要素的确认和计量。所有者权益即为企业的净资产，是企业资产总额中扣除债权人权益后的净额，反映所有者（股东）财富的净增加额。通常企业收入增加时会导致资产的增加，相应也会增加所有者权益；企业发生费用时，会导致负债增加，相应也会减少所有者权益。

（四）收入及其确认

1. 收入的定义

收入是指企业在日常生活中形成的、会导致所有者权益增加的、与所有者投入资本无关的经济利益的总流入。根据收入的定义，收入具有以下几方面的特征：

（1）收入是企业在日常活动中形成的。日常活动是指企业为完成其经营目标所从事的经常性活动以及与之相关的活动。例如，工业企业制造并销售产品、商业企业销售商品、咨询公司提供咨询服务、软件企业为客户开发软件、安装公司提供安装服务、租赁公司出租资产等，均属于企业的日常活动。明确界定日常活动是为了将收入与利得相区分，日常活动是确认收入的重要判断标准，凡是日常活动所形成的经济利益的流入均应当确认为收入；反之，非日常活动所形成的经济利益的流入不能确认为收入，而应当计入利得。比如，处置固定资产属于非日常活动，所形成的净利益就不应确认为收入，而应当确认为利得。

（2）收入是与所有者投入资本无关的经济利益的总流入。收入应当会导致经济利益的流入，从而导致资产的增加。例如，企业销售商品，应当收到现金或者在未来有权收到现金，才表明该交易符合收入的定义。但是在实务中，经济利益的流入有时是所有者投入资本的增加所导致的。所有者投入资本的增加不应该确认为收入，应当将其直接确认为所有者权益。

（3）收入会导致所有者权益的增加。与收入相关的经济利益流入应当会导致所有者权益的增加，不会导致所有者权益增加的经济利益的流入不符合收入的定义，不应确认为收入。例如，企业向银行借入款项，尽管也导致了企业经济利益的流入，但该流入并不导致所有者权益的增加，反而使企业承担了一项现时义务，因而应将其确认为一项负债。

2. 收入的确认条件

企业应当在履行了合同中的履约义务，即在客户取得相关商品控制权时确认收入。取得相关商品控制权，是指能够主导该商品的使用并从中获得几乎全部的经济利益。当企业与客户之间的合同同时满足下列条件时，企业应当在客户取得相关商品控制权时确认收入：一是合同各方已批准该合同并承诺将履行各自义务；二是该合同明确了合同各方与所转让商品或提供劳务等（以下简称转让商品）相关的权利和义务；三是该合同有明确的与所转让商品相关的支付条款；四是该合同具有商业实质，即履行该合同将改变企业未来现金流量的风险、时间分布或金额；五是企业因向客户转让商品而有权取得的对价很可能收回。

（五）费用及其确认

1. 费用的定义

费用是指企业在日常活动中发生的、会导致所有者权益减少的、与向所有者分配利润无关的经济利益的总流出。根据费用的定义，费用具有以下几方面的特征：

（1）费用是企业在日常活动中形成的。费用必须是企业在其日常活动中所形成的，这些日常活动的界定与收入定义中涉及的日常活动的界定相一致。日常活动所产生的费用通常包括销售成本（营业成本）、职工薪酬、折旧费、无形资产摊销费等。将费用界定为日常活动所形成的，目的是将其与损失相区分，企业非日常活动所形成的经济利益的流出不能确认为费用，而应当计入损失。

（2）费用会导致所有者权益的减少。与费用相关的经济利益的流出应当会导致所有者权益的减少，不会导致所有者权益减少的经济利益的流出不符合费用的定义，不应确认为费用。

（3）费用导致的经济利益总流出与向所有者分配利润无关。费用的发生应当会导致经济利益的流出，从而导致资产的减少或者负债的增加（最终也会导致资产的减少）。其表现形式包括现金或者现金等价物的流出，存货、固定资产和无形资产等的流出或者消耗等。鉴于企业向所有者分配利润也会导致经济利益的流出，而该经济利益的流出显然属于所有者权益的抵减项目，不应确认为费用，应当将其排除在费用的定义之外。

2. 费用的确认条件

费用的确认除了应当符合定义外，还应当满足严格的条件，即费用只有在经济利益很有可能流出从而导致企业资产减少或者负债增加且经济利益的流出额能够可靠计量时才能予以确认。因此，费用的确认至少应当符合以下条件：一是与费用相关的经济利益应当很有可能流出企业；二是经济利益流出企业的结果会导致资产的减少或者负债的增加；三是经济利益的流出额能够可靠计量。

（六）利润及其确认

1. 利润的定义

利润是指企业在一定会计期间的经营成果。通常情况下，如果企业实现了利润，表明企业的所有者权益将增加，业绩得到了提升；反之，如果企业发生了亏损（即利润为负数），表明企业的所有者权益将减少，业绩下滑了。因此，利润往往是评价企业管理层业绩的一项重要指标，也是投资者等财务报告使用者进行决策时的重要参考。

2. 利润的确认条件

利润反映的是收入减去费用、利得减去损失后的净额的概念，因此，利润的确认主要依赖于收入和费用以及利得和损失的确认，其金额的确定也主要取决于收入、费用、利得和损失金额的计量。

二、会计要素的计量属性及其应用

会计计量是为了将符合确认条件的会计要素登记入账并列报于财务报表而确定其金额的过程。企业应当按照规定的会计计量属性进行计量，确定相关金额。计量属性反映的是会计要素金额的确定基础，主要包括历史成本、重置成本、可变现净值、现值和公允价值等。

（一）历史成本

历史成本又称为实际成本，就是取得或制造某项财产物资时所实际支付的现金或者现金等价物。在历史成本计量下，资产按照其购置时支付的现金或者现金等价物的金额，或者按照购置资产时所付出的对价的公允价值计量。负债按照其因承担现时义务而实际收到的款项或者资产的金额，或者承担现时义务的合同金额，或者按照日常活动中为偿还负债预期需要支付的现金或现金等价物的金额计量。

（二）重置成本

重置成本又称现行成本，是指按照当前市场条件，重新取得同样一项资产所需支付的现金或现金等价物金额。在重置成本计量下，资产按照现在购买相同或者相似资产所需支付的现金或者现金等价物的金额计量。负债按照现在偿付该项债务所需支付的现金或者现金等价物的金额计量。

（三）可变现净值

可变现净值是指在正常生产经营过程中，以预计售价减去进一步加工成本和销售所必需的预计税金、费用后的净值。在可变现净值计量下，资产按照其正常对外销售所能收到现金或者现金等价物的金额扣减该资产至完工时估计将要发生的成本、估计的销售费用以及相关税金后的金额计量。

（四）现值

现值是指对未来现金流量以恰当的折现率进行折现后的价值，是考虑货币时间价值因素等的一种计量属性。在现值计量下，资产按照预计从其持续使用和最终处置中所产生的未来净现金流入量的折现金额计量。负债按照预计期限内需要偿还的未来净现金流出量的折现金额计量。

（五）公允价值

公允价值是指市场参与者在计量日发生的有序交易中，出售一项资产所能收到或者转移一项负债所需支付的价格。企业以公允价值计量相关资产或负债，应当假定出售资产或者转移负债的有序交易在相关资产或负债的主要市场进行。不存在主要市场的，企业应当假定该交易在相关资产或负债的最有利市场进行。主要市场是指相关资产或负债交易量最大和交易活跃程度最高的市场。最有利市场是指在考虑交易费用和运输费用后，能够以最高金额出售相关资产或者以最低金额转移相关负债的市场。

我国现有的《企业会计准则》体系中，已经在存货、金融资产、投资性房地产、资产减值、股份支付、租赁、职工薪酬、企业年金（基金）等内容中涉及了公允价值的方法和原则。

　　基本准则规定，企业在对会计要素进行计量时，一般应当采用历史成本，采用重置成本、可变现净值、现值、公允价值计量的，应当保证所确定的会计要素金额能够取得并可靠计量。

第二章

货币资金

货币资金是指企业在生产经营周转过程中处于货币形态的那部分资金，是企业资产的重要组成部分。任何企业要进行生产经营活动都必须拥有货币资金，持有货币资金是进行生产经营活动的基本条件。货币资金从本质上讲属于金融资产范畴，由于其会计处理的普遍性和特殊性，本章单独加以阐述。

货币资金按其存放地点和用途不同，分为库存现金、银行存款及其他货币资金。

第一节 库 存 现 金

库存现金是指通常存放于企业财会部门、由出纳人员管理的货币。库存现金是企业流动性最强的资产。现金的定义有狭义和广义之分。狭义的现金是指企业的库存现金；广义的现金是指除了库存现金外，还包括银行存款和其他符合现金定义的票证等。本章所指现金的定义是狭义的现金，即库存现金，包括人民币现金和外币现金。

一、现金管理办法

（一）现金的使用范围

根据《中华人民共和国现金管理暂行条例》等有关规定，库存现金的使用范围主要包括：

（1）职工工资、津贴。

（2）个人劳务报酬。

（3）根据国家规定颁发给个人的科学技术、文化艺术、体育等各种奖金。

（4）各种劳保、福利费用以及国家规定的对个人的其他支出。

（5）向个人收购农副产品和其他物资的价款。

（6）出差人员必须随身携带的差旅费。

（7）结算起点以下的零星支出。

（8）中国人民银行确定需要支付现金的其他支出。

属于上述现金结算范围的支出，企业可以根据需要向银行提取现金支付；不属于上述现金结算范围的款项支付应通过银行转账结算。

（二）库存现金的限额

库存现金限额是指为保证各单位日常零星支出按规定允许留存的现金的最高数额。库存现金限额由开户银行根据开户单位的实际需要核定，一般按照单位 3～5 天日常零星开支所需现金确定。远离银行或交通不便的开户单位，可按不超过 15 天的正常开支需要量来核定库存现金的限额。库存现金限额一经核定，开户单位必须严格遵守，不能任意超过，超过限额的现金应及时存入银行；库存现金低于限额时，可以签发现金支票从银行提取现金，补足限额。

（三）现金收支的规定

开户单位现金收支应当依照下列规定办理：

（1）开户单位收入现金应于当日送存开户银行，当日送存确有困难的，由开户银行确定送存时间。

（2）开户单位支付现金，可以从本单位库存现金限额中支付或开户银行提取，不得从本单位的现金收入中直接支付（即坐支）。因特殊情况需要坐支现金的，应当事先报经开户银行审查批准，由开户银行核定坐支范围和限额。坐支单位应当定期向开户银行报送坐支金额和使用情况。

（3）开户单位从开户银行提取现金时，应如实写明提取现金的用途，由本单位财会部门负责人签字盖章，经开户银行审核后，予以支付。

（4）因采购地点不确定、交通不便、抢险救灾生产或市场急需及其他特殊情况必须使用现金的单位，应向开户银行提出书面申请，由本单位财会部门负责人签字盖章，并经开户银行审查批准后予以支付。

二、库存现金的核算

（一）会计账户的设置

为了加强对现金的管理，随时掌握现金收付的动态和库存余额，保证现金的安全，企业必须设置"现金日记账"，按照现金业务发生的先后顺序逐笔序时登记。每日终了，应根据登记的"现金日记账"结余数与实际库存数进行核对，做到账实相符。月份终了，"现金日记账"的余额必须与"库存现金"总账账户的余额核对相符。有外币现金收支业务的企业，应当按照人民币现金、外币现金的币种设置现金账户进行明细核算。

（二）库存现金收入业务处理

现金收入的业务主要有从银行提取现金（签发现金支票），职工出差报销时交回的剩余借款，收取结算起点以下的零星收入款，销售给不能转账的集体或个人的销货款，收取对个人的罚款，无法查明原因的现金溢余等。收取现金时，借记"库存现金"账户，贷记有关账户。

【业务 2-1】甲公司现金收款相关业务资料：

（1）7 月 15 日，从开户银行提取现金 58 500 元以备发放工资。

（2）7 月 20 日，出租包装物收到现金 565 元，其中增值税税额为 65 元。

（3）8月28日，管理部门职工李华报销差旅费1 800元（原出差借款为2 000元），剩余现金200元交回。

根据上述经济业务，甲公司账务处理如下：

（1）借：库存现金   58 500

     贷：银行存款   58 500

（2）借：库存现金   565

     贷：其他业务收入   500

       应交税费——应交增值税（销项税额）   65

（3）借：管理费用——差旅费   1 800

     库存现金   200

     贷：其他应收款——李华   2 000

（三）库存现金支出业务处理

现金支出业务主要有缴存现金（填写现金缴款单）、现金发放工资或奖金、职工借款以及零星现金报销等。企业现金支出要符合现金开支范围的相关规定，支付现金时，借记有关账户，贷记"库存现金"账户。

【业务2-2】甲公司现金支出相关业务资料如下：

（1）8月1日，将零星销货款2 260元现金存入银行。

（2）8月25日，李华出差预借差旅费2 000元，以现金付讫。

（3）8月29日，公司厂部管理人员购买办公用品，报销现金520元。

根据上述经济业务，甲公司账务处理如下：

（1）借：银行存款   2 260

     贷：库存现金   2 260

（2）借：其他应收款——李华   2 000

     贷：库存现金   2 000

（3）借：管理费用——办公费   520

     贷：库存现金   520

（四）现金清查业务处理

为了加强对出纳工作的监督，及时、准确地反映库存现金的余额，防止各种不法行为的发生，确保库存现金的安全、完整，除了必须实行钱、账分管，经常核对账目外，还应经常对库存现金进行清查。

现金清查是指对库存现金的盘点与核对，包括出纳人员每日终了前进行的现金账款核对和清查小组进行的定期或不定期的现金盘点、核对。现金清查一般采用实地盘点法。对于现金清查的结果，应编制现金盘点报告单，注明现金溢缺的金额，并由出纳人员和盘点人员签字盖章。如果有挪用现金、白条顶库情况，应及时予以纠正；对于超限额留存的现金应及时送存银行。如果账款不符，发现有待查明原因的现金短缺或溢余，应先通过"待处理财产损溢"账户核算：属于现金短缺，应按实际短缺的金额，借记"待处理财产损溢——待处理流动资产损溢"账户，贷记"库存现金"账户；属于现金溢余，应按实际溢余的金额，借记"库存现金"账户，贷记"待处理财产损溢——待处理流动资产损溢"账户。待查明原因后做如下处理：

1. 现金短缺的业务处理

如为现金短缺，属于应由责任人赔偿或保险公司赔偿的部分，计入其他应收款；属于无法查明原因的，根据管理权限，经批准后处理，计入管理费用。

2. 现金溢余的业务处理

如为现金溢余，属于应支付给有关人员或单位的，计入其他应付款；属于无法查明原因的，经批准后，计入营业外收入。

3. 属于记账差错的应及时予以更正

【业务2-3】甲公司现金清查中发生的现金短款或长款业务资料如下：

（1）7月31日，公司对库存现金进行盘点。库存现金盘点表显示，现金日记账金额为4 500元，实存金额为4 400元。

（2）经总经理办公室决议：出纳杨洋负有管理上的责任，故应由杨洋赔偿现金50元，其余50元由公司负担。

（3）8月31日，公司对库存现金进行盘点。库存现金盘点表显示，现金日记账金额为3 500元，实存金额为3 600元。

（4）经总经理办公室决议：查明出纳杨洋在支付工资时少付何泽50元，其余50元未能查明原因，故作为营业外收入。

根据上述经济业务，甲公司账务处理如下：

（1）借：待处理财产损溢——待处理流动资产损溢   100
      贷：库存现金   100

（2）借：其他应收款——应收现金短缺款（杨洋）   50
        管理费用——现金短缺   50
      贷：待处理财产损溢——待处理流动资产损溢   100

（3）借：库存现金   100
      贷：待处理财产损溢——待处理流动资产损溢   100

（4）借：待处理财产损溢——待处理流动资产损溢   100
      贷：营业外收入——现金溢余   50
        其他应付款——何泽   50

（五）定额备用金制度及其业务处理

现金内部控制制度要求企业必须每天将现金收入全部、及时地解缴银行，又要求企业对每笔支出在经过严格的审批手续后用支票支付。但企业在日常经营过程中会频繁地发生小额零星支出，这些日常小额零星支出不便或不必经过逐级审核、审批及逐项签发支票的手续，根据重要性原则，可以建立定额备用金制度，以满足企业内部经常使用现金的部门和人员日常零星开支的需要。备用金是指财会部门按企业有关制度规定，拨付给所属报账单位和企业内部有关业务与职能管理部门用于零售找零、收购零星商品物资或日常业务零星开支的备用现金。

采用定额备用金制度的企业，一般应事先由会计部门根据企业各部门实际需要提出一笔金额固定的备用金,业务部门支出以后凭单据向会计部门报销。这就要求备用金在使用过程中,负责备用金的经管人员必须将其所支付事项的凭证收据、发票及各种用途的报销凭证妥善保管,以按规定间隔日期或在备用金金额不敷周转时,凭有关各种凭证向会计部门报销,补足备用金,达到规定的固定金额。

企业备用金的会计处理,一般可通过"备用金"账户进行。由企业财务部门单独拨给企业内部各单位周转使用的备用金,借记"备用金"账户,贷记"库存现金"账户或"银行存款"账户。自备用金中支付零星支出,应根据有关的支出凭证,定期编制备用金报销清单,财务部门根据内部各单位提供的备用金报销清单,定期补足备用金,借记"管理费用"等账户,贷记"库存现金"账户或"银行存款"账户。除了增加或减少拨入的备用金外,使用或报销有关备用金支出时不再通过"备用金"账户核算。收回备用金时,借记"库存现金"账户,贷记"备用金"账户。

企业也可以设置"其他应收款——部门备用金"账户对备用金进行核算。

【业务2-4】甲公司备用金业务资料如下:

(1)公司总务部门为方便日常零星开支的需要,1月1日经申请批准设立定额备用金,数额为3 000元,规定每隔一旬报销一次。设立时,会计部门开出现金支票给总务部门。

(2)10天后,总务部门凭各种发票报销,金额为2 560元,会计又开出现金支票2 560元补足备用金定额。

(3)公司因情况变化,决定于11月10日取消备用金制度,总务部门最后一次报销840元,并将多余款项交还财务部。

根据上述经济业务,甲公司账务处理如下:

(1)借:备用金——总务部 3 000

 贷:银行存款 3 000

(2)借:管理费用——办公费 2 560

 贷:银行存款 2 560

(3)借:库存现金 2 160

 管理费用——办公费 840

 贷:备用金——总务部 3 000

需要说明的是备用金不属于货币资金,其账面金额在资产负债表中应列示在其他应收款项目中。

第二节 银 行 存 款

银行存款是企业存放在银行或其他金融机构的货币资金。按照国家有关规定,凡是独立核算的单位都必须在当地银行开设账户,办理存款、取款和转账等结算。企业在银行开设账户以后,除按核定的限额保留库存现金外,超过限额的现金必须存入银行;除了按规定可以使用现金结算的业务外,都应通过银行存款账户进行结算。

一、银行结算的主要方式

根据中国人民银行有关支付结算办法规定,目前企业发生的货币资金收付业务主要采用以下几种方式，通过银行办理转账结算。

（一）银行汇票

银行汇票是汇款人将款项交存当地出票银行，由出票银行签发的，由其在见票时，按照实际结算金额无条件支付给收款人或持票人的票据。银行汇票的出票银行为银行汇票的付款人。单位和个人各种异地款项结算，均可使用银行汇票。银行汇票可以用于转账，填明"现金"字样的银行汇票也可以用于支取现金。银行汇票的提示付款期限为自出票日起1个月。

（二）银行本票

银行本票是银行签发的，承诺自己在见票时无条件支付确定的金额给收款人或者持票人的票据。

银行本票由银行签发并保证兑付，而且见票即付，具有信誉高、支付功能强等特点。用银行本票购买材料物资，销货方可以见票付货，购货方可以凭票提货；债权债务双方可以凭票清偿；收款人将本票交存银行，银行即可为其入账。无论单位或个人，在同一票据交换区域支付的各种款项，都可以使用银行本票。银行本票可以用于转账，注明"现金"字样的银行本票可以用于支取现金。银行本票的提示付款期限自出票日起最长不得超过 2 个月。在有效付款期内，银行见票付款。

（三）商业汇票

商业汇票是出票人签发的，委托付款人在指定日期无条件支付确定的金额给收款人或者持票人的票据。不管是同城还是异地，在银行开立存款账户的法人以及其他组织之间必须具有真实的交易关系或债权债务关系，才能使用商业汇票。商业汇票的付款期限由交易双方商定，但最长不得超过 6 个月。定日付款的汇票付款期限自出票日起计算，并在汇票上记载具体到期日；出票后定期付款的汇票付款期限自出票日起按月计算，并在汇票上记载。商业汇票的提示付款期限自汇票到期日起 10 日内，持票人超过提示付款期限提示付款的，持票人开户银行不予受理。符合条件的商业汇票的持票人，可以持未到期的商业汇票连同贴现凭证向银行申请贴现。

1. 商业承兑汇票

商业承兑汇票是由银行以外的付款人承兑的。商业承兑汇票按交易双方约定，由销货企业或购货企业签发，但由购货企业承兑。承兑时，购货企业应在汇票正面记载"承兑"字样和承兑日期并签章。承兑不得附有条件，否则视为拒绝承兑。汇票到期时，购货企业的开户银行凭票将票款划给销货企业或贴现银行。销货企业应在提示付款期限内通过开户银行委托收款或直接向付款人提示付款。对异地委托收款的，销货企业可匡算邮程，提前通过开户银行委托收款。汇票到期时，如果购货企业的存款不足以支付票款，开户银行应将汇票退还销货企业，银行不负责付款，由购销双方自行处理。

2. 银行承兑汇票

银行承兑汇票是由银行承兑的，由在承兑银行开立存款账户的存款人签发。承兑银行按票面金额向出票人收取 0.05% 的手续费。

购货企业应于汇票到期前将票款足额交存其开户银行，以备由承兑银行在汇票到期日或到期日后的见票当日支付票款。销货企业应在汇票到期时，将汇票连同进账单送交开户银行，以便转账收款。承兑银行凭汇票将承兑款项无条件转给销货企业，如果购货企业于汇票到期日未能足额交存票款，承兑银行除凭票向持票人无条件付款外，对出票人尚未支付的汇票金额按照每天 0.05% 计收罚息。

（四）支票

支票是单位或个人签发的，委托办理支票存款业务的银行在见票时无条件支付确定的金额给收款人或者持票人的票据。

支票结算方式是同城结算中应用比较广泛的一种结算方式。单位和个人在同一票据交换区域的各种款项结算，均可以使用支票。支票由银行统一印制，支票上印有"现金"字样的为现金支票。支票上印有"转账"字样的为转账支票，转账支票只能用于转账。未印有"现金"或"转账"字样的为普通支票，普通支票可以用于支取现金，也可以用于转账。在普通支票左上角划两条平行线的，为划线支票，划线支票只能用于转账，不得支取现金。

支票的提示付款期限为自出票日起 10 日内，中国人民银行另有规定的除外。超过提示付款期限的，持票人开户银行不予受理，付款人不予付款。转账支票可以根据需要在票据交换区域内背书转让。

企业财会部门在签发支票之前，出纳人员应该认真查明银行存款的账面结余数额，防止签发超过存款余额的空头支票。签发空头支票，银行除退票外，还由中国人民银行处以票面金额 5% 但不低于 1 000 元的罚款。持票人有权要求出票人赔偿支票金额 2% 的赔偿金。

（五）信用卡

信用卡是指发卡银行给予持卡人一定的信用额度，持卡人可在信用额度内先向特约单位购物、消费后还款，或者先按发卡银行的要求交存一定金额的备用金；当备用金账户余额不足以支付时，可在发卡银行规定的信用额度内透支银行卡。信用卡分为贷记卡、准贷记卡两类。贷记卡是指发卡银行给予持卡人一定的信用额度，持卡人可在信用额度内先消费、后还款的信用卡；准贷记卡是指持卡人必须先按发卡银行要求交存一定金额的备用金，当备用金账户余额不足以支付时，可在发卡银行规定的信用额度内透支的信用卡。

信用卡按使用对象分为单位卡和个人卡。凡在中国境内金融机构开立基本存款账户的单位可申领单位卡，单位卡可申领若干张。持卡人资格由申领单位法定代表人或其委托的代理人书面指定和注销，持卡人不得出租或转借信用卡。单位卡账户的资金一律从其基本存款账户转账存入，在使用过程中，需要向其账户续存资金的，也一律从其基本存款账户转账存入，不得交存现金，不得将销货收入的款项存入其账户。单位卡一律不得用于 10 万元以上的商品交易、劳务供应款项的结算，不得支取现金。

（六）汇兑

汇兑是汇款人委托银行将其款项支付给收款人的结算方式。单位和个人之间的各种款项的结算，均可使用汇兑结算方式。

汇兑结算方式适用于异地之间的各种款项结算。通过这种结算方式划拨款项比较简便、灵活。企业采用这一结算方式，付款单位汇出款项时，应填写银行印发的汇款凭证，列明收款单位名称、汇款金额及汇款的用途等项目，送达开户银行，委托银行将款项汇往收汇银行。收汇银行将汇款收进单位存款户后，向收款单位发出收款通知。

（七）委托收款

委托收款是收款人委托银行向付款人收取款项的结算方式。无论是单位还是个人，都可凭已承兑商业汇票、债券、存单等付款人债务证明办理委托收款收取同城或异地款项。委托收款还适用于收取电费、电话费等付款人众多、分散的公用事业费等有关款项。

委托收款结算款项划回的方式，分邮寄和电报两种，由收款人选用。

（八）托收承付

托收承付是根据购销合同，由收款人发货后委托银行向异地付款人收取款项，由付款人向银行承认付款的结算方式。使用托收承付结算方式的收款单位和付款单位，必须是国有企业、供销合作社以及经营管理较好并经开户银行审查同意的城乡集体所有制工业企业。办理托收承付结算的款项，必须是商品交易，以及因商品交易而产生的劳务供应的款项。代销、寄销、赊销商品的款项，不得办理托收承付结算。

收款单位办理托收承付，必须具有商品发出的证件或其他证明。托收承付结算每笔的金额起点为 10 000 元；新华书店系统每笔金额起点为 1 000 元。采用托收承付结算方式时，购销双方必须签有符合《中华人民共和国合同法》的购销合同，并在合同上写明使用托收承付结算方式。销货企业按照购销合同发货后，填写托收承付凭证，盖章后连同发运证件（包括铁路、航运、公路等运输部门签发运单、运单副本和邮局包裹回执）或其他符合托收承付结算的有关证明和交易单证送交开户银行办理托收手续。

（九）信用证

信用证结算方式是国际结算的一种主要方式。经中国人民银行批准经营结算业务的商业银行总行以及经商业银行总行批准开办信用证结算业务的分支机构，也可以办理国内企业之间商品交易的信用证结算业务。

采用信用证结算方式的，收款单位收到信用证后，即备货装运，签发有关发票账单，连同运输单据和信用证，送交银行，根据退还的信用证等有关凭证编制收款凭证；付款单位在接到开证行的通知时，根据付款的有关单据编制付款凭证。

二、银行存款的核算

（一）账户设置

为了反映和监督银行存款的收入、支出和结存情况，企业应设置"银行存款"账户，借方登记企业银行存款的增加，贷方登记企业银行存款的减少，期末借方余额反映企业实际持有的银行存款的金额。

为了加强对银行存款的管理，全面、系统、连续、详细地反映银行存款收支的情况，企业应当设置银行存款总账和银行存款日记账，分别进行银行存款的总分类核算和序时、明细分类核算。企业可按开户银行和其他金融机构、存款种类等，分别设置"银行存款日记账"，根据收付款凭证，按照业务的发生顺序逐笔登记。每日终了，应结出余额。有外币业务的企业，应在"银行存款"账户下分别设置人民币和各种外币"银行存款日记账"进行明细核算。

（二）银行存款收入业务处理

银行存款收入的业务主要有现金缴存、收回销货款、收到投资款、收到银行借款等。

企业将款项存入银行或其他金融机构时，借记"银行存款"账户，贷记"库存现金"或有关账户。

【业务 2-5】甲公司银行存款收款业务资料如下：

（1）5 月 25 日，甲公司销售给乙公司 A 商品一批，开出的增值税专用发票显示，商品的价款为 40 000 元，增值税税额为 5 200 元。取得乙公司开出的商业承兑汇票一张，金额为 45 200 元。

（2）5 月 26 日，甲公司销售给丙公司 A 商品一批，开出的增值税专用发票显示，商品的价款为 100 000 元，增值税税额为 13 000 元，已发货，款项未收，货款采用委托收款结算方式（电划委托）。

（3）5 月 27 日，甲公司收到丙公司支付货款，共计 113 000 元。

（4）8 月 24 日，甲公司的出纳人员持乙公司开出的商业承兑汇票到银行办理收款手续。8 月 25 日，根据托收凭证收账通知联显示，收到货款 45 200 元。

根据上述经济业务，甲公司账务处理如下：

（1）借：应收票据——乙公司　　　　　　　　　　　　　　　45 200
　　　　贷：主营业务收入——A 商品　　　　　　　　　　　　40 000
　　　　　　应交税费——应交增值税（销项税额）　　　　　　5 200
（2）借：应收账款——丙公司　　　　　　　　　　　　　　　113 000
　　　　贷：主营业务收入——A 商品　　　　　　　　　　　　100 000
　　　　　　应交税费——应交增值税（销项税额）　　　　　　13 000
（3）借：银行存款　　　　　　　　　　　　　　　　　　　113 000
　　　　贷：应收账款——丙公司　　　　　　　　　　　　　　113 000
（4）借：银行存款　　　　　　　　　　　　　　　　　　　45 200
　　　　贷：应收票据——乙公司　　　　　　　　　　　　　　45 200

（三）银行存款支出业务处理

银行存款支出业务主要有购买固定资产、存货等，以及发放工资、支付水电费、缴纳税金等。企业提取或支付在银行等金融机构中的存款时，借记"库存现金"或有关账户，贷记"银行存款"账户。

【业务 2-6】甲公司银行存款付款业务资料如下：

（1）3 月 2 日，甲公司向丁公司购买电脑 10 台作为固定资产使用，增值税专用发票显示价格为 50 000 元，增值税税额为 6 500 元，电脑验收入库，货款已电汇支付。

（2）3 月 5 日，甲公司采购防水涂料 40 桶，增值税专用发票上显示单价为 200 元，总价格为 8 000 元，增值税税额为 1 040 元。甲公司转账付材料款（材料未入库，材料采用实际成本法核算）。

（3）3月8日，甲公司以银行存款向税务部门缴纳企业所得税 250 000 元。

根据上述经济业务，甲公司账务处理如下：

（1）借：固定资产——电脑 50 000

应交税费——应交增值税（进项税额） 6 500

贷：银行存款 56 500

（2）借：在途物资——防水涂料 8 000

应交税费——应交增值税（进项税额） 1 040

贷：银行存款 9 040

（3）借：应交税费——应交所得税 250 000

贷：银行存款 250 000

三、银行存款的清查

企业每月至少应将银行存款日记账与银行对账单核对一次，以检查银行存款的收支及结存情况。企业进行账单核对时，往往会出现银行存款日记账余额与银行对账单同日余额不符的情况。究其原因主要有几种：计算错误、记账错漏和未达账项。

未达账项是指对于同一经济业务，由于企业与开户行的记账时间不同，一方已经登记入账，而另一方尚未登记入账的会计事项。

出现未达账项的原因，通常有以下几种情况：

（1）企业已收款入账，银行尚未收款入账。如企业已将销售产品收到的支票送存银行，对账前银行尚未入账的款项。

（2）企业已付款入账，银行尚未付款入账。如企业开出支票购货，根据支票存根已登记银行存款的减少，而银行尚未接到支票，未登记银行存款减少。

（3）银行已收款入账，企业尚未收款入账。如银行收到外单位采用托收承付结算方式购货所付的款项，已登记入账，企业未收到银行通知而未入账的款项。

（4）银行已付款入账，企业尚未付款入账。如银行代企业支付的购料款，已登记企业银行存款的减少，而企业因未收到凭证尚未记账的款项。

对上述未达账项应通过编制"银行存款余额调节表"进行检查核对，如没有记账错误，调节后的双方余额应相等；如果不符，应逐笔核对，查明原因。

【业务 2-7】2020 年 5 月 31 日，甲公司银行存款日记账账面余额为 38 625.14 元，银行对账单的余额为 37 415 元，经核对双方未达账项如下：

（1）企业已收款记账而银行未收款记账的款项为 3 610 元；

（2）企业已付款记账而银行未付款记账的款项为 3 400.14 元；

（3）银行已收款记账而企业尚未收款记账的款项为 4 200 元；

（4）银行已付款记账而企业尚未付款记账的款项为 5 200.28 元。

请根据上述资料，编制银行存款余额调节表。

解析：

根据上述资料编制的银行存款余额调节表如表 2-1 所示。

表 2 - 1　甲公司银行存款余额调节表

2020 年 5 月 31 日　　　　　　　　　　　　　　　　单位：元

项　　目	金额	项　　目	金额
企业银行存款日记账余额	38 625.14	银行对账单余额	37 415.00
加：银行已收、企业未收款	4 200.00	加：企业已收、银行未收款	3 610.00
减：银行已付、企业未付款	5 200.28	减：企业已付、银行未付款	3 400.14
调节后的存款余额	37 624.86	调节后的存款余额	37 624.86

需要注意的是，银行存款余额调节表只是为了核对账目，不能作为调整企业银行存款账面记录的记账依据。

第三节　其他货币资金

一、其他货币资金的范围与性质

其他货币资金是指企业除库存现金、银行存款以外的各种货币资金，主要包括外埠存款、银行汇票存款、银行本票存款、信用证保证金存款、信用卡存款和存出投资款等。其他货币资金的性质同现金、银行存款一样，均属于货币资金，从某种意义上说，它也是一种银行存款，但它是承诺了专门用途的存款，不能像普通银行存款那样可以随时安排使用，因此，应单独设置账户进行核算。

二、其他货币资金的核算

（一）会计账户的设置

为了反映和监督其他货币资金的收支和结存情况，企业应当设置"其他货币资金"账户，借方登记其他货币资金的增加，贷方登记其他货币资金的减少，企业增加其他货币资金，期末余额在借方，反映企业持有的其他货币资金的金额。本账户可按照其他货币资金的种类设置明细账账户进行核算。

（二）其他货币资金业务的处理

1. 外埠存款业务处理

外埠存款是指企业到外地进行临时或零星采购时，汇往采购地银行开立采购专户的款项。外埠存款主要有以下业务需要处理：汇出款项，设立采购专户（填写开户申请）；用外埠存款支付采购货款；将多余存款转回当地银行等。

企业汇出款项时，必须填写汇款委托书，加盖"采购资金"字样。汇入银行对汇入的采购款项，以汇款单位名义开立采购账户。采购资金存款不计利息，除采购员差旅费可以支取少量现金外，一律转账。采购专户只付不收，付完结束账户。

企业将款项委托当地银行汇往采购地开立专户时，根据汇出款项凭证，编制付款凭证，进行账务处理，借记"其他货币资金——外埠存款"账户，贷记"银行存款"账户。外出采购人员报销外埠存款支付材料的采购货款等款项时，企业应根据供应单位发票账单等报销凭证，编制付款凭证，借记"材料采购""原材料"或"库存商品"及"应交税费——应交增值税（进项税额）"等账户，贷记"其他货币资金——外埠存款"账户。采购员完成采购任务，将多余的外埠存款转回当地银行时，应根据银行的收款通知，编制收款凭证，借记"银行存款"账户，贷记"其他货币资金——外埠存款"账户。

【业务 2-8】6 月 7 日，甲公司为临时采购需要在南京市农业银行开设外埠存款账户，存入 400 000 元；6 月 15 日，采购员交来供货单位发票，货物金额为 300 000 元，增值税税额为 39 000 元，货物尚未收到，甲公司存货采用实际成本法计价；6 月 20 日，将多余的资金 61 000 元转回原开户银行。

（1）开设账户时：

借：其他货币资金——外埠存款	400 000
贷：银行存款	400 000

（2）收到供货单位发票时：

借：在途物资	300 000
应交税费——应交增值税（进项税额）	39 000
贷：其他货币资金——外埠存款	339 000

（3）将多余的资金转回原开户银行时：

借：银行存款	61 000
贷：其他货币资金——外埠存款	61 000

2. 银行汇票存款业务处理

银行汇票存款是指企业为取得银行汇票，按照规定存入银行的款项。银行汇票存款主要有以下业务需要处理：将款项交存银行，向银行申请签发银行汇票；使用银行汇票支付货款；多余款退回处理等。

企业向银行提交"银行汇票申请书"并将款项交存开户银行，取得汇票后，应根据银行盖章退回的申请书存根联，编制付款凭证，借记"其他货币资金——银行汇票存款"账户，贷记"银行存款"账户。

企业使用银行汇票支付款项后，应根据发票账单及开户行转来的银行汇票有关副联等凭证，经核对无误后编制会计分录，借记"材料采购""原材料"或"库存商品"及"应交税费——应交增值税（进项税额）"等账户，贷记"其他货币资金——银行汇票"账户。如实际采购支付后银行汇票有余额，多余部分应借记"银行存款"账户，贷记"其他货币资金——银行汇票存款"账户。

企业收到银行汇票、填制进账单到开户银行办理款项入账手续时，根据进账单及销货发票等，借记"银行存款"账户，贷记"主营业务收入""应交税费——应交增值税（销项税额）"等账户。

【业务 2-9】9 月 6 日，甲公司向开户银行申请签发金额为 50 000 元的银行汇票一份，用于结算和乙公司的往来款项，当日，银行同意甲公司的申请签发一份银行汇票；9 月 18 日，甲公司购买乙公司的 A 材料，增值税专用发票显示价格为 30 000 元，增值税税额为 3 900

元，材料未入库，甲公司存货采用实际成本法计价。甲公司业务处理如下：

（1）取得银行汇票时：

借：其他货币资金——银行汇票存款	50 000	
贷：银行存款		50 000

（2）购买商品并取得发票时：

借：在途物资	30 000	
应交税费——应交增值税（进项税额）	3 900	
贷：其他货币资金——银行汇票存款		33 900

（3）收到乙公司退还的银行汇票余款时：

借：银行存款	16 100	
贷：其他货币资金——银行汇票存款		16 100

3. 银行本票存款业务处理

银行本票存款是指企业为取得银行本票，按照规定存入银行的款项。银行本票存款主要有以下业务需要处理：将款项交存银行，向银行申请签发银行本票；使用银行本票支付货款；多余款退回处理等。

企业向银行提交"银行本票申请书"并将款项交存银行，取得银行本票时，应根据银行盖章退回的申请书存根联，编制付款凭证，借记"其他货币资金——银行本票存款"账户，贷记"银行存款"账户；企业持银行本票购货、收到有关发票账单时，借记"材料采购"或"原材料""库存商品"及"应交税费——应交增值税（进项税额）"等账户，贷记"其他货币资金——银行本票存款"账户。银行本票采用全额进行结算，多余款项可通过银行转账等方式从收款方收回。企业收到银行本票、填制进账单到开户银行办理款项入账手续时，根据进账单及销货发票等，借记"银行存款"账户，贷记"主营业务收入""应交税费——应交增值税（销项税额）"等账户。

如企业因本票超过付款期等原因未曾使用而要求银行退款时，应填制进账单一式二联，连同本票一并交给银行，然后根据银行收回本票时盖章退回的一联进账单，借记"银行存款"账户，贷记"其他货币资金——银行本票存款"账户。

【业务 2–10】 9 月 12 日，甲公司购买丙公司的 B 材料，以银行本票方式结算，现申请签发银行本票 67 800 元，银行受理该项业务并签发银行本票；9 月 13 日，甲公司购买丙公司的 B 材料，增值税专用发票显示价格为 60 000 元，增值税税额为 7 800 元，材料未入库，甲公司存货采用实际成本法计价。甲公司的业务处理如下：

（1）取得银行本票时：

借：其他货币资金——银行本票存款	67 800	
贷：银行存款		67 800

（2）购买商品取得发票时：

借：在途物资	60 000	
应交税费——应交增值税（进项税额）	7 800	
贷：其他货币资金——银行本票存款		67 800

4. 信用证保证金存款业务处理

信用证保证金存款是指采用信用证结算方式的企业为开具信用证而存入银行信用证保证金专户的款项。信用证保证金存款主要有以下业务需要处理：将款项交存银行，向银行申请信用证；使用信用证支付货款；多余款退回处理等。

企业向银行申请开出信用证用以支付供货单位购货款项时，根据开户银行盖章退回的"信用证申请书"回单，借记"其他货币资金——信用证保证金"账户，贷记"银行存款"账户。企业收到供货单位信用证结算凭证及所附发票账单，经核对无误后进行会计处理，借记"材料采购"或"原材料""库存商品"及"应交税费——应交增值税（进项税额）"等账户，贷记"其他货币资金——信用证保证金"账户。将未用完的信用证保证金存款余额转回开户银行时，借记"银行存款"账户，贷记"其他货币资金——信用证保证金"账户。

【业务 2-11】10 月 7 日，甲公司委托中国银行开出 10 000 美元信用证，市场汇率为每美元合 7.0 元；10 月 18 日，购买商品动用信用证存款，共计金额 9 000 美元，然后将未用完的信用证存款及时转回银行账户，假设市场汇率未变。

（1）委托中国银行开出信用证时：

借：其他货币资金——信用证保证金	70 000	
贷：银行存款——美元户		70 000

（2）购买商品时（进口增值税、关税略）：

借：库存商品	63 000	
贷：其他货币资金——信用证保证金		63 000

（3）将未用完的信用证存款转回银行账户时：

借：银行存款——美元户	7 000	
贷：其他货币资金——信用证保证金		7 000

5. 信用卡存款业务处理

信用卡存款是指企业为取得信用卡而存入银行信用卡专户的款项。信用卡存款主要有以下业务需要处理：将款项交存银行，向银行申请信用卡；使用信用卡购物；续存资金；办理信用卡销户等。

企业申领信用卡，应填制"信用卡申请表"，连同支票和有关资料一并送存发卡银行，根据银行盖章退回的进账单第一联，借记"其他货币资金——信用卡"账户，贷记"银行存款"账户。企业用信用卡购物或支付有关费用，收到开户银行转来的信用卡存款的付款凭证及所附发票账单，借记"管理费用"等账户，贷记"其他货币资金——信用卡"账户。企业的持卡人如不需要继续使用信用卡，应持信用卡主动到发卡银行办理销户，销卡时，信用卡余额转入企业基本存款户，不得提取现金，借记"银行存款"账户，贷记"其他货币资金——信用卡"账户。

【业务 2-12】10 月 8 日，甲公司在中国建设银行申请领用信用卡，按要求向银行交存备用金 50 000 元；10 月 10 日，使用信用卡支付 2 月份的电话费 2 000 元。

（1）存入中国建设银行开立信用卡时：

借：其他货币资金——信用卡   50 000

  贷：银行存款   50 000

（2）支付电话费时：

借：管理费用——通信费   2 000

  贷：其他货币资金——信用卡   2 000

6. 存出投资款业务处理

存出投资款是指企业已存入证券公司但尚未进行投资的货币资金。存出投资款主要有以下业务需要处理：向证券公司划出资金；购买股票、债券等。

企业向证券公司划出资金时，应按实际划出的金额，借记"其他货币资金——存出投资款"账户，贷记"银行存款"账户。购买股票、债券等时，按实际发生的金额，借记"交易性金融资产"等账户，贷记"其他货币资金——存出投资款"账户。

第三章

应收和预付款项

第一节　应收票据

一、应收票据的确认和计价

（一）应收票据的概念及分类

1. 应收票据的概念

应收票据是指企业因销售商品、提供服务等而收到的尚未到期的商业汇票。商业汇票是由出票人签发的，委托付款人在指定日期无条件支付确定金额给收款人或持票人的票据。在银行开立存款户的法人以及其他经济组织之间，必须有真实的交易关系或债权债务关系，才能使用商业汇票。

2. 应收票据的种类

商业汇票按照承兑人不同又分为商业承兑汇票和银行承兑汇票。商业承兑汇票是付款人签发并承兑，或由收款人签发交由付款人承兑的汇票。银行承兑汇票是指由在承兑银行开立存款账户的存款人（即出票人）签发，由承兑银行承兑的票据。

商业汇票按是否带息，分为不带息商业汇票和带息商业汇票两种。不带息商业汇票是指商业汇票到期时，承兑人只按票据面值向收款人或被背书人支付款项的票据。带息商业汇票是指商业汇票到期时，承兑人必须按照票面金额加上应计利息向收款人或被背书人支付款项的票据。

（二）应收票据的期限

应收票据的期限是指票据的签发日期至到期日或期末的时间间隔，有按月表示或按日表示两种，在实际业务中为了方便计算，通常把一个月定为 30 天，一年定为 360 天。

1. 付款期限按月计算

付款期限若是按月表示的，以应到期月份中与出票日相同的那一天作为到期日。例如，一张商业汇票出票日为 6 月 1 日，4 个月到期，到期日应为 10 月 1 日。月末签发的票据，不论月份大小，以到期月份的月末一天为到期日。例如，2020 年 2 月份有 29 天，商业汇票出票日为 2 月 29 日，1 个月到期，到期日就是 3 月 31 日；如果出票日是 2020 年 2 月 28 日，到期日就是 2020 年 3 月 28 日。

2. 付款期限按日计算

票据期限若是按日表示，持票日和到期日只能算其中的一天，即"算头不算尾"或"算尾不算头"。例如，一张商业汇票出票日为 8 月 1 日，80 天到期，其计算方法为算头不算尾，则到期日应为 10 月 20 日，即从 8 月 1 日开始算起，8 月份 31 天，9 月份 30 天，10 月份 19 天，31＋30＋19＝80 天，因此到期日为 10 月 20 日。

（三）票据到期值的计算

不带息票据的到期值就是其面值，带息票据的到期值为票据面值和票面利息之和。票据利息的计算公式如下：

$$应收票据利息＝票据面值×票面利率×票据期限$$

【业务 3-1】甲公司取得一张商业汇票，票据面值 10 000 元，票面年利率 6%，期限 60 天。计算票据应收利息和到期值。

$$票据应收利息＝10\ 000×6\%×60÷360＝100（元）$$
$$票据到期值＝10\ 000＋100＝10\ 100（元）$$

二、应收票据的核算

为了反映和监督应收票据的取得、转让、到期收回等经济业务，企业应当设置"应收票据"账户。该账户借方登记应收票据的面值、计提的票据利息；贷方登记到期前向银行贴现、背书转让、到期收回或因未能收回票款而转作应收账款的应收票据账面金额；期末余额在借方，反映企业持有的未到期商业汇票的票面金额。本账户可按开出承兑商业汇票的单位进行明细核算。为了便于管理应收票据，企业应设置"应收票据登记簿"，逐笔登记每一项商业汇票的种类、号数、背书转让日、票面金额、交易合同号和付款人、承兑人及背书人的姓名和单位名称、到期日、背书转让日、贴现日、贴现率、贴现净额、收款日、收款金额、退票情况等内容。商业汇票到期结清票款或退票后，在备查簿中应予注销。

（一）取得应收票据的核算

企业因销售商品、提供劳务等而收到开出、承兑的商业汇票，按商业汇票的票面金额，借记"应收票据"，按确认的营业收入，贷记"主营业务收入""应交税费——应交增值税（销项税额）"等账户。取得的带息票据按照规定计算的票据利息，增加票据的票面价值，同时冲减财务费用。当取得债务人因抵偿前欠货款而开出的应收票据时，借记"应收票据"账户，贷记"应收账款"账户。

【业务 3-2】甲公司于 2020 年 11 月 1 日向乙公司出售 A 产品一批，货款 200 000 元，增值税税率为 13%。甲公司收到由乙公司签发并承兑的 3 个月到期的银行承兑汇票一张，票据面额为 226 000 元，该票据为带息票据，票面年利率为 6%。甲公司账务处理如下：

（1）2020 年 11 月 1 日，收到票据时：

　　借：应收票据——乙公司　　　　　　　　　　　　　　　　　　　226 000
　　　　贷：主营业务收入——A 产品　　　　　　　　　　　　　　　　　200 000
　　　　　　应交税费——应交增值税（销项税额）　　　　　　　　　　 26 000

（2）2020 年 12 月 31 日，计提票据利息时：

$$计提利息 = 226\ 000 \times 6\% \times 2 \div 12 = 2\ 260（元）$$

　　借：应收票据——乙公司　　　　　　　　　　　　　　　　　　　　 2 260
　　　　贷：财务费用　　　　　　　　　　　　　　　　　　　　　　　　 2 260

【业务 3-3】甲公司于 2020 年 11 月 20 日收到由丙公司签发并承兑的 3 个月到期的商业承兑汇票一张，票据面额为 50 000 元，抵偿丙公司前欠的销货款。甲公司账务处理如下：

　　借：应收票据——丙公司　　　　　　　　　　　　　　　　　　　　 50 000
　　　　贷：应收账款——丙公司　　　　　　　　　　　　　　　　　　　 50 000

（二）应收票据转让的核算

　　企业将持有的应收票据背书转让以取得所需物资时，应按取得物资的实际成本，借记"材料采购""在途物资"或"原材料""库存商品"等账户；按专用发票中注明的增值税税额，借记"应交税费——应交增值税（销项税额）"账户；按应收票据的账面金额，贷记"应收票据"账户；按转让时应收或应付的金额，借记或贷记"银行存款""库存现金"等账户。

　　【业务 3-4】甲公司从北方公司购入 A 材料一批，价款为 300 000 元，增值税税额为 39 000 元。甲公司将上月从北方公司取得的不带息商业承兑汇票的金额 200 000 元抵付部分款项，余款以银行存款支付。材料已经验收入库，采用实际成本法核算。甲公司账务处理如下：

　　借：原材料——A 材料　　　　　　　　　　　　　　　　　　　　　300 000
　　　　应交税费——应交增值税（进项税额）　　　　　　　　　　　　 39 000
　　　　贷：应收票据——北方公司　　　　　　　　　　　　　　　　　　200 000
　　　　　　银行存款　　　　　　　　　　　　　　　　　　　　　　　139 000

（三）应收票据贴现的核算

　　企业收到商业汇票，如在未到期前急需资金，可持未到期的商业汇票经过背书后向其开户银行申请贴现。贴现是指企业将未到期的票据转让给银行，由银行按票据的到期值扣除贴现日至票据到期日的利息后，将余额付给企业的融资行为，是企业与贴现银行之间就票据权利所做的一种转让。

$$贴现利息 = 票据到期值 \times 贴现率 \times 贴现期$$
$$贴现净额 = 票据到期值 - 贴现息$$

应收票据贴现分为附追索权和不附追索权两种情形。

1. 银行不拥有追索权

　　企业持未到期的商业汇票向银行贴现，如果企业与银行等金融机构签订的协议中规定，在贴现的应收债权到期，债务人未按期偿还，申请贴现的企业不负有任何偿还责任时，应视同应收债权的出售，应按照实际收到的金额（即减去贴现息后的净额），借记"银行存款"等账户；按贴现息部分，借记"财务费用"等账户；按商业汇票的票面金额，贷记本账户。

【业务 3-5】沿用【业务 3-2】的资料：2021 年 1 月 1 日，甲公司因急需资金，将所持乙公司的银行承兑汇票提前 1 个月贴现给银行，且银行不具有追索权，银行贴现率为 3%。

$$票据到期值 = 226\,000 \times (1 + 6\% \times 3 \div 12) = 229\,390（元）$$
$$贴现利息 = 229\,390 \times 3\% \div 12 = 573（元）$$
$$贴现净额 = 229\,390 - 573 = 228\,817（元）$$

甲公司账务处理如下：

借：银行存款		228 817
贷：应收票据——乙公司		228 260
财务费用——利息费用		557

2. 银行拥有追索权

企业持未到期的商业汇票向银行等金融机构申请贴现时，如企业与银行等金融机构签订的协议中规定，在贴现的应收票据到期，债务人未按期偿还时，申请贴现的企业负有向银行等金融机构还款的责任。根据实质重于形式的原则，该类协议从实质上看，与所贴现应收债权有关的风险和报酬并未转移，应收债权可能产生的风险仍由申请贴现的企业承担，属于以应收债权为质押取得的借款，因此申请贴现的企业应按照以应收债权为质押取得借款的规定进行会计处理。应按实际收到的金额（即减去贴现息的净额），借记"银行存款"等账户；按贴现息部分，借记"财务费用"等账户；按商业汇票的票面金额，贷记"短期借款"账户。

【业务 3-6】沿用【业务 3-2】的资料：2021 年 1 月 1 日，甲公司贴现银行承兑汇票，银行具有追索权。则甲公司会计处理应为：

借：银行存款		228 817
贷：短期借款		228 260
财务费用——利息费用		557

如果承兑人如期付款，企业在票据到期后按照票面金额，借记"短期借款"账户，贷记"应收票据"账户。

如果承兑人未能如期付款，企业在票据到期后按照票面金额偿还银行借款时，借记"短期借款"账户，贷记"银行存款"账户。同时，按照汇票票面金额，借记"应收账款"账户，贷记"应收票据"账户。

【业务 3-7】假设上述业务票据到期承兑人未能如期付款，则企业会计处理应为：

借：短期借款		228 260
财务费用——利息费用		1 130
贷：银行存款		229 390
借：应收账款——乙公司		229 390
贷：应收票据——乙公司		228 260
财务费用——利息费用		1 130

（四）应收票据到期的会计核算

票据到期，债权方收到款项，借记"银行存款"等账户，贷记"应收票据"账户。如因付款人无力支付票款，收到银行退回的商业承兑汇票、委托收款凭证、未付票款通知书或拒绝付款等证明时，应按应收票据的账面金额借记"应收账款"账户，贷记"应收票据"账户。

第二节 应收账款

一、应收账款的确认和初始计量

（一）应收账款的确认

应收账款是指企业在正常的经营过程中因销售商品或产品、提供劳务等业务，应向购货客户或接受劳务的客户收取的款项，包括应由购买客户或接受劳务客户负担的买价、税金、代购买方垫付的各种运杂费等，但不包括因各种非经营业务而发生的应收款项，如应收职工欠款、存出保证金、应收股利和利息、应收租金等债权。不单独设置"预收账款"账户的企业，预收的账款也在"应收账款"账户核算。

（二）应收账款的初始计量

通常情况下，应收账款的入账价值应根据买卖双方成交时的实际金额（包括发票金额和代购货单位垫付的运输费）确定。若涉及商业折扣，则企业应按扣除商业折扣以后的实际售价确定应收账款的入账价值，在有现金折扣的情况下，企业应按总价法入账，即不考虑现金折扣，待实际发生现金折扣，作为当期理财费用，计入发生当期的损益。

1. 商业折扣

商业折扣是指商品交易时从价目单中扣减的一定数额，是卖方视买方购买数量之多少而给予的价格优惠，通常以百分比来表示，如5%、10%等。企业在销售商品时，价目单上往往标明各种商品的价格，买方一般按价目单上的价格扣除卖方给予的折扣之净额付款。如某种商品价目单上价格为200元/件，如果买方一次性购买10件，卖方将给予10%的折扣，则实际价格（发票价格）为1 800元（即 200×10×90%）。由于商业折扣在交易成立及实际付款之前予以扣除，因此买卖双方均无须在账上反映商业折扣。

2. 现金折扣

现金折扣是指企业为了鼓励客户在一定时期内早日偿还货款而给予的一种折扣优待，通常表示为"2/10，1/20，n/30"（即信用期为30天；如在10天内付款，折扣为2%；超过10天，但在20天内付款，折扣为1%；超过20天，则全价付款，最长信用期为30天）。

买方是否享受现金折扣存在不确定性，因此卖方在销售商品或提供劳务后应该按照总价入账，不考虑现金折扣，待实际发生现金折扣再作为当期理财费用，计入当期损益。

二、应收账款的核算

为总括反映和监督企业应收账款的发生和收回情况，企业应设置"应收账款"账户进行总分类核算，不单独设置"预收账款"账户的企业，预收的账款也在"应收账款"账户核算。该账户借方登记赊销时发生的应收账款金额，贷方登记客户归还或已结转坏账损失或转作商业汇票结算方式的应收账款金额。期末余额一般在借方，反映企业尚未收回的应收账款；期末如为贷方余额，则反映企业预收的账款。该账户应按对方单位名称设置明细账账户，进行明细核算。

（一）取得应收账款

企业发生应收账款，按应收金额借记"应收账款"账户，按确认的收入，贷记"主营业务收入""应交税费——应交增值税（销项税额）"账户，代购货单位垫付的包装费、运杂费等款项，借记"应收账款"账户，贷记"银行存款"等账户。

1. 没有商业折扣

企业在赊销但不给买方以商业折扣的情况下，应收账款应以发票上的价格和增值税所计算的总金额为基础入账。

【业务3-8】甲公司向乙公司赊销一批商品，开出的增值税专用发票上标明货款总额为50 000元，适用的增值税税率为13%，以银行存款代垫运费1 000元。甲公司账务处理如下：

```
借：应收账款——乙公司                        57 500
    贷：主营业务收入                             50 000
        应交税费——应交增值税（销项税额）           6 500
        银行存款                                 1 000
```

2. 有商业折扣

企业在实行赊销，同时又给买方以商业折扣的情况下，应收账款应以增值税发票上所列式的总金额扣除商业折扣后的金额为基础入账。

【业务3-9】甲公司向乙公司赊销一批商品，开出的增值税专用发票上标明：货款总额为50 000元，商业折扣为10%，适用的增值税税率为13%，以银行存款代垫运费1 000元。甲公司账务处理如下：

```
借：应收账款——乙公司                        51 850
    贷：主营业务收入                             45 000
        应交税费——应交增值税（销项税额）           5 850
        银行存款                                 1 000
```

3. 有现金折扣

我国企业会计制度规定，对于企业在销售商品或提供劳务时的现金折扣优惠采用总价法处理，即企业以发票价格同时记录应收账款和销售收入，不考虑现金折扣，待现金折扣实际发生时再计入当期损益。

【业务3-10】5月10日，甲公司向丁公司赊销一批商品，增值税专用发票上的货款总额为200 000元，适用的增值税税率为13%，以银行存款代垫运费2 500元。双方约定的付款条件为"2/10，1/20，n/30"，合同规定现金折扣以货款为基础计算，不考虑增值税。甲公司账务处理如下：

```
借：应收账款——丁公司                        228 500
    贷：主营业务收入                            200 000
        应交税费——应交增值税（销项税额）          26 000
        银行存款                                 2 500
```

（二）收回应收账款的核算

收回应收账款时，借记"银行存款"等账户，贷记"应收账款"账户，存在现金折扣时，按实际收到的款项，借记"银行存款"等账户；按实际发生的现金折扣，借记"财务费用"账户，按实际结清的款项，贷记"应收账款"账户。

现金折扣是按照货款收入的一定比例计算，还是按照含税价款的一定比例或其他方法计算，由交易双方商定。

【业务 3-11】承接【业务 3-10】资料，假如买方在 5 月 16 日付款，甲公司会计处理如下：

借：银行存款	224 500
财务费用——现金折扣	4 000
贷：应收账款——丁公司	228 500

【业务 3-12】承接【业务 3-10】资料，假如买方在 5 月 22 日付款，甲公司会计处理如下：

借：银行存款	226 500
财务费用——现金折扣	2 000
贷：应收账款——丁公司	228 500

【业务 3-13】承接【业务 3-10】资料，假如买方在 6 月 5 日付款，甲公司会计处理如下：

借：银行存款	228 500
贷：应收账款——丁公司	228 500

如果在收回账款前发生销售折让或退回，应借记"主营业务收入"等账户，贷记"应收账款"账户，涉及增值税销项税额的，还应进行相应的处理。

三、合同资产的核算

合同资产是指企业已向客户转让商品而有权收取对价的权利，且该权利取决于时间流逝之外的其他因素。

企业同时向购货方销售两种或多种商品，如果企业交付了一种商品，并获得收取该种商品价款的权利，但该权利的实现取决于其他商品是否交付，企业应将该权利确认为合同资产而不是确认为应收账款。

企业发生合同资产的销售商品时，应按销售商品的全部价税款，借记"合同资产"账户，按销售商品价款，贷记"主营业务收入"账户，当与合同资产相关的商品交付实现销售时，将合同资产转为应收账款。

【业务 3-14】甲公司 2020 年 10 月 5 日与购货商签订合同，向客户销售 A、B 两种产品。A 产品的售价 10 000 元，成本 7 000 元；B 产品售价 20 000 元，成本 15 000 元。合同规定 A 产品在签订合同后交付，B 产品在 2 个月后交付，当两种产品全部交付后，才能结算两种产品价款。甲公司的增值税税率为 13%，在交付商品确认收入时发生纳税义务。甲公司相关会计处理如下：

（1）2020 年 10 月 5 日，向购货商交付 A 产品时：

借：合同资产   11 300

    贷：主营业务收入   10 000

        应交税费——应交增值税（销项税额）   1 300

借：主营业务成本   7 000

    贷：库存商品   7 000

（2）2个月后向客户交付 B 产品时：

借：应收账款   33 900

    贷：合同资产   11 300

        主营业务收入   20 000

        应交税费——应交增值税（销项税额）   2 600

借：主营业务成本   15 000

    贷：库存商品   15 000

合同资产与应收账款两者的主要区别是：应收账款是企业向客户无条件收取合同对价的权利，仅仅随着时间的流逝即可收款，应收账款仅仅承担客户的信用风险；合同资产不是一项无条件收款权，该权利的履行除时间流逝外，还取决于其他条件（如履行合同中的其他履约义务），合同资产除承担信用风险外，还可能承担其他风险，如履约风险。

第三节 预 付 账 款

一、预付账款的含义

预付账款是企业按照有关合同预先付给供货方或提供劳务方的款项，如预付的材料货款、商品采购货款、在建工程价款等。

预付账款和应收账款一样，是企业的短期债权，但是两者也有区别。应收账款是企业由于对外销售商品（或提供劳务）引起的，是应向购货方或接受劳务方收取的款项；而预付账款是企业由于购货或接受劳务引起的，是预先付给供货方或提供劳务方的款项。两者应分别进行核算。

二、预付账款的核算

为了反映预付账款的增减变动及其结存情况，企业应设置"预付账款"账户进行核算。本账户属于资产类账户，借方登记向供应单位预付的货款，贷方登记企业收到所购货物或接受劳务时结转的预付账款。本期期末借方余额反映企业预付的款项，期末贷方余额反映企业尚未补付的款项，该账户应按供应单位或个人名称设置明细。预付账款情况不多的，也可以不设置本账户，将预付的款项直接计入"应付账款"账户。

企业预付购货款项，借记"预付账款"账户，贷记"银行存款"等账户。收到所购物资，按应计入购入物资成本的金额，借记"材料采购"或"原材料""库存商品"等账户。按应支付的金额，贷记"预付账款"账户。补付的款项，借记"预付账款"账户，贷记"银行存款"等账户，退回多付款项做相反的会计分录。

【业务 3-15】甲公司于 2020 年 1 月 20 日按照合同规定向东方公司预付购买原材料的

款项 60 000 元。甲公司于 2 月 5 日收到原材料并验收入库，东方公司开来的专用发票上注明的价款为 50 000 元，增值税税额为 6 500 元。2 月 10 日，东方公司向甲公司退回多余货款。假设甲公司原材料核算采用实际成本计价，甲公司账务处理如下：

（1）1 月 20 日，预付购买材料款：

借：预付账款——东方公司   60 000

    贷：银行存款   60 000

（2）2 月 5 日，收到原材料：

借：原材料   50 000

    应交税费——应交增值税（进项税额）   6 500

    贷：预付账款——东方公司   56 500

（3）2 月 10 日，收到东方公司退回的多余款项：

借：银行存款   3 500

    贷：预付账款——东方公司   3 500

（4）若 2 月 5 日实际收到的材料价款为 60 000 元，增值税税额为 7 800 元，则甲公司应向东方公司补付货款 7 800 元。则甲公司会计分录如下：

借：原材料   60 000

    应交税费——应交增值税（进项税额）   7 800

    贷：预付账款——东方公司   67 800

同时补付余款：

借：预付账款——东方公司   7 800

    贷：银行存款   7 800

第四节 其他应收款项

一、应收股利

应收股利是指企业发生交易性金融资产、长期股权投资、其他权益工具投资等业务而应收取的现金股利和应收取其他单位分配的利润，包括取得交易性金融资产、长期股权投资、其他权益工具投资等时支付价款中所包含的已宣告但尚未发放的现金股利。

按规定计算应收股利后，借记"应收股利"账户，贷记"投资收益"等账户。实际收到股利时，借记"银行存款"等账户，贷记"应收股利"账户。

二、应收利息

应收利息是指企业发生的交易性金融资产、债权投资、其他债权投资等业务应收取的利息，包括取得交易性金融资产、债权投资、其他债权投资等时支付的价款中所包含的已到付息期但尚未领取的利息。

按规定计算应收利息后，借记"应收利息"账户，贷记"投资收益"等账户。实际收到利息时，借记"银行存款"等账户，贷记"应收利息"账户。

三、其他应收款

（一）其他应收款的核算内容

其他应收款是指企业除应收票据、应收账款、预付账款、应收股利、应收利息、长期应收款等以外的各种应收、暂付给其他单位和个人的款项。

其他应收款包括：应收的各种赔款、罚款，如因企业财产等遭受意外损失而应向有关保险公司收取的赔款等；应收的出租包装物租金；应向职工收取的各种垫付款项，如为职工垫付的水电费、应由职工负担的医药费、房租费等；存出保证金，如租入包装物支付的押金；其他各种应收暂付款项。

（二）其他应收款的核算

为反映和监督其他应收款的结算情况，企业应设置"其他应收款"账户对其他应收款项目进行核算。

"其他应收款"账户属于资产类账户，借方登记企业发生的各种其他应收款，贷方登记企业收到的款项和结转情况，余额一般在借方，反映企业应收未收的其他应收款项。该账户应按债务人名称设置明细账。

企业发生其他各种应收、暂付款项时，借记"其他应收款"账户，贷记"银行存款""固定资产清理""待处理财产损溢"等账户；收回或转销各种款项时，借记"库存现金""银行存款"等账户，贷记"其他应收款"账户。

【业务3-16】甲公司材料物资因火灾被毁损，应向保险公司收取赔偿款15 000元。

借：其他应收款——保险公司　　　　　　　　　　　　　　　　　　15 000
　　贷：待处理财产损溢——待处理流动资产损溢　　　　　　　　　　　　15 000

【业务3-17】甲公司管理不善，造成库存商品短缺，应由仓库保管员张新赔偿500元。

借：其他应收款——张新　　　　　　　　　　　　　　　　　　　　　500
　　贷：待处理财产损溢——待处理流动资产损溢　　　　　　　　　　　　　500

【业务3-18】甲公司向宏伟公司租借汽车一辆，支付押金6 000元。

借：其他应收款——宏伟公司　　　　　　　　　　　　　　　　　　6 000
　　贷：银行存款　　　　　　　　　　　　　　　　　　　　　　　　　6 000

【业务3-19】甲公司收到保险公司的赔款15 000元。

借：银行存款　　　　　　　　　　　　　　　　　　　　　　　　15 000
　　贷：其他应收款——保险公司　　　　　　　　　　　　　　　　　　15 000

【业务3-20】甲公司以银行存款5 000元垫付应由员工李勇个人负担的医疗费，拟从其工资中扣回。

借：其他应收款——李勇　　　　　　　　　　　　　　　　　　　5 000
　　贷：银行存款　　　　　　　　　　　　　　　　　　　　　　　　5 000

第五节　应收款项减值

一、应收款项减值损失的含义

应收款项减值损失也称坏账损失，指企业无法收回或收回的可能性极小的应收款项。企业应当在资产负债表日对应收款项的账面价值进行检查，若有客观证据证明应收款项发生减值的，应当将该应收款项的账面价值减记至预计未来现金流量现值，减记的金额确认为减值损失，计提坏账准备。符合下列条件之一的，应确认为坏账：

（1）因债务人破产或死亡，以其破产财产或遗产清偿债务后，仍然无法收回的应收款项。

（2）因债务单位撤销、资不抵债或现金流量严重不足，确实不能收回的应收款项。

（3）因发生严重的自然灾害等，债务单位停产，在短时间内无法偿付债务，确实无法收回的应收款项。

（4）因债务人逾期未履行偿债义务超过3年，经核查确实无法收回的应收款项。

对坏账损失的确认，既要注重证据，又要注重实质，并且应规定坏账损失的审批权为股东大会，或董事会，或厂长（经理）办公会，或类似机构。

二、应收款项减值损失的核算

我国会计制度规定企业应按照备抵法核算企业的坏账损失。备抵法是指采用一定的方法按期估计坏账损失，计入当期损益，形成坏账准备，待坏账实际发生时，再冲销已计提的坏账准备和相应的应收款项。采用这种方法，将预计不能收回的应收款项作为坏账损失入账，避免了虚盈实亏。同时，便于了解企业应收款项的可变现净值，以真实反映企业的财务状况。另外，预计不能收回的应收款项已不符合资产的定义，计提坏账准备可以防止企业虚增资产，符合谨慎性原则。

在计提坏账准备时，应当注意以下问题：

一是企业的应收票据，有确凿证据证明不能收回时，应将其账面价值转入应收账款，并计提相应的坏账准备；二是企业的预付账款，有确凿证据证明不符合预付账款的性质时，应将原计入预付账款的金额转入其他应收款，并按规定计提坏账准备；三是企业对已确认为坏账的应收账款，并不意味着对其放弃追索权。

企业应当设置"坏账准备"账户，核算应收款项的坏账准备计提、转销等情况。企业当期计提的坏账准备应当计入信用减值损失。"坏账准备"账户的贷方登记当期计提的坏账准备金额，该账户期末贷方余额反映企业已计提但尚未转销的坏账准备。"坏账准备"账户可按应收款项的类别进行明细核算。

当期应提取的坏账准备可以按照以下公式计算：

当期应计提的坏账准备＝当期按应收款项计算应计提的坏账准备金额＋（－）坏账准备账户借方余额（贷方余额）

计算结果为正，表示当期应当提取坏账准备金额；计算结果为负，表示当期应当冲减坏账准备金额。

资产负债表日，应收款项发生减值的，按应减记金额，借记"信用减值损失"账户，贷记"坏账准备"账户。本期应计提的坏账准备大于其账面金额的，应按其差额计提；应计提坏账准备小于其账面余额的差额做相反的会计分录，冲销多计提的坏账准备。

对于确实无法收回的应收款项，按管理权限报经批准后作为坏账，转销应收款项，借记"坏账准备"账户，贷记"应收票据""应收账款""预付账款""其他应收款"等账户。

已确认并转销的应收款项以后又收回，应按实际收回的金额，借记"应收票据""应收账款""预付账款""其他应收款"等账户，贷记"坏账准备"账户；同时，借记"银行存款"账户，贷记"应收票据""应收账款""预付账款""其他应收款"等账户。

对于已确认并转销的应收款项以后又收回的，也可以按照实际收回的金额，借记"银行存款"等账户，贷记"坏账准备"等账户。

企业可以选用的应收款项减值损失（或坏账准备）的估计方法有三种，即应收款项余额百分比法、账龄分析法和个别认定法。

（一）应收款项余额百分比法

这一方法是根据期末应收款项余额和估计的坏账率，估计应收款项减值损失，计提坏账准备的方法。计算公式为：

当期按照应收款项计算应有坏账准备余额＝期末应收款项余额×估计的坏账率

【业务 3-21】甲公司 2018 年首次对应收账款计提减值损失，公司财务制度规定应收账款减值损失采用余额百分比进行估算，每年年末计提调整一次，该公司确定的应收账款减值损失的估计比为 5%。2018 年 12 月 31 日，甲公司应收账款余额为 850 000 元；2019 年 5 月，甲公司发现乙公司所欠货款 12 000 元无法收回，按有关规定确认为坏账损失；2019 年 12 月 31 日，甲公司应收账款余额为 1 500 000 元；2020 年 9 月，甲公司 2019 年已核销的坏账又收回 10 000 元，款项已存入银行；2020 年 10 月，甲公司发现丙公司所欠货款 90 000 元无法收回，按有关规定确认为坏账损失；2020 年 12 月 31 日，甲公司应收账款余额为 1 600 000 元。该公司 2021 年没有发生坏账损失及收回已转销的坏账损失情况，2021 年 12 月 31 日，公司应收账款余额为 1 200 000 元。甲公司 2018 年至 2021 年有关坏账准备的账务处理如下：

（1）　　2018 年年末应计提的坏账准备＝850 000×5%＝42 500（元）

借：信用减值损失——计提的坏账准备　　　　　　　　　　　　　42 500
　　贷：坏账准备　　　　　　　　　　　　　　　　　　　　　　　　42 500

（2）2019 年 5 月，将乙公司所欠贷款 12 000 元确认为坏账损失：

借：坏账准备　　　　　　　　　　　　　　　　　　　　　　　　12 000
　　贷：应收账款——乙公司　　　　　　　　　　　　　　　　　　　12 000

（3）2019 年 12 月 31 日，年末计提坏账准备前，"坏账准备"账户的贷方余额为 30 500（42 500-12 000）元。则计算坏账准备并进行财务处理如下：

当年应计提的坏账准备＝1 500 000×5%-30 500＝44 500（元）

借：信用减值损失——计提的坏账准备　　　　　　　　　　　　　44 500
　　贷：坏账准备　　　　　　　　　　　　　　　　　　　　　　　　44 500

（4）2020 年 9 月，收回已核销的坏账 10 000 元：

借：应收账款——乙公司 10 000

  贷：坏账准备 10 000

借：银行存款 10 000

  贷：应收账款——乙公司 10 000

（5）2020 年 10 月，将丙公司所欠货款 90 000 元确认为坏账：

借：坏账准备 90 000

  贷：应收账款 90 000

（6）2020 年 12 月 31 日，计提坏账准备前的"坏账准备"账户借方余额为 5 000（75 000 + 10 000 – 90 000）元。则计算坏账准备并进行账务处理如下：

当年应计提的坏账准备 = 1 600 000 × 5% + 5 000 = 85 000（元）

借：信用减值损失——计提的坏账准备 85 000

  贷：坏账准备 85 000

（7）2021 年 12 月 31 日，计提坏账准备前的"坏账准备"账户的贷方余额为 80 000 元。则计算坏账准备并进行账务处理如下：

当年应计提的坏账准备 = 1 200 000 × 5% – 80 000 = –20 000（元）

借：坏账准备 20 000

  贷：信用减值损失——计提的坏账准备 20 000

（二）账龄分析法

这一方法是根据应收款项账龄的长短以及当前的具体情况，估计应收款项减值损失的方法。通常情况下，账龄长短与发生坏账的可能性是成正比的。采用账龄分析法，要先将应收款项按拖欠时间长短划分为若干区间，计算各区间应收款项的余额，并为每一个区间估计一个坏账损失的百分比，然后据以计算期末坏账准备的金额。

【业务 3-22】华瑞公司 2019 年 12 月 31 日根据应收账款余额、账龄及估计坏账损失率，估计可能发生的减值损失，如表 3-1 所示。

表 3-1 华瑞公司应收账款估计坏账损失明细表

2019 年 12 月 31 日

应收账款账龄	应收账款金额/元	估计损失率/%	估计损失金额/元
1 年以内	600 000	5	30 000
1～2 年（含 1 年）	400 000	10	40 000
2～3 年（含 2 年）	300 000	30	90 000
3～4 年（含 3 年）	100 000	100	100 000

（三）个别认定法

如果某项应收款项的可收回性与其他各项应收款项存在明显的差别（例如，债务单位所处的特定地区等），导致该项应收款项如果按照与其他应收款项同样的方法计提坏账准备，将无法真实地反映其可收回金额的，可对该项应收款项采用个别认定法计提坏账准备。在同一会计期间内运用个别认定法的应收款项应从用其他方法计提坏账准备的应收款项中剔除。

第四章

存　货

第一节　存货概述

一、存货的含义和特征

存货是指企业在日常活动中持有以备出售的成品或商品、处在生产过程中的在产品、正在生产过程中或提供劳务过程中耗用的材料和物料等，包括各类材料、在产品、半成品、产成品、商品以及包装物、低值易耗品、委托代销商品等。存货具有如下特征：

（1）企业持有存货的目的在于准备在经营过程中予以出售，如商品、产成品及某些半成品等；或者将在生产或提供劳务的过程中耗用，制成产成品后再予以出售，如材料、包装物等；或者仍处于生产过程中，如在产品等。一项资产是否属于存货，不是取决于该项资产的物质形体，而是取决于该资产在生产经营过程中的用途或所起到的作用。如同一项机器设备，对于销售该机器设备的企业来说属于存货，而对于使用该机器设备的企业来说属于固定资产；又如企业为建造固定资产而储备的各种材料，虽然在物质形体上与生产产品储备的原材料类似，但不符合存货概念，不能作为企业的存货进行核算。

（2）存货属于有形资产，具有实物形态。存货的这一特性，使其与企业的许多其他无实物形态的资产相区别，如应收账款、无形资产、交易性金融资产等。同时，也将现金和银行存款排除在存货的范围之外。

（3）存货属于流动资产，具有较大的流动性，但其流动性又低于现金、应收账款等流动资产。存货的这一特性，使其区别于企业其他各种有物质实体存在的资产，如固定资产、在建工程等。企业的低值易耗品由于价值较低、易损坏、使用期限较短、具有较大的流动性，因此也将其列入存货的范围之内。

（4）存货具有时效性和发生潜在损失的可能性。在正常的生产经营过程中，存货能够转换为货币资产或其他资产。但长期不能销售的商品或耗用材料，有可能变为积压物资或者需要降价销售，从而给企业造成损失。

二、存货的确认条件

存货必须在符合定义的前提下，同时满足以下条件，才能予以确认。

（一）与该存货有关的经济利益很可能流入企业

存货是企业的一项重要的流动资产，因此，对存货的确认，关键是判断其是否很可能给企业带来经济利益或其所包含的经济利益是否很可能流入企业。通常，拥有存货的所有权是与该存货有关的经济利益很可能流入本企业的一个重要标志。一般情况下，根据销售合同已经售出（取得现金或收取现金的权利），所有权已经转移的存货，因其所含经济利益已不能流入本企业，因而不能再作为企业的存货进行核算，即使该存货尚未运离该企业也不行。企业在判断与该存货有关的经济利益能否流入企业时，通常应结合该存货所有权的归属，而不应当仅仅看其存放的地点等。

（二）该存货的成本能够可靠地计量

存货作为企业资产的组成部分，要予以确认必须能够对其成本可靠地进行计量。存货的成本能够可靠地计量必须以取得的确凿、可靠的证据为依据，并且具有可验证性。如果存货成本不能可靠地计量，则不能确认为一项存货。如企业承诺的订货合同，由于并未实际发生，不能可靠确定其成本，因此就不能确认为购买企业的存货。又如，企业预计发生的制造费用，由于并未实际发生，不能可靠地确定其成本，因此不能计入产品成本。

三、存货的分类

存货分布于企业生产经营的各个环节，而且种类繁多、用途各异。为了加强存货的管理，提供有用的会计信息，应当对存货进行适当的分类。

存货的具体内容和类别应依企业所处行业的性质而定。以工业企业为例，存货按经济内容可进行如下分类：

（1）原材料。原材料是指在生产过程中经加工改变其形态或性质并构成产品主要实体的各种原料及主要材料、辅助材料、外购半成品（外购件）、修理用备件（备品备件）、包装材料、燃料等。

（2）在产品。在产品是指仍处于生产过程中尚未完工入库的生产物，包括正处于各个生产工序尚未制造完成的在产品，以及虽已制造完成但尚未检验或虽已检验但尚未办理入库手续的产成品。

（3）自制半成品。自制半成品是指在本企业已经过一定生产过程的加工并经检验合格交付半成品仓库保管，但尚未最终制造完成、仍需进一步加工的中间产品。自制半成品不包括从一个生产车间转给另一个生产车间待继续加工的在产品以及不能单独计算成本的在产品。

（4）产成品。产成品是指已经完成全部生产过程并验收入库，可以按照合同规定的条件送交订货单位，或者可以作为商品对外销售的产品。企业接受外来原材料加工制造的代制品和为外单位加工修理的代修品制造和修理完成验收入库后，应视同企业的产成品。

（5）周转材料。周转材料是指企业能够多次使用但不符合固定资产定义、不能确认为固定资产的各种材料，主要包括包装物和低值易耗品。

（6）代销商品。代销商品是指企业委托其他单位代销的商品以及企业接受其他单位委托代销的商品。

（7）商品。商品是指商品流通企业购入或委托加工验收入库用于对外销售的产品。

第二节 存货的计量

一、存货的初始计量

《企业会计准则》规定，存货应当按照成本进行初始计量。存货的成本包括采购成本、加工成本和其他成本。不同的存货，其成本构成内容也不同。原材料、商品等通过购买而取得的存货的成本由采购成本构成。产成品、在产品、委托加工物资等通过进一步加工而取得的存货的成本由采购成本、加工成本以及使存货达到目前场所和状态所发生的其他成本构成。

存货的来源不同，其成本的构成内容也不同。除特别规定外，企业以相同方式取得的各种存货，其取得的成本计价原则保持一致。

（一）存货的采购成本

1. 外购存货成本的主要构成

（1）采购价格，是指企业购入时取得的发票账单上列明的价款，但不包括按规定可以抵扣的增值税税额。

（2）相关税费，是指企业购买存货可能发生的进出口关税、消费税、资源税和不能从销项税税额中抵扣的增值税进项税额等。

（3）运杂费，是指企业购买存货可能负担的运输费、装卸费、保险费、储费、包装费等。

（4）运输途中的合理损耗。

（5）入库前的挑选整理费用，包括整理挑选中发生的人工费支出和数量损耗，并扣除回收的下脚料价值。

上述（3）至（5）项属于其他可直接归属于存货采购的费用，这些费用能分清负担对象的，应直接计入存货的采购成本；不能分清负担对象的，应选择合理的分配方法，分配计入有关存货的采购成本。分配方法通常包括按所购存货的重量或采购价格比例进行分配。

2. 采购过程中物资损毁、短缺的处理

对于采购中发生的物资损毁、短缺等，除合理的损耗应当作为存货的其他可直接归属于存货采购的费用计入采购成本外，应区别不同情况进行会计处理：

（1）应向供应单位、外部运输机构等收回的存货短缺或其他赔款，冲减所购存货的采购成本。

（2）遭受意外灾害发生的损失和尚未查明原因的途中损耗，不得增加存货的采购成本，应暂作为待处理财产损溢进行核算，查明原因后再进行处理。

（3）不能归属于使存货达到目前场所和状态的其他支出，不符合存货的定义和确认条件，应在发生时计入当期损益，不得计入存货成本，如采购人员的差旅费。

（二）存货的加工成本

存货的加工成本包括直接人工及按照一定方法分配的制造费用等。直接人工薪酬是指企业在生产产品过程中直接从事产品生产的职工薪酬。制造费用是指企业为生产产品和提供劳务而发生的各种间接费用。委托加工存货应按加工过程中实际耗用的原材料或半成品的实际成本加工费、运杂费等费用以及按规定应计入成本的税金作为实际成本。

（三）存货的其他成本

存货的其他成本是指除采购成本、加工成本以外的使存货达到目前场所和状态所发生的其他支出，如企业在生产过程中为达到下一个生产阶段所必需的仓储费用。企业提供劳务的，所发生的从事劳务提供人员的直接人工薪酬和其他直接费用以及可归属的间接费用应当计入存货成本。为取得存货而发生的借款费用，应当按照《企业会计准则——借款费用》的规定进行处理，即满足借款费用资本化条件的，应当计入存货成本；不满足借款费用资本化条件的，应当计入当期损益。

投资者投入存货、接受捐赠的存货及盘盈的存货等也应按成本进行初始计量。

（1）投资者投入存货，按照投资合同或协议约定的价值确定，但合同或协议约定价值不公允的除外。投资合同或协议约定价值不公允时按存货的公允价值确定。

（2）接受捐赠的存货应按公允价值入账。公允价值不能确定的，按以下规定办理：捐赠方提供有关凭据的，按凭据上标明的金额减去可抵扣进项税额计算；捐赠方没有提供有关凭据的，按同类或类似存货活跃市场的市场价格估计的金额减去可抵扣进项税额计算；若同类或类似存货不存在活跃市场，则按捐赠存货预计未来现金流量的现值减去可抵扣进项税额计算。

（3）盘盈的存货，按其重置成本作为入账价值。

二、发出存货的计量

（一）个别计价法

个别计价法亦称个别认定法、具体辨认法、分批实际法，其特征是注重所发出存货（包括原材料和其他存货）具体项目的实物流转与成本流转之间的联系，逐一辨认各批发出存货和期末存货所属的购进批别或生产批别，分别按其购入或生产时所确定的单位成本作为计算各批发出存货和期末存货的成本，即按每一种存货的实际成本作为计算发出存货成本和期末存货成本的基础。

个别计价法的成本计算准确，符合实际情况，但在存货收发频繁的情况下，其发出成本分辨的工作量较大。因此，这种方法适用于一般不能替代使用的存货、为特定项目专门购入或制造的存货以及提供的劳务，如珠宝、名画等贵重物品。

（二）先进先出法

先进先出法是以先取得的存货（包括原材料和其他存货）应先发出（销售或耗用）这样一种存货实物流动假设为前提，对发出存货进行计价的一种方法。采用这种方法，先购入的存货成本在后购入存货成本之前转出，据此确定发出存货和期末存货的成本。具体方法：收入存货时，逐笔登记收入存货的数量、单价和金额；发出存货时，按照先进先出的原则逐笔登记存货的发出成本和结存金额。

先进先出法可以随时结转存货发出成本，但方法比较烦琐，如果存货收发业务较多且存货单价不稳定，其工作量较大。在物价持续上升时，期末存货成本接近市价，而发出成本偏低，会高估企业当期利润和库存存货价值；反之，会低估企业库存存货价值和当期利润。

【业务4-1】甲公司2019年12月份A材料的收、发、结存数据资料如表4-1所示。

表4-1 甲公司A材料收、发、结存表

2019年12月

日期	摘要	收入		发出		结存数量/千克
		数量/千克	单位成本/元	数量/千克	单位成本/元	
12月1日	结存	30 000	2.00			30 000
12月8日	购入	20 000	2.20			50 000
12月14日	发出			40 000		10 000
12月20日	购入	30 000	2.30			40 000
12月28日	发出			20 000		20 000
12月31日	购入	20 000	2.50			40 000

要求：采用先进先出法，逐笔计算A材料的收、发、结存成本。

利用先进先出法，逐笔计算A材料购入成本、发出成本、期末结存成本的具体计算过程，如表4-2所示。

表4-2 A材料成本计算表（先进先出法）

2019年12月

日期	收入			发出			结存		
	数量/千克	单位成本/元	总成本/元	数量/千克	单位成本/元	总成本/元	数量/千克	单位成本/元	总成本/元
12月1日							30 000	2.00	60 000
12月8日	20 000	2.20	44 000				30 000 20 000	2.00 2.20	60 000 44 000
12月14日				30 000 10 000	2.00 2.20	60 000 22 000	10 000	2.20	22 000
12月20日	30 000	2.30	69 000				10 000 30 000	2.20 2.30	22 000 69 000
12月28日				10 000 10 000	2.20 2.30	22 000 23 000	20 000	2.30	46 000
12月31日	20 000	2.50	50 000				20 000 20 000	2.30 2.50	46 000 50 000
合计	70 000		163 000	60 000		127 000	20 000 20 000	2.30 2.50	46 000 50 000

（三）月末一次加权平均法

月末一次加权平均法是指以当月全部进货数量加上月初存货数量作为权数，去除当月全部进货成本加上月初存货成本，计算出存货的加权平均单位成本，以此为基础计算当月发出存货的成本和期末存货成本的一种方法。计算存货的平均单位成本的公式如下：

存货单位成本 =(期初结存存货实际成本 + 本期收入存货实际成本)÷
(期初结存存货数量 + 本期收入存货数量)

本月发出存货成本 = 本月发出存货的数量 × 存货单位成本

本月月末库存存货成本 = 月末库存存货的数量 × 存货单位成本
= 期初结存存货实际成本 + 本期收入存货实际成本 −
本期发出存货成本

采用月末一次加权平均法只在月末一次计算加权平均单价，比较简单，有利于简化成本计算工作，但由于平时无法从账上提供发出和结存存货的单价及金额，因此不利于存货成本的日常管理与控制。

【业务 4-2】沿用【业务 4-1】资料，采用月末一次加权平均法计算 A 材料发出及期末结存成本。

原材料 A 单位成本 =(60 000 + 163 000)÷(30 000 + 70 000)=2.23（元）

本月发出原材料成本 =60 000 × 2.23 =133 800（元）

月末结存原材料成本 =40 000 × 2.23 =89 200（元）

（四）移动加权平均法

移动加权平均法是指在每次购进存货以后，以每次进货的成本加上原有库存存货的成本，除以每次进货数量与原有库存存货的数量之和，据以计算加权平均单位成本，作为在下次进货前计算各次发出存货成本的依据。

采用移动加权平均法能够使企业管理当局及时了解存货的结存情况，计算的平均单位成本以及发出和结存的存货成本比较客观。但由于每次收货都要计算一次平均单价，因此计算工作量较大，对收发货较频繁的企业不适用。

计算存货平均单位成本的公式如下：

存货单位成本 =(原有结存存货实际成本 + 本次收入存货实际成本)÷
(原有结存存货数量 + 本次收入存货数量)

本次发出存货的成本 = 本次发出存货数量 × 本次发出存货前存货的单位成本

本月月末库存存货成本 = 月末库存存货数量 × 本月月末存货的单位成本

【业务 4-3】沿用【业务 4-1】资料，采用移动加权平均法计算月末 A 材料成本及每次收货后的新的平均单位成本。

第一批购货后的平均单位成本 =(60 000 + 44 000)÷(30 000 + 20 000)=2.08（元）

第二批购货后的平均单位成本 =(20 800 + 69 000)÷(10 000 + 30 000)=2.245（元）

第三批购货后的平均单位成本 =(44 900 + 50 000)÷(20 000 + 20 000)=2.372 5（元）

采用移动加权平均法计算月末 A 材料的成本如表 4-3 所示。

表4-3 A材料成本计算表（移动加权平均法）

2019年12月

日期	收入			发出			结存数量		
	数量/千克	单位成本/元	总成本/元	数量/千克	单位成本/元	总成本/元	数量/千克	单位成本/元	总成本/元
12月1日							30 000	2.00	60 000
12月8日	20 000	2.20	44 000				50 000	2.08	104 000
12月14日				40 000	2.08	83 200	10 000	2.08	20 800
12月20日	30 000	2.30	69 000				40 000	2.245	89 800
12月28日				20 000	2.245	44 900	20 000	2.245	44 900
12月31日	20 000	2.50	50 000				40 000	2.372 5	94 900
合计	70 000		163 000	60 000		128 100	40 000	2.372 5	94 900

由以上所述可知，发出存货成本的计价方法不同，直接影响到当期销售成本和期末存货价值的大小，从而影响到企业损益的计算以及资产负债表中相关项目的价值表现。所以，企业应根据自身的经营性质、经营规模及存货收发等实际情况，选用合适的发出存货成本的计量方法。方法一旦确定，就不得随意变更。如需要变更，应在会计报表附注中予以说明。

第三节　原　材　料

原材料是指企业在生产过程中经加工改变其形态或性质并构成产品主要实体的各种原材料及主要材料、辅助材料、外购半成品（外购件）、修理备用件（备用备件）、包装材料、燃料等。原材料在核算时可以采用实际成本法或计划成本法。

一、原材料核算的实际成本法

原材料采用实际成本法进行核算时，原材料的收、发、结存，无论是总分类核算还是明细分类核算，均按实际成本计价，需要设置的会计账户主要有"原材料""在途物资"等账户。

"原材料"账户，用于核算企业库存的各种原材料的收、发、结存情况。实际成本法下，借方登记验收入库的原材料的实际成本，贷方登记发出材料的实际成本，期末余额在借方，反映企业库存原材料的实际成本。本账户可按材料的保管地点（仓库），以及材料的类别、品种、规格等进行明细核算。

"在途物资"账户，用于核算企业采用实际成本（或进价）进行原材料、周转材料、商品等物资的日常核算，购货发票已到但尚未验收入库的各种物资（即在途物资）的实际采购成本，借方登记企业购入在途物资的实际成本，贷方登记验收入库的在途物资的实际成本，期末余额在借方，反映在途物资的实际成本。本账户应按供应单位和物资品种设置明细账账户，进行明细分类核算。

（一）外购原材料的核算

企业外购材料由于结算方式和采购地点的不同，材料入库、货款支付、收到发票账单在时间上不一定同时进行，相应的账务处理也有所不同。

1. 发票账单与原材料同时到达

对于发票账单与原材料同时到达的采购业务，企业在原材料验收入库后，应根据发票账单等结算凭证的确定的材料成本，借记"原材料"账户，根据取得的增值税专用发票上注明的税额，借记"应交税费——应交增值税（进项税额）"账户，按实际支付或应支付的金额，贷记"银行存款""其他货币资金""应付账款""应付票据"等账户。

如果取得的原材料等存货用于非应纳增值税项目或免征增值税项目，以及未按规定取得增值税专用发票的一般纳税人和小规模纳税人取得的原材料等存货，应将支付的增值税税额计入取得原材料等存货的成本。

【业务 4-4】甲公司为一般纳税人，2020 年 8 月 15 日从乙公司购入 A 材料一批，取得的增值税专用发票上注明的材料价款为 200 000 元，增值税进项税额为 26 000 元，对方垫付运输费 1 090 元，增值税专用发票上注明运费 1 000 元，增值税进项税额 90 元，发票等结算凭证已经收到，全部款项已开具银行支票转账支付，原材料已验收入库。

增值税进项税额＝26 000＋90＝26 090（元）

原材料采购成本＝200 000＋1 000＝201 000（元）

借：原材料——A 材料　　　　　　　　　　　　　201 000
　　应交税费——应交增值税（进项税额）　　　　　26 090
　　　贷：银行存款　　　　　　　　　　　　　　　　　　227 090

【业务 4-5】沿用【业务 4-4】资料，假如甲公司为小规模纳税人。

借：原材料——A 材料　　　　　　　　　　　　　227 090
　　　贷：银行存款　　　　　　　　　　　　　　　　　　227 090

2. 发票账单已到，原材料未到

对于发票账单已到，原材料未到的业务，应根据发票账单等结算凭证所确定的材料成本，借记"在途物资""应交税费——应交增值税（进项税额）"账户，按实际支付或应付的金额，贷记"银行存款""其他货币资金""应付账款""应付票据"等账户；待材料到达验收入库后，再根据收料单，借记"原材料"账户，贷记"在途物资"账户。

【业务 4-6】甲公司为一般纳税人，采用商业汇票结算方式从乙公司购入 F 材料一批，发票账单已收到，增值税专用发票上记载的存款为 20 000 元，增值税税额为 2 600 元。支付保险费 1 000 元，开具增值税专用发票注明保险费 943 元，增值税税额 57 元，材料尚未到达。

借：在途物资——乙公司　　　　　　　　　　　　20 943
　　应交税费——应交增值税（进项税额）　　　　　2 657
　　　贷：应付票据——乙公司　　　　　　　　　　　　　23 600

【业务 4-7】承接【业务 4-6】资料，上述购入的 F 材料已收到，并验收入库。

| 借：原材料——F 材料 | 20 943 | |
| 贷：在途物资——乙公司 | | 20 943 |

3. 原材料已到，发票账单未到

由于发票账单未到达，无法确定采购成本，故平时不做账务处理，期末应按照暂估价值先入账，借记"原材料"账户，贷记"应付账款——暂估应付账款"账户；下月月初做相反的分录予以冲回。收到发票账单后再按照实际金额入账。

【业务 4-8】甲公司为一般纳税人，采用委托收款结算方式购入 H 材料一批，材料已验收入库，月末发票账单尚未收到，也无法确定其实际成本，暂估价值为 30 000 元。

甲公司月末应做如下账务处理：

| 借：原材料——H 材料 | 30 000 | |
| 贷：应付账款——暂估应付账款 | | 30 000 |

下月月初做相反的分录予以冲回：

| 借：应付账款——暂估应付账款 | 30 000 | |
| 贷：原材料——H 材料 | | 30 000 |

【业务 4-9】承接【业务 4-8】资料，上述购入的 H 材料于次月收到发票账单，增值税专用发票上记载的货款为 30 000 元，增值税税额为 3 900 元，对方代垫保险费 2 000 元，已用银行汇票付讫。

借：原材料——H 材料	32 000	
应交税费——应交增值税（进项税额）	3 900	
贷：其他货币资金——银行汇票存款		35 900

4. 采用预付货款的方式采购原材料

采用预付货款的方式采购材料物资，应在预付材料物资价款时，按照实际预付金额，借记"预付账款"账户，贷记"银行存款"账户；已经预付货款的材料验收入库，根据发票账单等所列的价款、税额等，借记"原材料""应交税费——应交增值税（进项税额）"账户，贷记"预付账款"账户；预付款项不足，补付相应货款，借记"预付账款"账户，贷记"银行存款"账户；退回多付的款项，借记"银行存款"账户，贷记"预付账款"账户。

【业务 4-10】甲公司为一般纳税人，于 9 月 4 日向乙公司预付 B 材料款 30 000 元用于购买某种紧缺的材料，9 月 20 日，所购材料运到并验收入库，收到乙公司开具的增值税专用发票，上面注明材料价款为 40 000 元，增值税税额为 4 200 元，甲公司当日以银行转账方式补付余额。

（1）9 月 4 日，预付材料款时：

| 借：预付账款——乙公司 | 30 000 | |
| 贷：银行存款 | | 30 000 |

（2）9 月 20 日，材料到达并验收入库时：

借：原材料——B 材料	40 000	
应交税费——应交增值税（进项税额）	4 200	
贷：预付账款——乙公司		44 200

（3）补付余款时：

借：预付账款——乙公司　　　　　　　　　　　　　　　　　　　　14 200

　　贷：银行存款　　　　　　　　　　　　　　　　　　　　　　　　　　14 200

（二）实际成本法下原材料发出的核算

企业材料的日常领发业务比较频繁，为了简化日常核算工作，平时一般只登记材料明细分类账，反映各种材料的收入、发出、结存金额，月末或定期根据发料凭证，按领用部门和用途，汇总编制"发料凭证汇总表"，据以编制记账凭证，主要账务处理如下：

按生产产品领用原材料金额，借记"生产成本——基本生产成本"账户；按辅助生产车间领用原材料金额，借记"生产成本——辅助生产成本"账户；按车间一般耗用领用原材料金额，借记"制造费用"账户；按行政管理部门领用原材料金额，借记"管理费用"账户；按销售部门领用原材料金额，借记"销售费用"账户；按对外出售发出原材料金额，借记"其他业务成本"账户；按福利部门领用原材料金额，借记"应付职工薪酬——职工福利"账户；按在建工程领用原材料金额，借记"在建工程"账户；按照发出原材料金额，贷记"原材料"账户；涉及增值税和消费税等相关税费的，还要进行相应的账务处理。企业因非货币性资产交换、债务重组等转出的原材料或其他存货，应当分别参照《企业会计准则第 7 号——非货币性资产交换》和《企业会计准则第 12 号——债务重组》的规定进行账务处理。

【业务 4-11】甲公司根据材料出库单汇总计算所有材料的发出情况，按领用部门和用途，汇总编制"发料凭证汇总表"，如表 4-4 所示。

表 4-4　发料凭证汇总表　　　　　　　　　单位：元

领用部门	A 材料	B 材料	辅助材料	燃料	合计
基本生产车间	123 800	50 000	8 500	2 500	184 800
车间一般耗用	8 000	7 000	3 000	3 000	21 000
行政管理部门	2 000			1 800	3 800
销售部门				800	800
合计	133 800	57 000	11 500	8 100	210 400

根据表 4-4 中资料，相应的账务处理如下：

借：生产成本——基本生产成本　　　　　　　　　　　　　　　　184 800

　　制造费用　　　　　　　　　　　　　　　　　　　　　　　　　21 000

　　管理费用　　　　　　　　　　　　　　　　　　　　　　　　　 3 800

　　销售费用　　　　　　　　　　　　　　　　　　　　　　　　　　 800

　　贷：原材料——A 材料　　　　　　　　　　　　　　　　　　　133 800

　　　　　　——B 材料　　　　　　　　　　　　　　　　　　　　 57 000

　　　　　　——辅助材料　　　　　　　　　　　　　　　　　　　 11 500

　　　　　　——燃料　　　　　　　　　　　　　　　　　　　　　　8 100

二、原材料核算的计划成本法

计划成本法是指存货的收入、发出和结存都按企业规定的计划成本计算，同时将实际成本与计划成本之间的差额，单独设置"材料成本差异"会计账户反映。期末计算本期发出材料应负担的成本差异并进行分摊，根据领用材料的部门和用途计入相关资产的成本或者当期损益，从而将发出材料的计划成本调整为实际成本。

（一）会计账户设置

原材料采用计划成本核算时，材料的收、发及结存，无论是总分类核算还是明细分类核算，均按照计划成本计价。使用的会计账户有"原材料""材料采购""材料成本差异"等。

"原材料"账户，借方登记验收入库的原材料的计划成本；贷方登记发出材料的计划成本；期末余额在借方，反映企业库存原材料的计划成本。

"材料采购"账户，借方登记采购材料（包括周转材料）的实际成本（计价方法同实际成本法），贷方登记入库材料的计划成本。借方大于贷方表示超支，从本账户贷方转入"材料成本差异"账户的借方；贷方大于借方表示节约，从本账户借方转入"材料成本差异"账户的贷方。期末余额在借方，表示企业在途材料实际发生的采购成本。

"材料成本差异"账户，反映企业采用计划成本进行日常核算的材料（包括周转材料）计划成本与实际成本的差额。借方登记超支差异及发出材料应负担的节约差异，贷方登记节约差异及发出材料应负担的超支差异。本账户期末如果为借方余额，反映企业库存材料（包括周转材料）的实际成本大于计划成本的超支差异；如果为贷方余额，反映企业库存材料等的实际成本小于计划成本的节约差异。该账户可以按照原材料的类别或品种进行明细核算。

（二）购入原材料的核算

1. 购入原材料的发票账单已到

应根据发票账单等结算凭证所确定的实际材料成本，借记"材料采购""应交税费——应交增值税（进项税额）"等账户，按实际支付或应支付的金额，贷记"银行存款""应付账款""应付票据"等账户；待材料验收入库后，按计划成本借记"原材料"账户，贷记"材料采购"账户，按实际成本大于计划成本的差异，借记"材料成本差异"账户，贷记"材料采购"账户；按实际成本小于计划成本的差异，借记"材料采购"账户，贷记"材料成本差异"账户。

2. 原材料已到，发票账单未到

期末应按照计划成本暂估入账，下月月初做相反的分录予以冲回，收到发票账单后再进行账务处理，有关账务处理同实际成本法。

3. 采用预付货款的方式采购原材料

有关预付货款比照实际成本法进行核算，入库材料按照计划成本入账。

【业务4-12】甲公司为一般纳税人，其原材料按计划成本计价，其中B材料的计划单价为 12 元/千克。2020 年 10 月份发生的 B 材料的采购业务如下：

（1）2 日，从兴顺公司购入 10 000 千克，单价为 12.5 元，价款为 125 000 元，增值税进项税额为 16 250 元，发票账单已到，货款尚未支付，材料已验收入库。

（2）6 日，从江南公司购入 5 000 千克，单价为 11.80 元，价款为 59 000 元，增值税进项税额为 7 670 元，发票等结算凭证已到，货款已通过银行支付，但材料尚未到达。8 日，该批材料到达并验收入库。

（3）10 日，从捷达公司购入 8 000 千克，取得的增值税专用发票上注明单价为 12.20 元，价款为 97 600 元，增值税为 12 688 元；收到捷达公司提供的代垫运费的专用发票，上面注明运费 1 500 元，增值税 135 元。甲公司签发一张 2 个月后到期的商业承兑汇票结算材料价款和运杂费，材料尚未验收入库。16 日，该批材料到达并验收入库。

（4）18 日，根据合同，向景阳公司预付购买 B 材料的货款 40 000 元。

（5）23 日，预付货款的 4 500 千克 B 材料已到达并验收入库，收到发票等结算凭证，共计应支付货款 52 200 元，增值税进项税额为 6 786 元，通过银行补付 18 986 元。

（6）28 日，根据合同从京都公司采购的 B 材料 6 000 千克已经到达并验收入库，但发票账单等结算凭证月末尚未到达，货款尚未支付，按计划成本暂估入账。

甲公司账务处理如下：

（1）10 月 2 日购入并验收入库时：

借：材料采购——B 材料	125 000	
应交税费——应交增值税（进项税额）	16 250	
贷：应付账款——兴顺公司		141 250

同时：

借：原材料——B 材料	120 000	
材料成本差异——B 材料	5 000	
贷：材料采购——B 材料		125 000

（2）10 月 6 日采购业务发生时：

借：材料采购——B 材料	59 000	
应交税费——应交增值税（进项税额）	7 670	
贷：银行存款		66 670

10 月 8 日材料验收入库时：

借：原材料——B 材料	60 000	
贷：材料采购——B 材料		59 000
材料成本差异——B 材料		1 000

（3）10 月 10 日发生采购业务时：

借：材料采购——B 材料	99 100	
应交税费——应交增值税（进项税额）	12 823	
贷：应付票据——捷达公司		111 923

10 月 16 日材料验收入库时：

借：原材料——B 材料	96 000	
材料成本差异——B 材料	3 100	

贷：材料采购——B 材料 99 100

（4）10 月 18 日预付购货款时：

借：预付账款——景阳公司 40 000

贷：银行存款 40 000

（5）10 月 23 日购入时：

借：材料采购——B 材料 52 200

应交税费——应交增值税（进项税额） 6 786

贷：预付账款——景阳公司 58 986

补付货款：

借：预付账款——景阳公司 18 986

贷：银行存款 18 986

材料验收入库：

借：原材料——B 材料 54 000

贷：材料采购——B 材料 52 200

材料成本差异——B 材料 1 800

（6）10 月 30 日暂估入账时：

借：原材料——B 材料 72 000

贷：应付账款——暂估应付款 72 000

（下月月初，做相反会计分录冲回）

为简化核算，上述已入库的材料，平时可不进行入库的核算，而在期末汇总后一次性进行入库核算并计算材料成本差异。继上例，月末将已入库的甲材料汇总如表 4-5 所示。

表 4-5　2020 年 10 月份入库 B 材料汇总计算表

采购日期	实际成本/元	入库日期	计划成本/元	材料成本差异/元
10 月 2 日	125 000	11 月 2 日	120 000	+5 000
10 月 6 日	59 000	11 月 8 日	60 000	-1 000
10 月 10 日	99 100	11 月 16 日	96 000	+3 100
10 月 23 日	52 200	11 月 23 日	54 000	-1 800
合计	335 300	—	330 000	+5 300

应做如下账务处理：

借：原材料——B 材料 330 000

材料成本差异——B 材料 5 300

贷：材料采购——B 材料 335 300

（三）其他方式取得原材料的核算

1. 自制原材料

企业自制并已验收入库的材料，按计划成本借记"原材料"账户，按实际生产成本贷记"生产成本"账户。根据超支或节约差异，借记或贷记"材料成本差异"账户。

2. 委托外单位加工的原材料

按计划成本借记"原材料"账户，按实际加工成本贷记"委托加工物资"账户，根据超支或节约差异，借记或贷记"材料成本差异"账户。

3. 投资者投入的原材料

按计划成本借记"原材料"账户，按照投入原材料确认的实际价值贷记"实收资本"等账户，根据确认的实际价值与计划成本的差异，借记或贷记"材料成本差异"账户。涉及增值税的，还应进行相应的账务处理。

（四）计划成本法下原材料发出的核算

采用计划成本法核算原材料的发出，不论是生产产品领用，还是生产车间一般耗用、行政管理部门领用、销售部门领用，或是销售给外单位等，均按计划成本计价，月末需计算本月发出原材料应分摊的成本差异，根据领用原材料的用途计入相关资产的成本或当期损益，从而将发出材料的计划成本调整为实际成本。应分摊的成本差异的金额通过计算材料的成本差异率来实现，材料成本差异率的计算公式如下：

本期材料成本差异率＝(月初结存材料成本差异＋本月验收入库材料成本差异)÷

(月初结存材料计划成本＋本月验收入库材料计划成本)×100%

式中，本月验收入库材料计划成本不包括暂估入账原材料的计划成本。其中：

材料成本差异＝实际成本－计划成本

材料成本差异超支额应用（＋）表示，节约额应用（－）表示。相应来说，材料成本差异率计算结果为正，表示超支；计算结果为负，表示节约。

根据材料成本差异率，就可以将发出材料和结存材料的计划成本调整为实际成本，其计算公式为：

发出材料应负担的成本差异＝发出材料的计划成本×材料成本差异率

发出材料的实际成本＝发出材料的计划成本＋发出材料应负担的成本差异

结存材料应负担的成本差异＝结存材料的计划成本×材料成本差异率

结存材料的实际成本＝结存材料的计划成本＋结存材料应负担的成本差异

【业务4-13】承接【业务4-12】资料，假如B材料2020年10月初结存计划成本85 000元，月初材料成本差异为节约600元。根据该公司10月份的发料凭证，发出B材料的计划成本如表4-6所示。

表4-6　10月份发出B材料的计划成本汇总表　　　　　　　　单位：元

领用部门	发出材料		
	B材料计划成本	材料成本差异	合计（实际成本）
基本生产车间 车间一般耗用 行政管理部门 销售部门	256 000 38 600 12 000 8 000		
合计	314 600		

要求：（1）计算 2019 年 10 月份 B 材料成本差异率；

（2）计算发出 B 材料分摊的材料成本差异和发出材料的实际成本；

（3）对当月发出 B 材料进行相应账务处理。

计算过程如下：

（1）10 月份 B 材料成本差异率为：

材料成本差异率 = (−600 + 5 300) ÷ (85 000 + 330 000) × 100% ≈ 1.13%

（2）根据该公司 10 月份的发料凭证，编制的"发出 B 材料汇总表"如表 4−7 所示。

表 4−7 发出 B 材料汇总表   单位：元

领用部门	发出材料		
	计划成本	材料成本差异	合计（实际成本）
基本生产车间	256 000	2 893	258 893
车间一般耗用	38 600	436	39 036
行政管理部门	12 000	136	12 136
销售部门	8 000	90	8 090
合计	314 600	3 555	318 155

（3）根据"发出 B 材料汇总表"，进行如下账务处理：

借：生产成本——基本生产成本　　　　　　　　　　　　　　　　256 000

　　制造费用　　　　　　　　　　　　　　　　　　　　　　　　 38 600

　　管理费用　　　　　　　　　　　　　　　　　　　　　　　　 12 000

　　销售费用　　　　　　　　　　　　　　　　　　　　　　　　　8 000

　　贷：原材料——B 材料　　　　　　　　　　　　　　　　　　341 600

借：生产成本——基本生产成本　　　　　　　　　　　　　　　　　2 893

　　制造费用　　　　　　　　　　　　　　　　　　　　　　　　　　436

　　管理费用　　　　　　　　　　　　　　　　　　　　　　　　　　136

　　销售费用　　　　　　　　　　　　　　　　　　　　　　　　　　 90

　　贷：材料成本差异　　　　　　　　　　　　　　　　　　　　　3 555

原材料核算采用计划成本计价，主要有以下作用：

（1）简化会计处理工作。在计划成本法下，材料明细账可以只记收入、发出和结存的数量，将数量乘以计划成本，随时求得材料收入、发出、结存的金额，通过"材料成本差异"账户计算和调整发出和结存材料的实际成本，简便易行。

（2）有利于考核采购部门的业绩。有了合理的计划成本之后，将实际成本与计划成本对比，可以对采购部门进行考核，促使其降低采购成本、节约支出。因此，计划成本法是我国制造业企业中广泛应用的一种存货计价方法。

第四节 周 转 材 料

一、周转材料概述

（一）周转材料的含义

周转材料是指企业能够多次使用、逐渐转移其价值但仍然保持原有形态、不确认为固定资产的材料，包括包装物和低值易耗品等。

（二）会计账户设置

为了反映和监督周转材料的增减变化及其价值损耗、结存等情况，企业应当设置"周转材料"账户进行核算。该账户借方登记企业取得周转材料的实际成本或计划成本，贷方登记发出周转材料的实际成本、计划成本或摊销价值，本账户期末借方余额反映企业周转材料的实际成本或计划成本以及在用周转材料的摊余价值。本账户可按周转材料的种类进行明细核算。

二、包装物的核算

（一）包装物的含义和内容

包装物是指为了包装本企业商品而储备的各种包装容器，如桶、箱、瓶、坛、袋等。其主要作用是盛装、装潢产品或商品。其核算内容包括：

（1）生产过程中用于包装产品作为产品组成部分的包装物。

（2）随同商品出售而不单独计价的包装物。

（3）随同商品出售单独计价的包装物。

（4）出租或出借给购买单位使用的包装物。

包装物按其储存保管地点，可分为库存包装物和使用中包装物两大类，其中库存包装物按其是否已经使用过，分为库存未用包装物和库存已用包装物。

需要注意的是，下列各项不属于包装物核算的范围：

（1）各种包装材料，如纸、绳、铁丝、铁皮等，应在"原材料"账户内核算。

（2）用于储存和保管产品、商品和材料而不对外出售、出租或出借的包装物，应按其价值大小和使用年限长短，分别在"固定资产"或"低值易耗品"账户核算。

（3）单独列作商品、产品的自制包装物，应作为产成品进行核算和处理。

（二）实际成本法下发出包装物的核算

实际成本下，比照原材料选用个别计价法、先进先出法、移动加权平均法或月末一次加权平均法确定发出包装物的实际成本。

1. 生产领用包装物

生产领用包装物，应按照领用包装物的实际成本，借记"生产成本"账户，贷记"周转材料——包装物"账户。

【业务4-14】甲公司第一生产车间领用包装物用于产品 AN-121 外包装,实际成本为 4 680 元。

借:生产成本——AN-121   4 680

  贷:周转材料——包装物   4 680

2. 随同商品出售包装物

(1)随同商品出售而不单独计价的包装物,应按其实际成本借记"销售费用"账户,贷记"周转材料——包装物"账户。

【业务4-15】甲公司销售产品领用不单独计价的包装物。领料单显示领用包装物实际成本为 187.2 元。

借:销售费用——包装费   187.2

  贷:周转材料——包装物   187.2

(2)随同商品出售而单独计价的包装物,其销售收入和销售成本均应单独记账,即应于销售发出时,按包装物实际成本,借记"其他业务成本"账户,贷记"周转材料——包装物"账户;根据销售收入和税金,借记"银行存款"等账户,贷记"其他业务收入""应交税费——应交增值税(销项税额)"账户。

【业务4-16】甲公司销售产品领用单独计价的包装物,领料单显示包装实际成本为 468 元。

借:其他业务成本   468

  贷:周转材料——包装物   468

3. 出租包装物

对于企业出租、出借的包装物,可以多次参加生产经营活动而不改变其实物形态,因而其价值也应按损耗程度,逐渐地转化为它所参与生产的产品成本或当期费用。多次使用的包装物应当根据使用次数分次进行摊销,有关分次摊销法的举例见**【业务4-22】**。

(1)收取租金。按出租包装物的实际成本,借记"其他业务成本"账户,贷记"周转材料——包装物"账户;按收取包装物的租金,借记"银行存款"等账户,贷记"其他业务收入"账户,涉及增值税的,还应进行相应的账务处理。以后将包装物收回再次出租时,只确定租金收入,无须再结转成本。

【业务4-17】甲公司第一仓库因销售商品发出首次领用的包装物木箱一批,出租给购货单位,实际成本为 2 000 元,收取租金 1 130 元,存入银行,所售商品增值税税率为 13%,出租包装物采用一次摊销法进行核算。

借:银行存款   1 130

  贷:其他业务收入   1 000

    应交税费——应交增值税   130

借:其他业务成本   2 000

  贷:周转材料——包装物   2 000

(2)收取押金。为了能够将出租的包装物顺利收回,企业在出租或出借包装物时,可能要收取一定的押金。

收到的出租包装物的押金,借记"库存现金""银行存款"等账户,贷记"其他应付款——存入保证金"账户，退回押金时做相反会计分录。对于逾期未退包装物，按没收的押金，借记"其他应付款——存入保证金"账户；按应交的增值税，贷记"应交税费——应交增值税（销项税额）"账户；按其差额，贷记"其他业务收入"账户。如果没收的押金收入应交消费税等税费，借记"税金及附加"账户，贷记"应交税费——应交消费税/销项税额"等账户。

【业务4-18】承接【业务4-17】资料，假设甲公司出租包装物时收取押金2 260元存入银行，因购货单位没有按期退回包装物，故没收押金，该包装物增值税税率为13%。

收到包装物押金时：

借：银行存款　　　　　　　　　　　　　　　　　　　　　　　2 260
　　贷：其他应付款——存入保证金　　　　　　　　　　　　　　　　2 260

没收押金时：

借：其他应付款——存入保证金　　　　　　　　　　　　　　　2 260
　　贷：其他业务收入　　　　　　　　　　　　　　　　　　　　　　2 000
　　　　应交税费——应交增值税（销项税额）　　　　　　　　　　　260

（3）出租包装物报废。出租包装物不能使用、报废时，按其残料价值，借记"原材料"等账户，贷记"其他业务成本"账户。

4. 出借包装物

企业出借包装物，除应将其摊销成本结转为当期销售费用，采用五五摊销法进行核算时，相应设置"周转材料——包装物（出借包装物）"明细账户外，其他有关核算（无须确认收入）比照出租包装物进行相应的账务处理。

【业务4-19】甲公司发出包装物铁箱一批，出借给购货单位，实际成本6 000元，出借包装物采用一次摊销法进行核算。

借：销售费用——包装费　　　　　　　　　　　　　　　　　　6 000
　　贷：周转材料——包装物　　　　　　　　　　　　　　　　　　　6 000

（三）计划成本法下发出包装物的核算

包装物采用计划成本进行日常核算的，发出包装物结转计划成本时，还应同时结转应分摊的成本差异。

【业务4-20】甲公司对包装物采用计划成本核算，某月销售产品领用不单独计价包装物的计划成本为100 000元，材料成本差异率为−3%。

借：销售费用——包装费　　　　　　　　　　　　　　　　　　97 000
　　材料成本差异　　　　　　　　　　　　　　　　　　　　　　3 000
　　贷：周转材料——包装物　　　　　　　　　　　　　　　　　　100 000

三、低值易耗品的核算

低值易耗品是指不能作为固定资产的各种用具物品，如工具、管理用具、玻璃器皿、劳动保护用品，以及在经营过程中周转使用的容器等。其特点是单位价值较低，或使用期限相对于固定资产较短，在使用过程中保持其原有实物形态基本不变，低值易耗品的价值通过使用逐渐发生转移。

实际成本法下发出低值易耗品的核算：

实际成本法下，比照原材料选用个别计价法、先进先出法、移动加权平均法和月末一次加权平均法确定发出低值易耗品的实际成本。

企业应当根据低值易耗品的性质和用途，选用一次转销法或分次摊销法摊销其发出成本。

1. 一次转销法

对于低值易耗品而言，一次转销法通常适用于价值较低或极易损坏的管理用具和小型工具、卡具以及在单件小批生产方式下为制造某批订货所用的专用工具等低值易耗品。

按照领用低值易耗品的实际成本，借记"制造费用"（生产领用）、"管理费用"（行政管理部门领用）等账户，贷记"周转材料——低值易耗品"账户。

低值易耗品因不能使用报废时，按其残料价值，借记"原材料"等账户，贷记"制造费用""管理费用"等账户。

【业务 4-21】甲公司行政管理部门领用管理用具一批，实际成本为 1 800 元，不符合固定资产定义，采用一次转销法摊销成本。

借：管理费用 1 800
　　贷：周转材料——低值易耗品 1 800

2. 分次摊销法

采用分次摊销法，低值易耗品在领用时摊销其账面价值的单次平均摊销额。分次摊销法适用于多次反复使用的低值易耗品。在分次摊销法下，应在"周转材料——低值易耗品"账户下设置"在库""在用""摊销"等明细账账户。

【业务 4-22】甲公司基本生产车间领用专用工具一批，领料单显示这批工具成本为 3 000 元，不符合固定资产定义，采用分次摊销法进行摊销，摊销次数为 2 次。

第 1 次领用时，应做如下账务处理：

借：周转材料——低值易耗品（在用） 3 000
　　贷：周转材料——低值易耗品（在库） 3 000

同时摊销领用低值易耗品成本一半：

借：制造费用 1 500
　　贷：周转材料——低值易耗品（摊销） 1 500

第 2 次领用时摊销其价值的另一半：

借：制造费用 1 500
　　贷：周转材料——低值易耗品（摊销） 1 500

同时：

借：周转材料——低值易耗品（摊销） 3 000
　　贷：周转材料——低值易耗品（在用） 3 000

采用计划成本法核算的企业，月度终了，应结转当月领用低值易耗品应分摊的成本差异，通过"材料成本差异"账户进行调整。

第五节 库存商品

一、库存商品的含义

库存商品是指企业已经完成全部生产过程并验收入库，合乎标准规格和技术条件，可以按照合同规定的条件送交订货单位，或者可以作为商品对外销售的产品，以及外购或委托加工完成验收入库用于销售的各种商品。库存商品具体包括库存产成品、外购商品、存放在门市部准备出售的商品、发出展览的商品、寄存在外的商品、接受来料加工制造的代制品和为外单位加工修理的代修品等。已完成销售手续，但购买方在月末未提取的产品，不应作为企业的库存商品，而应作为代管商品处理，单独设置代管商品备查簿进行登记。

为了反映和监督企业库存的各种商品增减变化及其结存情况，企业应当设置"库存商品"账户，借方登记验收入库的库存商品的成本，贷方登记发出的库存商品成本，期末余额在借方，反映各种库存商品的实际成本。

二、制造业企业库存商品的核算

（一）库存商品取得的核算

1. 自制的库存商品

当库存商品生产完工并验收入库时，按实际成本，借记"库存商品"账户，贷记"生产成本——基本生产"账户。

【业务 4-23】甲公司"商品入库汇总表"记载，某月已验收入库 Y 产品 1 000 台，单位生产成本为 5 000 元，共计 5 000 000 元；Z 产品 2 000 台，单位生产成本为 1 000 元，共计 2 000 000 元。

借：库存商品——Y 产品	5 000 000
——Z 产品	2 000 000
贷：生产成本——基本生产成本（Y 产品）	5 000 000
——基本生产成本（Z 产品）	2 000 000

2. 外购的库存商品

购入商品实际成本的构成内容与外购原材料相似。企业购入库存商品比照外购原材料进行账务处理。将"原材料"账户相应变换为"库存商品"账户即可。

3. 以其他方式取得的库存商品

企业以其他方式取得的库存商品，比照以相同方式取得的原材料进行计价和账务处理。

（二）库存商品发出的核算

企业应当比照原材料确定发出商品的实际成本。按销售产品发出库存商品的实际成本，借记"主营业务成本"账户；按福利部门领用库存商品的实际成本，借记"应付职工薪酬——职工福利"账户；按在建工程领用库存商品的实际成本，借记"在建工程"账户；

按发出库存商品的实际成本，贷记"库存商品"账户，涉及增值税和消费税等相关税费的，还要进行相应的账务处理。企业因非货币性资产交换、债务重组等转出的库存商品，应当分别按照《企业会计准则第7号——非货币性资产交换》和《企业会计准则第12号——债务重组》的规定进行相应的账务处理。

【业务4-24】甲公司月末汇总的发出商品中，当月已实现销售的Y产品有500台，Z产品有1 500台。该月Y产品单位实际成本为5 000元，Z产品单位实际成本为1 000元。

借：主营业务成本——Y产品	2 500 000	
——Z产品	1 500 000	
贷：库存商品——Y产品		2 500 000
——Z产品		1 500 000

三、商品流通企业库存商品的核算

（一）购入商品的核算

商品流通企业在采购商品过程中发生的运输费、装卸费、保险费、仓储费、包装费、运输途中的合理损耗、入库前的挑选整理费用等进货费用，应计入所购商品成本，但在实务中，企业也可以将发生的这些进货费用先进行归集，期末按照所购商品的存销情况进行分摊。对于已销商品的进货费用，计入主营业务成本；对于未售商品的进货费用，计入期末存货成本。商品流通企业采购商品的进货费用金额较小的，可以在发生时直接计入当期销售费用。

（二）发出商品的核算

商品流通企业的库存商品通常采用毛利率法或售价金额核算法进行日常核算。

1. 毛利率法

毛利率法是指根据本期销售净额乘以前期实际（或本月计划）毛利率匡算本期销售毛利，并据以计算发出存货成本和期末存货成本的一种方法。其公式如下：

$$毛利率 = 销售毛利 \div 销售净额 \times 100\%$$

$$销售净额 = 商品销售收入 - 销售退回与折让$$

$$本期估计销售毛利 = 本期销售净额 \times 上期（或本期计划）毛利率$$

$$本期估计销售成本 = 本期销售净额 - 本期估计销售毛利$$

$$估计期末存货成本 = 期初存货成本 + 本期购货成本 - 本期估计销售成本$$

这一方法是商品流通企业，尤其是商业批发企业常用的计算本期销售商品成本和期末库存商品成本的方法。商品流通企业经营商品种类繁多，如果分品种计算商品成本，则工作量大大加大；而且，一般来讲，商品流通企业同类商品毛利率大致相同，采用这种存货计价方法既能减轻工作量，又能满足对存货进行管理的需求。

【业务4-25】某商场采用毛利率法计算销售商品成本，该商场7月1日纺织品C结存成本为146 000元，本月购进纺织品成本为850 000元，增值税进销税额为110 500元，款项已通过转账支票支付，本月销售收入为1 200 000元，销售退回合计10 000元（无销售折让），上季度该类商品毛利率为25%，计算本月已销商品和月末库存商品的成本并进行账务处理。

$$本月销售净额 = 1\ 200\ 000 - 10\ 000 = 1\ 190\ 000（元）$$
$$本月估计销售毛利 = 1\ 190\ 000 \times 25\% = 297\ 500（元）$$
$$本月估计销售成本 = 1\ 190\ 000 - 297\ 500 = 892\ 500（元）$$
$$月末库存商品估计成本 = 146\ 000 + 850\ 000 - 892\ 500 = 103\ 500（元）$$

本月估计销售成本的计算公式可以简化为：

$$本月估计销售成本 = 销售净额 \times (1 - 毛利率) \times (1 - 25\%) = 892\ 500（元）$$

账务处理如下（收入略）：

（1）购进商品时：

借：库存商品——纺织品 C		850 000
应交税费——应交增值税（进项税额）		110 500
贷：银行存款		960 500

（2）结转销售商品成本时：

借：主营业务成本——纺织品 C		892 500
贷：库存商品——纺织品 C		892 500

2. 售价金额核算法

售价金额核算法是指平时商品存货的入库、加工收回、销售和结存均按商品售价记账，售价与进价之间的差额通过"商品进销差价"账户核算，期末计算商品进销差价率和本期已销商品应分摊的进销差价，并据以调整本期销售成本的一种方法。

为了反映商品的采购成本以及库存商品的收入、发出和结存情况，企业购入、加工收回以及销售退回等增加的库存商品，按商品售价，借记"库存商品"账户，按可以抵扣的进项税额，借记"应交税费——应交增值税（进项税额）"账户；按已付和应付金额（进价与进项税额之和），贷记"银行存款""应付账款"等账户；按售价与进价之间的差额，贷记"商品进销差价"账户。期（月）末需计算进销差价率，然后分摊已销商品的进销差价，借记"商品进销差价"账户，贷记"主营业务成本"账户。"商品进销差价"账户期末贷方余额反映企业库存商品的商品进销差价。

计算公式如下：

$$商品进销差价率 = (期初库存商品进销差价 + 本期购入商品进销差价) \div$$
$$(期初库存商品售价 + 本期购入商品售价) \times 100\%$$
$$本期已销商品应分摊的商品进销差价 = 本期销售商品收入 \times 商品进销差价率$$
$$本期销售商品的实际成本 = 本期销售商品收入 - 本期已销商品应分摊的商品进销差价$$
$$期末结存商品的实际成本 = 期初库存商品的进价成本 + 期末库存商品的进价成本 -$$
$$本期销售商品的实际成本$$

或 = 期末"库存商品"账户余额 - 期末"商品进销差价"账户余额

若企业的商品各期之间的进销差价率比较均衡，也可以采用上期商品进销差价率计算分摊本期的商品进销差价，年度终了，应对商品进销差价进行核实调整。

【业务 4-26】瑞丽百货 10 月份期初 A 商品的进销差价为 60 000 元，售价总额为 360 000 元，本期 A 商品购货成本为 500 000 元，增值税税额为 65 000 元，售价总额为 640 000 元，当期 A 商品销售收入为 800 000 元，购销款项已通过转账支票办理结算。该商品增值税税率为 13%，采用售价金额核算法核算。

（1）当月购入商品时：

借：库存商品——A 商品　　　　　　　　　　　　　　640 000
　　应交税费——应交增值税（进项税额）　　　　　　65 000
　　　贷：银行存款　　　　　　　　　　　　　　　　　565 000
　　　　　商品进销差价　　　　　　　　　　　　　　　140 000

（2）当月实现销售收入时：

借：银行存款　　　　　　　　　　　　　　　　　　904 000
　　　贷：主营业务收入　　　　　　　　　　　　　　　800 000
　　　　　应交税费——应交增值税（销项税额）　　　　104 000

（3）结转商品销售成本时：

借：主营业务成本——A 商品　　　　　　　　　　　　800 000
　　　贷：库存商品——A 商品　　　　　　　　　　　　800 000

（4）计算当月已销商品应分摊的进销差价：

　　商品进销差价率 =（60 000 + 140 000）÷（360 000 + 640 000）× 100% = 20%
　　　　已销商品应分摊的进销差价 = 800 000 × 20% = 160 000（元）

根据已销商品应分摊的进销差价结转调整商品销售成本：

借：商品进销差价　　　　　　　　　　　　　　　　160 000
　　　贷：主营业务成本——A 商品　　　　　　　　　　160 000
　　　　　本期销售商品的实际成本 = 800 000 - 160 000 = 640 000（元）
　　　　　　期末结转商品实际成本 = 300 000 + 500 000 - 640 000
　　或 =（360 000 + 640 000 - 800 000）-（60 000 + 140 000 - 160 000）
　　　= 160 000（元）

从事商业零售业务的企业（如百货公司、超市等），由于经营的商品种类、品种、规格等繁多，而且要求按商品零售价格标价，采用其他成本计算方法结转成本比较困难，因此广泛采用这一方法。

第六节　委托加工物资

一、委托加工物资的含义

委托加工物资是指企业委托外单位加工的各种原材料、周转材料、商品等物资。

二、委托加工物资的核算

（一）委托加工物资的计价

企业委托外单位加工的存货，以实际耗用的原材料或半成品成本和加工费、运输费、装卸费、保险费等费用以及按规定应计入成本的税金，作为实际成本。

（二）会计账户设置

企业应当设置"委托加工物资"账户，借方登记委托加工各种材料、商品等物资发生的实际成本，贷方登记加工完成验收入库物资的实际成本和回收剩余物资的实际成本，期末余额在借方，反映企业委托外单位加工尚未完成物资的实际成本。该账户可按受托加工单位以及加工物资的品种等进行明细核算。

（三）委托加工物资的核算

1. 拨付委托加工物资

企业发给外单位加工的物资，按物资的实际成本，借记"委托加工物资"账户，贷记"原材料""库存商品"等账户；按计划成本或售价金额核算法核算的，还应同时结转材料（产品）成本差异或商品进销差价。

2. 支付加工费、增值税、运杂费等

企业支付的加工费，应负担的增值税、运杂费等，借记"委托加工物资""应交税费——应交增值税（进项税额）"等账户，贷记"银行存款"等账户。凡属加工物资用于非应纳增值税项目或免征增值税项目的，以及未取得增值税专用发票的一般纳税人和小规模纳税人的加工物资，应将支付的增值税计入加工物资的成本。

3. 缴纳消费税

需要缴纳消费税的委托加工物资，其由受托方代收代缴的消费税，应分别按以下情况处理：

（1）委托加工物资收回后直接用于出售，或用于非消费税应税项目，或虽用于连续生产消费税应税产品，但按照《中华人民共和国消费税暂行条例》规定不准予抵扣受托方代收代缴的消费税税额的，委托方应将受托代收代缴的消费税计入委托加工物资的成本，借记"委托加工物资"账户，贷记"应付账款""银行存款"等账户。

（2）委托加工物资收回后用于连续生产应税消费品的，委托方应按准予抵扣的受托方代收代缴的消费税税额，借记"应交税费——应交消费税"等账户，贷记"应付账款""银行存款"等账户。

4. 加工完成收回加工物资

加工完成验收入库的物资和剩余的物资，按加工收回物资的实际成本和剩余物资的实际成本，借记"原材料""库存商品"等账户，贷记"委托加工物资"账户。

采用计划成本或售价核算的，按计划成本或售价，借记"原材料"或"库存商品"账户；按实际成本，贷记"委托加工物资"账户；按实际成本与计划成本或售价之间的差额，借记或贷记"材料成本差异"或贷记"商品进销差价"账户。

【业务4-27】甲公司为小规模纳税人，主要生产并销售高尔夫球具，6月12日，该公司发出铁锭，成本共计20 740元，委托精艺加工有限公司加工成高尔夫球具（消费税产品）。6月30日，甲公司支付加工费和税金（增值税和消费税）。收到的增值税普通发票上显示：加工费为10 000元，增值税税额为1 300元，代扣代收税款凭证显示应支付对方消费税税款3 415.56元。6月30日，甲公司收回委托加工的高尔夫球具。甲公司业务处理如下：

（1）发出委托加工材料时：

借：委托加工物资——精艺加工　　　　　　　　　　　　　20 740

　　贷：原材料——铁锭　　　　　　　　　　　　　　　　　　20 740

（2）支付加工费用和税金时：

对方代扣消费税 = (20 740 + 10 000) ÷ (1 − 10%) × 10% = 3 416（元）

共应支付对方金额 = 10 000 + 1 300 + 3 416 = 14 716（元）

① 假如甲公司收回加工后的材料用于连续生产应税消费品，且准予抵扣受托方代收代缴的消费税税额：

借：委托加工物资——精艺加工　　　　　　　　　　　　　11 300

　　应交税费——应交消费税　　　　　　　　　　　　　　　3 416

　　　贷：银行存款　　　　　　　　　　　　　　　　　　　14 716

② 假如甲企业收回加工后的材料直接用于销售或用于非消费税应税项目：

借：委托加工物资——精艺加工　　　　　　　　　　　　　14 716

　　贷：银行存款　　　　　　　　　　　　　　　　　　　14 716

（3）加工完成，收回委托加工材料时：

① 甲企业收回加工后的材料用于连续生产应税消费品的：

借：原材料——高尔夫球具　　　　　　　　　　　　　　　32 440

　　贷：委托加工物资——精艺加工　　　　　　　　　　　　32 440

② 甲企业收回加工后的材料直接用于销售或用于非消费税应税项目的：

借：库存商品——高尔夫球具　　　　　　　　　　　　　　35 856

　　贷：委托加工物资——精艺加工　　　　　　　　　　　　35 856

第七节　存货清查

一、存货清查的含义

存货清查是指通过对存货的实地盘点，确定存货的实际数量，并与账面结存数核对，从而确定存货实存数与账面结存数是否相符的一种专门方法。存货种类繁多、收发频繁，在日常收发过程中可能发生计量错误、计算错误、自然损耗，还可能发生损坏变质以及贪污、盗窃等情况，造成账实不符，形成存货的盘盈或盘亏。对于存货的盘盈或盘亏，应填写存货盘点报告（如实存账存对比表），及时查明原因，按照规定程序报批处理。

二、存货清查的核算

为了反映企业在财产清查中各种存货的盘盈、盘亏和毁损情况，企业应当设置"待处理财产损溢"账户，借方登记存货的盘亏、毁损金额及盘盈的转销金额，贷方登记存货的盘盈金额及盘亏的转销金额。企业清查的各种存货损溢，应在期末结账前处理完毕，期末处理后，本账户应无余额。

企业进行存货清查盘点，应当编制"存货盘存报告单"，并将其作为存货清查的原始凭证。将存货盘点记录的实存数与账簿记录进行核对，若账面存货小于实际存货，为存货的盘盈；反之，为存货的盘亏。对于盘盈、盘亏的存货要计入"待处理财产损溢"账户，查明原因进行处理。

物资在运输中发生的非正常短缺与损耗，也通过本账户核算。

（一）存货盘盈的账务处理

企业发生存货盘盈时，应当按照其重置成本借记"原材料""周转材料""库存商品"等账户，贷记"待处理财产损溢——待处理流动资产损溢"账户。在按照管理权限报经批准后，借记"待处理财产损溢——待处理流动资产损溢"账户，贷记"管理费用"账户。

【业务4-28】甲公司期末清查盘点发现 A 材料盘盈 500 千克，属于计量错误造成的，重置成本每千克 4 元。账务处理如下：

（1）批准前：

借：原材料——A 材料   2 000

    贷：待处理财产损溢——待处理流动资产损溢   2 000

（2）批准后：

借：待处理财产损溢——待处理流动资产损溢   2 000

    贷：管理费用   2 000

（二）存货盘亏的账务处理

企业发生存货盘亏及毁损时，应按其成本，借记"待处理财产损溢——待处理流动资产损溢"账户，贷记"原材料""周转材料""库存商品"等账户。原材料、周转材料、库存商品采用计划成本（或售价）核算的，还应同时结转材料成本差异或商品进销差价。涉及增值税和消费税的，还应进行相应处理。报经批准以后，再根据盘亏和毁损的原因，分别按以下情况进行处理：

（1）属于自然损耗产生的定额内损耗，经批准后转作管理费用，借记"管理费用"账户，贷记"待处理财产损溢——待处理流动资产损溢"账户。

【业务4-29】甲公司期末对材料进行清查，发现 A 材料盘亏 100 千克，属于定额内合理损耗，实际成本每千克 4 元。账务处理如下：

① 批准前：

借：待处理财产损溢——待处理流动资产损溢   400

    贷：原材料——A 材料   400

② 批准后：

借：管理费用   400

    贷：待处理财产损溢——待处理流动资产损溢   400

（2）属于计量收发差错和管理不善等造成的存货短缺或毁损，应先扣除残料价值、可以收回的保险赔偿和过失人的赔偿，然后将净损失计入管理费用。按管理权限报经批准后处理时，按残料价值，借记"原材料"等账户；按可收回的保险赔偿或过失人赔偿，借记"其他应收款"账户，按"待处理财产损溢——待处理流动资产损溢"账户余额，贷记本账户；按上述借贷差额，借记"管理费用"账户。

【业务4-30】乙公司期末对材料进行清查，发现 B 材料盘亏 10 件，属于保管人张英工作失误造成的，计划成本每件 50 元，该材料应负担材料成本差异（超支）60 元，应分摊的增值税税额为 72.8 元，经研究由张英赔偿存货盘亏损失的一半。账务处理如下：

① 批准前：

借：待处理财产损溢——待处理流动资产损溢   632.8

    贷：原材料——B 材料   500

        材料成本差异   60

        应交税费——应交增值税（进项税额转出）   72.8

② 批准后：

借：其他应收款——张英   316.4

    管理费用   316.4

    贷：待处理财产损溢——待处理流动资产损溢   632.8

（3）属于自然灾害等不可抗拒因素造成的存货损毁，应先扣除残料价值和可以收回的保险赔偿，然后将净损失转作营业外支出。

【业务 4-31】丙公司期末对存货清查后发现 C 产品毁损 15 件，实际成本为 18 000 元，属于自然灾害造成的损失，保险公司同意赔偿全部损失的 50%。账务处理如下：

① 批准前：

借：待处理财产损溢——待处理流动资产损溢   18 000

    贷：库存商品——C 产品   18 000

② 批准后：

借：其他应收款——保险公司   9 000

    营业外支出——非正常损失   9 000

    贷：待处理财产损溢——待处理流动资产损溢   18 000

需要说明的是，因自然灾害发生损失货物（包括固定资产）的进项税额准予抵扣，已抵扣的进项税额不必做进项税额转出。例如，雷击发生火灾造成的货物损失，则损失货物已抵扣的进项税额不必做进项税额转出；如果该火灾是因管理不善产生的，则损失货物已抵扣的进项税额需要做进项税额转出。

第八节　存货期末计量与减值

一、存货的期末计量原则

资产负债表日，存货应当按照成本与可变现净值孰低的原则进行计量。存货成本高于其可变现净值的，应当计提存货跌价准备，计入当期损益。

存货成本是指期末存货的实际成本。如果企业在存货成本日常核算中采用计划成本法、售价金额核算法等简化核算方法，则成本应为经调整后的实际成本。

可变现净值是指在日常活动中，存货的估计售价减去至完工时估计将要发生的成本、估计的销售费用以及相关税费后的金额，即

（1）对于直接出售的存货（如库存商品），计算公式如下：

$$可变现净值 = 自身的售价 - 自身的销售税费$$

（2）对于需要加工才能出售的存货（如原材料、在产品），计算公式如下：

可变现净值＝加工后产品售价－加工后产品销售税费－将该存货加工至产成品的
　　　　　　加工费用

二、存货减值迹象的判断

（一）应当计提存货跌价准备的情形

（1）该存货的市场价格持续下跌，并且在可预见的未来无回升的希望。

（2）企业使用该项原材料生产的产品的成本大于产品的销售价格。

（3）企业因产品更新换代，原有库存原材料已不适应新产品的需要，而且该原材料的市场价格低于其账面成本。

（4）因企业所提供的商品、劳务过时或消费者偏好改变而使市场的需求发生变化，导致市场价格逐渐下跌。

（5）其他足以证明该项存货实质上已经发生减值的情形。

（二）表明存货的可变净值为零的情形

（1）该存货已霉烂变质。

（2）该存货已过期且无转让价值。

（3）该存货在生产中已不再需要，并且已无使用价值和转让价值。

（4）其他足以证明该存货已无使用价值和转让价值的情形。

三、不同情况下存货可变现净值的确定

存货的销售税费一般以估计售价为基础进行计算。对于加工后才能出售的存货，其加工费用一般很容易根据企业的历史资料进行估计。所以在确定存货可变现净值时，关键是确定存货的估计售价。

（一）直接用于出售的商品存货可变现净值的确定

产成品、商品等（不包括用于出售的材料）直接用于出售的商品存货，没有销售合同约定的，其可变现净值应当为在正常生产经营过程中，产成品或商品的一般销售价格（即市场销售价格）减去估计的销售费用和相关税费等后的金额。

【业务4-32】12月31日，甲公司A库存商品的账面成本为100万元，估计市场销售价格为80万元，估计的销售费用及相关税金为2万元。甲公司没有签订有关A库存商品的销售合同。

A商品可变现净值＝估计售价－估计的销售税费＝80－2＝78（万元）

（二）用于出售的材料可变现净值的确定

用于出售的材料等，应当以市场价格减去估计的销售费用和相关税费等后的金额作为其可变现净值。这里的市场价格是指材料等的市场销售价格。

【业务4-33】12月31日，乙公司B原材料的账面成本为100万元，因产品结构调整，无法再使用B原材料，所以准备将其出售，估计B材料的售价为110万元，估计的销售费用及相关税金为3万元。

B原材料可变现净值＝估计售价－估计的销售税费＝110－3＝107（万元）

（三）用于生产的原材料可变现净值的确定

如果存货为用于生产的原材料，则应当将原材料与其所生产的产成品的期末价值减损情况联系起来，假设原材料生产的产成品的可变现净值预计高于产成品的成本，则应当按照原材料的成本计量。

【业务4-34】12月31日，丙公司Y原材料的账面成本为100万元，Y原材料的估计售价为90万元；Y原材料用于生产A商品，假设用Y原材料100万元生产成某商品的成本为140万元，A商品的估计售价为160万元，估计的A商品销售费用及相关税金为8万元。

A商品的可变现净值＝A商品的估计售价－A商品的估计销售税费

＝160－8＝152（万元）

因A商品的可变现净值152万元高于甲商品的成本140万元，所以Y原材料按本身的成本计量。

如果材料的价格下降表明以其生产的产成品的可变现净值低于成本，则该材料应当按可变现净值计量。

【业务4-35】12月31日，甲公司库存用于生产50件A产品的H材料一批，其成本为160万元，现市场价格为145万元，由于H材料市场价格下降，市场上用H材料生产A产品的市场售价总额由280万元降为260万元，但甲公司生产A产品的成本仍为270万元，将H材料加工成A产品尚需投入加工费用110万元，估计销售费用为8万元。

根据上述材料，可按以下步骤进行确定：

第一步，计算用H材料生产的A产品的可变现净值。

A产品的可变现净值＝A产品的估计售价－A产品的估计销售税费

＝260－8＝252（万元）

第二步，将用H材料生产的A产品的可变现净值与其成本进行比较。

A产品的可变现净值252万元小于其成本270万元，即材料价格下降和A产品价格下降导致A产品的可变现净值小于其成本，因此库存的H材料应按可变现净值计量。

第三步，计算库存的H材料的可变现净值。

H材料的可变现净值＝A产品的估计售价－将H材料加工成A产品尚需投入的成本－

A产品的估计销售税费

＝260－110－8＝142（万元）

（四）为执行销售合同或者劳务合同而持有的存货可变现净值的确定

为执行销售合同或者劳务合同而持有的存货，其可变现净值应当以合同价格为基础计算。若持有存货数量多于销售合同的订购数量，超出部分的可变现净值应当以一般销售价格为基础计算。如果企业销售合同所规定的标的物尚未生产出来，但持有专门用于该标的物生产的材料，其可变现净值也应当以合同价格作为计量基础。

【业务4-36】甲公司2020年12月1日库存W型机器12台，总成本为372万元，单位成本为31万元。

2020年12月1日，甲公司与乙公司签订的不可撤销销售合同约定，2021年1月20日，甲公司应按每台30万元的价格（不含增值税）向乙公司提供W型机器12台。

甲公司销售部门提供的资料表明，向长期客户乙公司销售的 W 型机器平均运杂费等销售费用为 0.12 万元/台，向其他客户销售 W 型机器平均运杂费等销售费用为 0.1 万元/台。

2020 年 12 月 31 日，W 型机器的市场销售价格为 32 万元/台。

根据该销售合同的规定，库存的 12 台 W 型机器的销售价格全部由销售合同约定。

在这种情况下，W 型机器的可变现净值应以销售合同约定的价格 30 万元/台为基础确定。W 型机器的可变现净值＝30×12－0.12×12＝360－1.44＝358.56（万元），低于 W 型机器的成本（372 万元），发生减值 13.44 万元。如果 W 型机器的成本为 350 万元，则没有发生减值。

【业务 4–37】 鸿达公司是一家生产电子产品的上市公司，为增值税一般纳税企业。2020 年 12 月 31 日，库存丁材料 30 吨，每吨实际成本为 1 500 元。全部 30 吨丁材料用于生产 A 产品 20 件，A 产品每件加工成本为 1 000 元，现有 7 件已签订销售合同，合同规定每件售价为 4 000 元，每件一般市场售价为 3 500 元，假定销售税费均为销售价格的 10%。

确定丁材料可变现净值计量基础的过程如下：

有合同 A 产品耗用的丁材料的可变现净值＝4 000×（1－10%）×7－1 000×7
＝18 200（元）

无合同 A 产品耗用的丁材料的可变现净值＝3 500×（1－10%）×13－1 000×13
＝27 950（元）

四、存货减值的核算

（一）存货减值的会计账户设置

企业应当设置"存货跌价准备"账户，该账户贷方登记计提的存货跌价准备金额，借方登记存货跌价准备的转回或结转金额，期末金额一般在贷方，反映企业已计提尚未转销的存货跌价准备。

（二）存货减值的账务处理

1. 计提存货跌价准备

资产负债表日，存货的成本高于其可变现净的，企业应当计提存货跌价准备。计提存货跌价准备的思路是，先判断存货是否出现减值的迹象；如果出现减值，应计算存货的可变现净值，将其与存货成本比较，确定应计提的跌价准备的金额。

企业通常应当按照单个存货项目计提存货跌价准备，即资产负债表日，企业将每个存货项目的成本与其可变现净值逐一进行比较，按较低者计量存货，对其中可变现净值低于成本的，两者的差额即为应计提的存货跌价准备，然后再与已提数进行比较，若应提数大于已提数，则应予补提。企业计提的存货跌价准备，应计入当期损益。

但是，对于数量较多、单价较低的存货，可以按照存货类别计提存货跌价准备。企业可以按存货类别计量成本与可变现净值，即按存货类别的成本的总额与可变现净值的总额进行比较，每个存货类别均取较低者确定存货期末价值。

在与同一地区生产和销售的产品系列相关，具有相同或类似最终用途或目的，且难以与其他项目分开计量的存货，可以合并计提存货跌价准备。

【业务 4-38】乙企业采用成本与可变现净值孰低法对 A 存货进行期末计价。

2018 年年末，A 存货的账面成本为 100 000 元，本年以来 A 存货的市场价格持续下跌，并在可预见的将来无回升的希望。根据资产负债表日确定的 A 存货的可变现净值为 95 000 元，"存货跌价准备"账户期初余额为零。

2019 年年末 A 存货的实际成本为 150 000 元，2019 年"存货跌价准备"账户未发生变化，2019 年年末 A 存货的可变现净值为 144 000 元。

2020 年年末 A 存货的实际成本为 200 000 元，2020 年"存货跌价准备"账户未发生变化，2020 年年末 A 存货的可变现净值为 197 000 元。

乙企业 2018—2020 年，存货的期末账务处理如下：

（1）2018 年年末：

应该计提的存货跌价准备为 5 000（100 000-95 000）元

借：资产减值损失——计提的存货跌价准备   5 000

  贷：存货跌价准备   5 000

（2）2019 年年末：

计算出期末存货跌价准备应有余额为 6 000（150 000-144 000）元。由于 A 存货已计提存货跌价准备 5 000 元，因此应补提的存货跌价准备为 1 000（6 000-5 000）元。相关财务处理如下：

借：资产减值损失——计提的存货跌价准备   1 000

  贷：存货跌价准备   1 000

（3）2020 年年末：

计算出期末存货跌价准备应有余额为 3 000（200 000-197 000）元，由于 A 存货已计提存货跌价准备 6 000 元，因此应冲减已计提的存货跌价准备 3 000（6 000-3 000）元。相关账务处理如下：

借：存货跌价准备   3 000

  贷：资产减值损失——计提的存货跌价准备   3 000

【业务 4-39】丁公司的有关存货期末计量如表 4-8 所示。假设丁公司在此之前没有对存货计提跌价准备。假定不考虑相关税费和销售费用。

表 4-8　计提存货跌价准备计算表（按类别计提）

2020 年 12 月 31 日

商品		数量/件	成本		可变现净值		应计提的存货跌价准备/元
			单价/元	总额/元	单价/元	总额/元	
甲组	A 商品	400	10	4 000	9	3 600	
	B 商品	500	7	3 500	8	4 000	
	小计			7 500		7 600	0
乙组	C 商品	200	50	10 000	48	9 600	
	D 商品	100	45	4 500	44	4 400	
	小计			14 500		14 000	500

续表

商品		数量/件	成本		可变现净值		应计提的存货跌价准备/元
			单价/元	总额/元	单价/元	总额/元	
丙组	E 商品	700	100	70 000	80	56 000	
	小计			70 000		56 000	14 000
	总计			92 000		77 600	14 500

借：资产减值损失——计提的存货跌价准备　　　　　　　　　　　　14 500
　　贷：存货跌价准备——乙组　　　　　　　　　　　　　　　　　　 500
　　　　　　　　　　——丙组　　　　　　　　　　　　　　　　 14 000

2. 存货跌价准备的转回

当以前减记存货价值的影响因素已经消失，减记的金额也应当予以恢复，并在原已计提的存货跌价准备金额内转回，转回的金额计入当期损益（资产减值损失）。

在核算存货跌价准备的转回时，转回的存货跌价准备与计提准备的存货项目或类别应该存在直接对应关系，在原计提的存货跌价准备金额内转回，意味着转回金额以将存货跌价准备的余额冲减至零为限。

【业务 4-40】承接【业务 4-38】资料，假设 2021 年年底，A 存货的实际成本为 180 000元，2020 年年末已计提的存货跌价准备未发生变化，但是，2021 年以来 A 存货市场价格持续上升，市场前景明显好转，至 2021 年年末，根据当时状态，A 存货的可变现净值为185 000 元。

转回的跌价准备在原已计提的金额 3 000 元内予以恢复，相关账务处理如下：

借：存货跌价准备　　　　　　　　　　　　　　　　　　　　　　　 3 000
　　贷：资产减值损失——计提的存货跌价准备　　　　　　　　　　　 3 000

3. 存货跌价准备的结转

企业计提了存货跌价准备，如果其中有部分存货已经销售，则企业在结转销售成本时，应同时结转对其已计提的存货跌价准备。

第五章

金融资产

第一节　金融资产概述

一、金融资产的内容

广义的金融资产是从经济学角度进行表述的，是指一切可以在有序金融市场上进行交易，具有现实价格和未来估价的金融产品的总称。其最大特点是能够在市场交易中为其所有者提供即期或远期的货币收入流量，包括库存现金、银行存款、其他货币资金、应收账款、应收票据、贷款、其他应收款、股权投资、债权投资和衍生金融工具形成的资产等。

狭义的金融资产是从会计视角进行表述的，即《企业会计准则》所称的金融资产，是指企业持有的现金、其他方的权益工具以及符合下列条件之一的资产：

（1）从其他方收取现金或其他金融资产的合同权利。

（2）在潜在有利条件下，与其他方交换金融资产或金融负债的合同权利。

（3）将来需要用或可用企业自身权益工具进行结算的非衍生工具合同，且企业根据该合同将收到可变数量的自身权益工具。

（4）将来需要用或可用企业自身权益工具进行结算的衍生工具合同（制度规定不包括的项目除外）。

按照《企业会计准则》的规定，企业的金融资产主要包括库存现金、银行存款、应收账款、应收票据、应收利息、应收股利、其他应收款、贷款、垫款、债权投资、股权投资、基金投资、衍生金融资产等。

本章重点以债权投资和股权投资等为例对金融资产的相关问题进行说明。本章不涉及以下金融资产的会计处理：① 库存现金、银行存款、其他货币资金，其会计处理见本教材第二章"货币资金"核算；② 应收账款、应收票据、其他应收款、贷款，其中应收账款、应收票据、其他应收款项的会计处理见本教材"第三章　应收和预付款项"；③ 对子公司、联营企业、合营企业投资。

二、金融资产的分类

企业应当结合自身业务特点和风险管理要求，将取得的金融资产在初始确认时分为以下几类：① 以摊余成本计量的金融资产；② 以公允价值计量且其变动计入其他综合收益的金融资产；③ 以公允价值计量且其变动计入当期损益的金融资产。

金融资产分类与金融资产计量密切相关。不同类别的金融资产，其初始计量和后续计量采用的基础也不完全相同。因此，上述分类一经确定，就不得随意变更。

三、金融资产的计量

（一）金融资产的初始计量

企业初始确认金融资产，除有特别规定外，均应当按照公允价值计量。

与金融资产相关的交易费用分别按不同类别的金融资产做不同的会计处理。对于以公允价值计量且其变动计入当期损益的金融资产，相关交易费用直接计入当期损益；对于其他类别的金融资产，相关交易费用计入初始确认金额。

上述相关的交易费用，是指可直接归属于购买、发行或处置金融工具的增量费用。增量费用是指企业没有发生购买、发行或处置相关金融工具的情形就不会发生的费用，包括支付给代理机构、咨询公司、券商、证券交易所、政府有关部门等的手续费、佣金、相关税费以及其他必要支出；不包括债券溢价、折价、融资费用、内部管理成本和持有成本等与交易不直接相关的费用。

企业取得金融资产所支付的价款中包含的已宣告但尚未发放的现金股利或已到付息期但尚未领取的债券利息，应单独确认为应收股利或应收利息。

（二）金融资产的后续计量

金融资产的后续计量与金融资产的分类密切相关。金融资产初始确认后，企业应当对不同类别的金融资产，分别以摊余成本、公允价值计量且其变动计入其他综合收益或以公允价值计量且其变动计入当期损益进行后续计量。

1. 以摊余成本后续计量

金融资产的摊余成本是指该金融资产的初始确认金额经下列调整后的金额：

（1）扣除已偿还的本金。

（2）加上或减去采用实际利率法将该初始确认金额与到期日金额之间的差额进行摊销形成的累计摊销额。

（3）扣除累计计提的损失准备（仅适用于金融资产）。

2. 以公允价值后续计量

对于按公允价值进行后续计量的金融资产，其公允价值变动产生的利得或损失，除有特殊规定外，遵照下列原则处理：

（1）以公允价值计量且其变动计入当期损益的金融资产，公允价值变动产生的利得或损失，计入当期损益。

（2）以公允价值计量且其变动计入其他综合收益的金融资产，公允价值变动产生的利得或损失（除减值损失和外币性金融资产形成的汇兑损益外），计入其他综合收益。在该金融资产终止确认时转出，计入当期损益。

（3）企业将非交易性权益工具投资指定为以公允价值计量且其变动计入其他综合收

益的金融资产的，除了获得的股利计入当期损益外，其他相关的利得或损失（包括汇兑损益）全部计入其他综合收益，并且其后续不得转入当期损益。当该金融资产终止确认时，之前计入其他综合收益的累计利得或损失从其他综合收益中转出，计入留存收益。

第二节　以摊余成本计量的金融资产

企业以摊余成本计量的金融资产通常为债权投资等。其管理的业务模式是以收取合同现金流量为目标，相关的合同条款规定在特定日期产生的现金流量，仅为对本金和以未偿付本金金额为基础的利息的支付。

以摊余成本计量的金融资产初始确认时以公允价值进行计量，相关交易费用计入初始确认金额，后续以摊余成本进行计量。

一、会计账户设置

为了加强对以摊余成本计量的金融资产的管理与核算，企业应设置"债权投资"账户，该账户属于非流动资产，可设置"成本""利息调整""应计利息"等明细账账户进行核算。

"成本"明细账账户用于核算债权投资的面值。"利息调整"明细账账户用于核算债权投资的溢价、折价、交易费用及其摊销。"应计利息"明细账账户用于核算到期一次还本付息债权投资应计而未收取的利息，即资产负债表日按票面利率计算确定的应计而未收取的利息。

企业的债权投资为分期付息，到期一次还本的，资产负债表日按票面利率计算确定的应计而未收取的利息，计入"应收利息"账户，不在"债权投资——应计利息"明细账账户核算。

二、取得债权投资的核算

企业取得债权投资时，应以取得时的公允价值和相关交易费用之和作为初始确认金额，对于实际支付的价款中包含的已到付息期但尚未领取的债券利息，应单独确认为应收利息，不构成债权投资的初始确认金额。

企业取得债权投资时，应按债权投资的面值，借记"债权投资——成本"账户，按实际支付价款中包含的已到付息期但尚未领取的债券利息借记"应收利息"账户，按实际支付的价款金额，贷记"银行存款"等账户，按其差额，借记或贷记"债权投资——利息调整"账户。

【业务 5-1】甲公司 2020 年 1 月 1 日以 20 900 000 元的价款购入伟盛公司发行的面值为 20 000 000 元的债券。支付价款中含有已到付息期但尚未领取的利息 800 000 元，另支付相关费用 30 000 元。该债券票面年利率 4%，每年付息一次，到期还本。按年计提债券利息。

借：债权投资——伟盛公司债券（成本）　　　　　　　　　　　20 000 000
　　　　　　　——伟盛公司债券（利息调整）　　　　　　　　　 130 000
　　应收利息——伟盛公司　　　　　　　　　　　　　　　　　 800 000
　　贷：银行存款　　　　　　　　　　　　　　　　　　　　　 20 930 000

三、债权投资的后续计量

（一）实际利率法

债权投资持有期间按摊余成本和实际利率法计算确认利息收入，计入投资收益。

实际利率法是指计算金融资产的摊余成本以及将利息收入或利息费用分摊计入各会计期间的方法。实际利率是指将金融资产在预计存续期的估计未来现金流量，折现为该金融资产账面余额（不考虑减值）所使用的利率，是金融资产投资的真实报酬率。在确定实际利率时，应当在考虑金融资产所有合同条款的基础上估计预期现金流量，但不应当考虑预期信用损失。

合同各方之间支付或收取的、属于实际利率组成部分的各项费用、交易费用及溢价或折价等，应当在确定实际利率时予以考虑。

实际利率通常借助年金现值系数和复利现值系数，采用插值法测算求得。

（二）债权投资存续期间的账务处理

资产负债表日，以摊余成本计量的债权投资为分期付息、一次还本的，应按票面利率计算确定的应收未收利息，借记"应收利息"账户，按该金融资产摊余成本和实际利率计算确定的利息收入，贷记"投资收益"账户，按其差额，借记或贷记"债权投资——利息调整"账户。

以摊余成本计量的债权投资为一次还本付息的，应按票面利率计算确定的应收未收利息，借记"债权投资——应计利息"账户，按该金融资产摊余成本和实际利率计算确定的利息收入，贷记"投资收益"账户，按其差额，借记或贷记"债权投资——利息调整"账户。

【业务 5-2】2020 年 1 月 3 日，乙公司从证券公司购入风行股份有限公司于 2019 年 1 月 1 日发行的债券（该债券期限为 4 年，票面年利率为 4%，每年 1 月 6 日支付上年度的利息，到期日为 2023 年 1 月 1 日，到期一次归还本金和最后一次利息）。债券面值为 10 000 000 元，实际支付价款 10 127 700 元（含相关交易费用 200 000 元）。乙公司在购买该债券时，预计发行方不会提前赎回。乙公司将该债券分类为以摊余成本计量的金融资产。不考虑所得税、减值损失等因素。

（1）2020 年 1 月 3 日，乙公司购入的债券含有已到付息期但尚未领取的 1 年利息。

应收（计）利息 = 债券面值 × 票面利率 × 期限 = 10 000 000 × 4% = 400 000（元）

乙公司购入债券后应进行如下账务处理：

借：债权投资——风行公司债券（成本）	10 000 000	
应收利息——风行公司	400 000	
贷：银行存款		10 127 700
债权投资——风行公司债券（利息调整）		272 300

（2）计算实际利率 r：

债权投资账面价值 = 10 000 000 - 272 300 = 9 727 700（元）

则 $400\,000 \times (1+r)^{-1} + 400\,000 \times (1+r)^{-2} + 400\,000 \times (1+r)^{-3} + (10\,000\,000 + 400\,000) \times (1+r)^{-4} = 9\,727\,700$

采用插值法，由此得出 $r \approx 5\%$。

利息收入（投资收益）＝上期期末债权投资摊余成本×实际利率×期限

乙公司摊余成本和利息收入计算如表 5-1 所示。

表 5-1　乙公司摊余成本和利息收入计算表　　　　　单位：元

项目	应收利息	实际利息	利息调整	期末摊余成本
	（1）＝面值×票面利率	（2）＝上一期（4）×实际利率	（3）＝（2）－（1）	（4）＝上一期（4）＋（3）
2020 年 1 月 3 日				9 727 700
2021 年 12 月 31 日	400 000	486 400	86 400	9 814 100
2022 年 12 月 31 日	400 000	490 700	90 700	9 904 800
2023 年 12 月 31 日	400 000	495 200	95 200[①]	10 000 000[②]
合计	1 200 000	1 472 300	272 300	

注：计算结果四舍五入后保留两位小数。

① 最后一期进行相应调整，即 95 200 ＝ 272 300 －（86 400 ＋ 90 700）。

② 10 000 000 元为到期按面值收回的本金。

从表 5-1 可以看出，乙公司债权投资的投资收益（实际利息）合计金额为 1 472 300 元，等于 1 200 000 元（各期按票面利率计算收到的利息合计金额）加上 10 000 000 元（到期按面值收回的本金）减去 9 727 700 元（购买债券支付的金额）。

（3）根据上述数据，乙公司收到利息和期末确认债券利息的账务处理如下：

① 2020 年 1 月 6 日，收到利息 400 000 元：

借：银行存款　　　　　　　　　　　　　　　　　　　　　　　400 000

　　贷：应收利息——风行公司　　　　　　　　　　　　　　　　　　400 000

② 2020 年 12 月 31 日，确认当年的利息收入：

借：应收利息——风行公司　　　　　　　　　　　　　　　　　　400 000

　　债权投资——风行公司债券（利息调整）　　　　　　　　　　　86 400

　　贷：投资收益——债券利息收入　　　　　　　　　　　　　　　　486 400

③ 2021 年、2022 年收到票面利息、确认当年利息收入同 2020 年，会计分录略。

④ 2023 年 1 月 6 日，债券到期收回本金和最后一期利息：

借：银行存款　　　　　　　　　　　　　　　　　　　　　　10 400 000

　　贷：应收利息——风行公司　　　　　　　　　　　　　　　　　　400 000

　　　　债权投资——风行公司债券（成本）　　　　　　　　　　10 000 000

【业务 5-3】甲公司 2020 年 1 月 1 日购入丙公司于同日发行的 3 年期债券，作为债权投资。该债券票面金额为 1 000 000 元，票面利率为 10%，甲公司实际支付 1 060 000 元（含交易费用）。该债券按年计算利息，到期一次还本付息。甲公司在购买该债券时，预计发行方不会提前赎回。不考虑所得税、减值损失等因素，甲公司相关账务处理如下：

（1）2020 年 1 月 1 日，甲公司购入债券：

借：债权投资——丙公司债券（成本）　　　　　　　　　　　　　　　1 000 000

　　　　　——丙公司债券（利息调整）　　　　　　　　　　　　　　　60 000

　　贷：银行存款　　　　　　　　　　　　　　　　　　　　　　　　1 060 000

计算债权投资的实际利率：

$$每期应收利息 = 1\ 000\ 000 \times 10\% = 100\ 000（元）$$

计算实际利率 $r = 100\ 000 \times (1+r)^{-1} + 100\ 000 \times (1+r)^{-2} + (1\ 000\ 000 + 100\ 000) \times (1+r)^{-3}$

$$= 1\ 060\ 000（元）$$

利用插值法进行计算，得出 $r = 7.688\ 9\%$。

甲公司债权投资摊余成本和利息收入计算如表 5-2 所示。

表 5-2　甲公司债权投资摊余成本和利息收入计算表　　　　　单位：元

项目	应收利息	实际利息	利息调整	期末摊余成本
	（1）=面值×票面利率	（2）=上一期（4）×实际利率	（3）=（1）-（2）	（4）=上一期（4）-（3）
2020 年 1 月 1 日				1 060 000
2020 年 12 月 31 日	100 000	81 500	18 500	1 041 500
2021 年 12 月 31 日	100 000	80 100	19 900	1 021 600
2022 年 12 月 31 日	100 000	78 400②	21 600①	1 000 000
合计	300 000	240 000	60 000	

注：计算结果四舍五入后保留两位。

① 最后一期利息进行相应调整，即 21 600 = 60 000 - (18 500 + 19 900)。

② 78 400 = 100 000 - 21 600。

从表 5-2 可以看出，甲公司债权投资的投资收益（实际利息）合计金额为 240 000 元，等于 300 000 元（各期按票面计算收到的利息合计金额）加上 1 000 000 元（到期按票面值收回的本金）减去 1 060 000 元（购买债券支付的金额）。

根据上述数据，甲公司每年期末确认利息收入的账务处理如下：

（2）2020 年 12 月 31 日，确认实际利息收入、票面利息等：

借：债权投资——丙公司债券（应计利息）　　　　　　　　　　　　　100 000

　　贷：投资收益——债券利息收入　　　　　　　　　　　　　　　　　81 500

　　　　债权投资——丙公司债券（利息调整）　　　　　　　　　　　　18 500

即应得利息收入 81 500 元，实际获得利息 100 000 元，将多收的利息 18 500（100 000 - 81 500）元作为购入债券的本金收回，2021 年年末、2022 年年末账务处理方法相同，分录略。

（3）2023 年 1 月，债券到期收回本金和利息：

借：银行存款　　　　　　　　　　　　　　　　　　　　　　　　　1 300 000

　　贷：债权投资——丙公司债券（成本）　　　　　　　　　　　　　1 000 000

　　　　债权投资——丙公司债券（应计利息）　　　　　　　　　　　　300 000

四、债权投资的减值

当对债权投资预期未来现金流量具有不利影响的一项或多项事件发生时，该债权投资成为已发生减值的金融资产，该减值称为信用减值。金融资产已发生信用减值的证据包括下列可观察信息：

（1）发行方或债务人发生重大财务困难。

（2）债务人违反合同，如偿付利息或本金违约或逾期等。

（3）债权人出于与债务人财务困难有关的经济或合同考虑，给予债务人在任何其他情况下都不会做出的让步。

（4）债务人很可能破产或进行其他财务重组。

（5）发行方或债务人财务困难导致该金融资产的活跃市场消失。

（6）以大幅折扣购买一项金融资产，该折扣反映了发生信用损失的事实。

企业应当按规定以预期信用损失为基础，对金融资产进行减值会计处理并确认损失准备。设置"债权投资减值准备"账户。该账户贷方登记企业计提的债权投资减值准备，借方登记冲销（或转销）已计提的减值准备，期末贷方余额，反映企业已计提但尚未转销的债权投资减值准备。该账户应当按照债权投资类别和品种进行明细核算。

在资产负债表日，企业债权投资发生减值的，应按减记的金额，借记"信用减值损失"账户，贷记"债权投资减值准备"账户。

已计提减值准备的债权投资价值以后又得以恢复的，应在原已计提的减值准备金额内，按恢复增加的金额，借记"债权投资减值准备"账户，贷记"信用减值损失"账户。

五、出售以摊余成本计量的债权投资

出售以摊余成本计量的债权投资，应按实际收到的金额，借记"银行存款"等账户，按其账面余额，贷记"债权投资——成本、应计利息"账户，贷记或借记"债权投资——利息调整"账户，按其差额，贷记或借记"投资收益——利息收入"账户。已计提信用减值准备的，还应同时结转信用减值准备。

企业持有的以摊余成本计量的应收款项、贷款等的账务处理原则，与债权投资大致相同，企业可使用"应收账款""贷款"等账户进行核算。

第三节 以公允价值计量且其变动计入其他综合收益的金融资产

以公允价值计量且其变动计入其他综合收益的金融资产分为两种情况：一是债权性投资（或称债务工具）形成的金融资产；二是权益性投资（或称权益工具）形成的金融资产。上述两种情况形成的金融资产在会计核算账户的设置和会计账务处理方法方面均存在区别。

一、债权性投资（债务工具）形成的金融资产

（一）会计账户的设置

应设置"其他债权投资"总分类账账户，该账户为非流动资产账户，用于核算其他债

权投资的公允价值。该账户下应设置"成本""利息调整""公允价值变动""应计利息"等明细账账户。

"成本"明细账账户用于核算其他债权投资面值的增减变动情况。

"利息调整"明细账账户用于核算其他债权投资初始确认金额与其面值的差额以及按照实际利率法分期摊销后该差额的摊余金额。

"公允价值变动"明细账账户用于核算其他债权投资公允价值的变动金额。

"应计利息"明细账账户用于核算到期一次还本付息的其他债权投资的利息。

（二）取得其他债权投资

企业取得其他债权投资时，应按照其他债权投资公允价值与交易费用之和确认初始金额。按照其他债权投资的面值，借记"其他债权投资——成本"账户，按照支付价款中包含的已到付息期但尚未领取的利息，借记"应收利息"账户，按照实际支付的价款，贷记"银行存款"等账户，按照其差额，借记或贷记"其他债权投资——利息调整"账户。

【业务 5-4】甲公司 2020 年 1 月 1 日用银行存款 21 363 000 元从证券市场上购入 D 公司 2019 年年初发行的 5 年期债券，剩余年限 4 年，面值 20 000 000 元，支付价款中包含已到付息期但尚未领取的利息 1 000 000 元，债券票面年利率为 5%，经测算实际利率为 4.5%。该债券分期付息，D 公司每年 1 月 10 日前支付上年度债券利息，到期后 D 公司一次归还债券本金和最后一次利息。甲公司将该债券投资确认为其他债权投资，并按年计提利息收入。甲公司账务处理如下：

（1）2020 年 1 月 1 日，购入 D 公司债券：

借：其他债权投资——D 公司债券（成本）　　　　　　　　　　20 000 000
　　　　　　　　——D 公司债券（利息调整）　　　　　　　　　363 000
　　应收利息——D 公司　　　　　　　　　　　　　　　　　　1 000 000
　　贷：银行存款　　　　　　　　　　　　　　　　　　　　　　21 363 000

（2）2020 年 1 月 10 日前收到上述利息时：

借：银行存款　　　　　　　　　　　　　　　　　　　　　　　1 000 000
　　贷：应收利息——D 公司　　　　　　　　　　　　　　　　　1 000 000

（三）其他债权投资持有期间的利息

其他债权投资持有期间的利息，包括以下几种情况：

（1）收回取得其他债权投资时支付的价款中包含的已到付息期但尚未领取的利息，冲减已借记的应收利息，不确认投资收益，如【业务 5-4】。

（2）在付息日或资产负债表日按照实际利率法计算确认其他债权的利息收入（投资收益）。贷记"投资收益"账户，同时按照其他债权投资的面值和票面利率计算应收利息，借记"应收利息"账户（分期付息到期一次还本）或"其他债权投资——应计利息"账户（到期一次还本付息），按照差额借记或贷记"其他债权投资——利息调整"账户。

（3）实际收到其他债权投资的利息，借记"银行存款"账户，贷记"应收利息"账户（分期付息到期一次还本）或"其他债权投资——应计利息"账户（到期一次还本付息）。

【业务 5-5】根据【业务 5-4】所给资料，采用实际利率法计算摊余成本和利息收入，如表 5-3 所示，并编制其他债权投资持有期间的相关会计分录。

表 5-3　摊余成本和利息收入计算表（实际利率法）　　　　单位：元

项目	应收利息 5%	实际利息 4.5%	利息调整	期末摊余成本
	（1）＝面值×票面利率	（2）＝上一期（4）×实际利率	（3）＝（1）－（2）	（4）＝上一期（4）－（3）
2020 年 1 月 1 日				20 363 000
2020 年 12 月 31 日	1 000 000	916 335	83 665	20 279 335
2021 年 12 月 31 日	1 000 000	912 570	87 430	20 191 905
2022 年 12 月 31 日	1 000 000	908 636	91 364	20 100 541
2023 年 12 月 31 日	1 000 000	899 459[②]	100 541[①]	20 000 000
合计	4 000 000	3 637 000	363 000	20 000 000

注：计算结果四舍五入后保留整数。

① 最后一期进行相应调整，即 100 541＝363 000－（83 665＋87 430＋91 364）。

② 899 459＝1 000 000－100 541。

（1）2020 年 12 月 31 日计算利息：

借：应收利息　　　　　　　　　　　　　　　　　　　　　　1 000 000

　　贷：投资收益　　　　　　　　　　　　　　　　　　　　　　　916 335

　　　　其他债权投资——D 公司（利息调整）　　　　　　　　　　 83 665

（2）2021 年 1 月 10 日前收到 2020 年利息：

借：银行存款　　　　　　　　　　　　　　　　　　　　　　1 000 000

　　贷：应收利息　　　　　　　　　　　　　　　　　　　　　1 000 000

2021 年 12 月 31 日计算利息：

借：应收利息　　　　　　　　　　　　　　　　　　　　　　1 000 000

　　贷：投资收益　　　　　　　　　　　　　　　　　　　　　　912 570

　　　　其他债权投资——D 公司债券（利息调整）　　　　　　　 87 430

（3）2022 年、2023 年收到前一年利息以及年末计提利息的账务处理同 2021 年。

（4）2024 年 1 月 10 日前收回债券本金和最后一次利息：

借：银行存款　　　　　　　　　　　　　　　　　　　　　 21 000 000

　　贷：应收利息　　　　　　　　　　　　　　　　　　　　　1 000 000

　　　　其他债权投资——D 公司债券（成本）　　　　　　　 20 000 000

（四）债权投资的期末计量

按照会计准则，其他债权投资期末或资产负债表日以公允价值进行后续计量，公允价值变动额计入其他综合收益。借记或贷记"其他债权投资——公允价值变动"账户，贷记或借记"其他综合收益"账户。

企业计算公允价值变动额时，用公允价值与其他债权投资的账面价值进行比较，而不是用公允价值与其摊余成本进行比较。

【业务 5-6】根据【业务 5-4】【业务 5-5】提供的资料，发生下列公允价值变动业务：

（1）2020 年 12 月 31 日，甲公司购入的 D 公司债券的公允价值为 20 350 000 元。

债券的账面价值 = 20 279 335（元）

公允价值变动额 = 20 350 000 - 20 279 335 = 70 665（元）（增加额）

借：其他债权投资——D 公司债券（公允价值变动）　　　　　　　70 665
　　贷：其他综合收益　　　　　　　　　　　　　　　　　　　　　　　70 665

2020 年年末 D 公司债券的账面价值 = 20 279 335 + 70 665 = 20 350 000（元）

（2）2021 年 12 月 31 日，D 公司债券的公允价值为 20 000 000 元。

债券的账面价值 = 20 350 000 - 87 430 = 20 262 570（元）

公允价值变动额 = 20 000 000 - 20 262 570 = -262 570（元）（减少额）

借：其他综合收益　　　　　　　　　　　　　　　　　　　　　　　262 570
　　贷：其他债权投资——D 公司债券（公允价值变动）　　　　　　　262 570

2021 年年末甲公司购入的 D 公司债券的账面价值 = 20 262 570 - 262 570 = 20 000 000（元）

（3）2022 年 12 月 31 日，D 公司债券的公允价值为 20 150 000 元。

债券的账面价值 = 20 000 000 - 91 364 = 19 908 636（元）

公允价值变动额 = 20 150 000 - 19 908 636 = 241 364（元）（增加额）

借：其他债权投资——D 公司债券（公允价值变动）　　　　　　　241 364
　　贷：其他综合收益　　　　　　　　　　　　　　　　　　　　　　　241 364

2022 年年末甲公司购入的 D 公司债券账面价值 = 19 908 636 + 241 364 = 20 150 000（元）
以后年份如发生公允价值变动会计处理同上。

（五）其他债权投资的处置

企业处置其他债权投资时，按照实际收到的处置价款，借记"银行存款"等账户，按照处置其他债权投资的面值贷记"其他债权投资——成本"账户，按照其他债权投资的利息调整余额和公允价值变动余额，借记或贷记"其他债权投资——利息调整""其他债权投资——公允价值变动"账户，按照差额，借记或贷记"投资收益"账户。

同时，将原直接计入其他综合收益的公允价值累计变动额对应处置部分的金额转出，借记或贷记"其他综合收益"账户，贷记或借记"投资收益"账户。

【业务 5-7】根据【业务 5-4】【业务 5-5】【业务 5-6】提供的核算资料，假定第 4 年年初公司将从 D 公司购入的债券全部出售，共收到出售价款 20 300 000 元并存入银行。"其他债权投资——D 公司债券"的账面价值 20 150 000 元，其中，"成本"明细账账户借方余额 20 000 000 元、"利息调整"明细账账户借方余额 100 541 元、"公允价值变动"明细账账户借方余额 49 459 元。会计分录如下：

借：银行存款　　　　　　　　　　　　　　　　　　　　　　　20 300 000
　　贷：其他债权投资——D 公司债券（成本）　　　　　　　　　20 000 000
　　　　　　　　——D 公司债券（利息调整）　　　　　　　　　　100 541
　　　　　　　　——D 公司债券（公允价值变动）　　　　　　　　 49 459
　　　　投资收益　　　　　　　　　　　　　　　　　　　　　　　150 000
借：其他综合收益　　　　　　　　　　　　　　　　　　　　　　 49 459
　　贷：投资收益　　　　　　　　　　　　　　　　　　　　　　　 49 459

二、权益性投资（权益工具）形成的金融资产

（一）核算账户设置

应设置"其他权益工具投资"总分类账账户，该账户为非流动资产账户，用于核算其他权益工具投资的公允价值。该账户下应设置"成本""公允价值变动"等明细账账户。

"成本"明细账账户用于核算其他权益工具投资公允价值和交易费用之和。

"公允价值变动"明细账账户用于核算其他权益工具投资公允价值的变动金额。

（二）取得其他权益工具投资

企业取得其他权益工具投资时，按公允价值和交易费用之和确认初始金额，借记"其他权益工具投资——成本"账户，按支付价款中包含的已宣告但尚未发放的现金股利，借记"应收股利"账户，按实际支付的价款金额，贷记"银行存款"等账户。

【业务 5-8】乙公司 2020 年 3 月 5 日通过拍卖方式取得 AB 上市公司的法人股 100 000 股，每股 3.06 元，款项用银行存款支付。支付价款中含已宣告但尚未发放的现金股利 10 000 元，另支付相关税费 4 000 元。乙公司将该股票投资划分为其他权益工具投资。会计分录如下：

（1）取得其他权益工具投资时：

借：其他权益工具投资——AB 公司股票（成本）　　　　　　　　　　300 000
　　应收股利——AB 公司　　　　　　　　　　　　　　　　　　　　 10 000
　　　贷：银行存款　　　　　　　　　　　　　　　　　　　　　　　　　 310 000

（2）收到现金股利时：

借：银行存款　　　　　　　　　　　　　　　　　　　　　　　　　　 10 000
　　　贷：应收股利——AB 公司　　　　　　　　　　　　　　　　　　　　 10 000

（三）其他权益工具投资持有期间的股利

其他权益工具投资持有期间的股利分别根据以下几种情况进行不同会计处理：

（1）收到取得其他权益工具投资时支付价款中包含的已宣告但尚未发放的现金股利，冲减已记录的应收股利，不确认投资收益，如【业务 5-8】。

（2）持有期间获取的现金股利，应在股利宣告日将其确认为投资收益，借记"应收股利"账户，贷记"投资收益"账户。实际收到发放的现金股利时，借记"银行存款"账户，贷记"应收股利"账户。

【业务 5-9】根据【业务 5-8】提供的资料，2021 年 2 月 10 日，AB 公司宣告发放现金股利，每股 0.3 元。2021 年 2 月 15 日，收到 AB 公司发放的现金股利。

2021 年 2 月 10 日乙公司的账务处理：

借：应收股利——AB 公司　　　　　　　　　　　　　　　　　　　　 30 000
　　　贷：投资收益　　　　　　　　　　　　　　　　　　　　　　　　　　 30 000

2021 年 2 月 15 日乙公司的账务处理：

借：银行存款　　　　　　　　　　　　　　　　　　　　　　　　　　 30 000
　　　贷：应收股利——AB 公司　　　　　　　　　　　　　　　　　　　　 30 000

（四）其他权益工具投资的期末计量

企业持有的其他权益工具投资，期末应按公允价值进行后续计量。

资产负债表日，其他权益工具投资公允价值高于其账面价值的，应按其高于账面价值的差额，借记"其他权益工具投资——公允价值变动"账户，贷记"其他综合收益"账户。若公允价值低于其账面价值，则按其差额做相反方向的会计分录。

【业务 5-10】根据业务【5-8】提供的资料，2021 年 12 月 31 日，AB 公司股票每股市值上升为 4 元。乙公司账务处理如下：

借：其他权益工具投资——AB 公司股票（公允价值变动）　　　100 000
　　贷：其他综合收益　　　　　　　　　　　　　　　　　　　　　　100 000

（五）其他权益投资的处置

企业处置其他权益工具投资时，按实际收到的处置价款，借记"银行存款"账户，按取得其他权益工具投资时确认的初始金额，贷记"其他权益工具投资——成本"账户，按公允价值的累计变动金额，借记或贷记"其他权益工具投资——公允价值变动"账户，按其差额，贷记或借记"盈余公积""利润分配——未分配利润"等留存收益账户。

同时将原直接计入其他综合收益的公允价值累计变动额对应处置部分的金额转出，借记或贷记"其他综合收益"账户，贷记或借记"盈余公积""利润分配——未分配利润"等留存收益账户。

【业务 5-11】根据【业务 5-8】【业务 5-10】提供的资料，2022 年 1 月 10 日，乙公司将持有的 AB 公司股票全部出售，每股 4.20 元。假定乙公司按留存收益的 10%计提法定盈余公积金。会计分录如下：

借：银行存款　　　　　　　　　　　　　　　　　　　　　　　　　420 000
　　贷：其他权益工具投资——AB 公司股票（成本）　　　　　　　　300 000
　　　　　　　　　　　　——AB 公司股票（公允价值变动）　　　　100 000
　　　　盈余公积　　　　　　　　　　　　　　　　　　　　　　　　　2 000
　　　　利润分配——未分配利润　　　　　　　　　　　　　　　　　　18 000
借：其他综合收益　　　　　　　　　　　　　　　　　　　　　　　100 000
　　贷：盈余公积　　　　　　　　　　　　　　　　　　　　　　　　　10 000
　　　　利润分配——未分配利润　　　　　　　　　　　　　　　　　　90 000

第四节　以公允价值计量且其变动计入当期损益的金融资产

以公允价值计量且其变动计入当期损益的金融资产，是指不符合以摊余成本计量的金融资产的确认条件和以公允价值计量且其变动计入其他综合收益的金融资产的确认条件以外的金融资产，包括债权投资、股权投资、基金投资等。企业持有该部分金融资产主要以交易为目的。以公允价值计量且其变动计入当期损益的金融资产通常称为交易性金融资产。

金融资产满足下列条件之一的，表明企业持有该金融资产的目的是交易性的：

（1）取得相关金融资产的目的主要是近期出售或回购。

（2）相关金融资产在初始确认时属于集中管理的可辨认金融工具组合的一部分，且有客观证据表明近期实际存在短期获利模式。

（3）相关金融资产属于衍生工具（准则另有规定的除外）。

在初始确认时，如果能够消除或显著减少会计错配，则企业可以将金融资产指定为以公允价值计量且其变动计入当期损益的金融资产。该指定一经做出，就不得撤销。

一、会计账户设置

为了核算交易性金融资产的取得、收取现金股利或利息、处置等业务，企业应当设置"交易性金融资产""公允价值变动损益""投资收益"等账户。

"交易性金融资产"下设两个明细账账户。"交易性金融资产——成本"明细账账户的借方登记交易性金融资产的取得成本，贷方登记企业出售交易性金融资产时结转的成本。"交易性金融资产——公允价值变动"明细账账户的借方登记资产负债表日其公允价值高于账面余额的差额以及出售交易性金融资产时结转公允价值变动额（下降），贷方登记资产负债表日其公允价值低于账面余额的差额，以及企业出售交易性金融资产时结转的公允价值变动额（上升）。"交易性金融资产"账户期末借方余额，反映企业持有的交易性金融资产的公允价值。

"公允价值变动损益"账户核算企业交易性金融资产等的公允价值变动而形成的应计入当期损益的利得或损失。账户的借方登记资产负债表日企业持有的交易性金融资产等的公允价值低于账面余额的差额；贷方登记资产负债表日企业持有的交易性金融资产等的公允价值高于账面余额的差额。

"投资收益"账户反映交易性金融资产取得时发生的交易费用等支出、取得的利息收入和出售交易性金融资产时确认的损益。

二、交易性金融资产的初始计量与确认

企业取得以公允价值计量且其变动计入当期损益的金融资产，应当按照取得金融资产的公允价值作为初始确认金额。取得交易性金融资产所发生的相关交易费用应在发生时计入投资收益。交易费用是指可直接归属于购买、发行或处置金融工具新增的外部费用，包括支付给代理机构、咨询公司、券商等的手续费和佣金及其他必要支出，不包括债券溢价、折价、融资费用、内部管理成本及其他与交易不直接相关的费用。

企业取得交易性金融资产，应当按照该金融资产取得时的公允价值，借记"交易性金融资产——成本"账户；按发生的交易费用，借记"投资收益"账户；按已到付息期但尚未领取的利息或已宣告但尚未发放的现金股利，借记"应收利息""应收股利"账户；按实际支付的金额，贷记"银行存款""其他货币资金——存出投资款"等账户。

【业务 5-12】2020 年 2 月 1 日，甲公司从上海证券交易所购入 B 公司股票 1 000 000 股，支付价款 10 000 000 元（其中包含已宣告但尚未发放的现金股利 600 000 元），另支付相关交易费用 25 000 元，取得的增值税专用发票上注明的增值税税额为 1 500 元。甲公司将其划分为交易性金融资产进行管理和核算。甲公司账务处理如下：

（1）2020 年 2 月 1 日，购买 B 公司股票时：

借：交易性金融资产——B 公司股票（成本） 9 400 000

应收股利——B 公司 600 000

贷：其他货币资金——存出投资款 10 000 000

（2）2020 年 2 月 1 日，支付相关交易费用时：

借：投资收益 25 000

应交税费——应交增值税（进项税额） 1 500

贷：其他货币资金——存出投资款 26 500

三、交易性金融资产持有收益的确认

（一）持有期间取得的现金股利和利息

企业持有交易性金融资产期间按被投资单位宣告发放的现金股利，或企业在资产负债表日按分期付息、一次还本债券投资的票面利率计算的利息收入，应当借记"应收股利"或"应收利息"账户，贷记"投资收益"账户。收到股利或利息时（包括投资时确认的应收利息或应收股利），借记"银行存款"账户，贷记"应收利息"或"应收股利"账户。

【业务 5–13】承接【业务 5–12】资料，2020 年 5 月 1 日，甲公司收到 B 公司发放的现金股利 600 000 元。

借：其他货币资金——存出投资款 600 000

贷：应收股利——乙公司 600 000

【业务 5–14】2020 年 1 月 1 日，甲公司通过证券公司购入 C 公司发行的公司债券，该笔债券于 2019 年 7 月 1 日发行，面值为 25 000 000 元，票面利率为 4%。上年债券利息于下年年初支付。甲公司将其划分为交易性金融资产，支付价款为 26 000 000 元（其中包含已到付息期但尚未领取的债券利息 500 000 元），另支付交易费用 300 000 元，不考虑增值税。2020 年 1 月 8 日，甲公司收到该笔债券利息 500 000 元。2021 年年初，甲公司收到债券利息 1 000 000 元。甲公司应编制如下会计分录：

（1）2020 年 1 月 1 日，购入 C 公司的债券时：

购入的债券包含已到付息期但尚未领取的利息 = 25 000 000 × 4% ÷ 2 = 500 000（元）

借：交易性金融资产——C 公司债券（成本） 25 500 000

应收利息——C 公司 500 000

投资收益 300 000

贷：其他货币资金——存出投资款 26 300 000

（2）2020 年 1 月 8 日，收到购买价款中包含的已到付息期但尚未领取的债券利息时：

借：其他货币资金——存出投资款 500 000

贷：应收利息——C 公司 500 000

（3）2020 年 12 月 31 日，确认债券利息收入为 1 000 000 元时（25 000 000 × 4%）：

借：应收利息——C 公司 1 000 000

贷：投资收益 1 000 000

（4）2021 年年初，收到持有的 C 公司债券利息时：

借：其他货币资金——存出投资款   1 000 000

    贷：应收利息——C公司   1 000 000

（二）持有期间交易性金融资产的公允价值变动

资产负债表日，交易性金融资产按照公允价值计量，且不扣除将来处置该金融资产时可能发生的交易费用，交易性金融资产的公允价值高于其账面余额的差额，借记"交易性金融资产——公允价值变动"账户，贷记"公允价值变动损益"账户；公允价值低于其账面余额的差额，做相反的会计分录。

【业务5-15】承接【业务5-14】资料，假定2020年6月30日，甲公司购买的C公司债券的公允价值为27 800 000元；2020年12月31日，甲公司购买的C公司债券公允价值为25 600 000元。甲公司应编制如下会计分录：

（1）2020年6月30日，确认C公司债券的公允价值变动损益时：

C公司债券公允价值变动金额=公允价值-账面余额

$$=27\ 800\ 000 - 25\ 500\ 000 = 2\ 300\ 000（元）$$

借：交易性金融资产——C公司债券（公允价值变动）   2 300 000

    贷：公允价值变动损益——C公司债券   2 300 000

（2）2020年12月31日，确认C公司债券的公允价值变动损益时：

C公司债券公允价值变动金额=公允价值-账面余额

$$=25\ 600\ 000 - 27\ 800\ 000 = -2\ 200\ 000（元）$$

借：公允价值变动损益——C公司债券   2 200 000

    贷：交易性金融资产——C公司债券（公允价值变动）   2 200 000

四、交易性金融资产出售的核算

出售交易性金融资产，应按实际收到的金额，借记"银行存款""其他货币资金——存出投资款"等账户；按该金融资产的账面余额，贷记"交易性金融资产——成本"账户，借记或贷记"交易性金融资产——公允价值变动"账户。如果将已到付息期但尚未领取的应收利息或已宣告但尚未发放的应收股利一并出售，还应贷记"应收利息"或"应收股利"账户。按其差额，贷记或借记"投资收益"账户。

金融商品转让按照卖出价扣除买入价（不需要扣除已宣告但未发放的现金股利和已到付息期但未领取的利息）后的余额作为销售额计算增值税，即转让金融商品按盈亏相抵后的余额为销售额。若相抵后出现负差，可结转下一纳税期与下期转让金融商品销售额互抵，但年末时仍出现负差的，不得转入下一会计年度。

转让金融资产当月月末，如产生转让收益，则按应纳税额，借记"投资收益"等账户，贷记"应交税费——转让金融商品应交增值税"账户；如产生转让损失，则按可结转下月抵扣税额，借记"应交税费——转让金融商品应交增值税"账户，贷记"投资收益"等账户。

年末，如果"应交税费——转让金融商品应交增值税"账户有借方余额，则说明本年度的金融商品转让损失无法弥补，且本年度的金融资产转让损失不可转入下年度继续抵减转让金融资产的收益，应将"应交税费——转让金融商品应交增值税"账户的借方余额转出。因此，应借记"投资收益"等账户，贷记"应交税费——转让金融商品应交增值税"账户。

【业务5-16】承接【业务5-14】【业务5-15】资料，假定2021年1月10日，甲公司出售了持有的丙公司债券，售价26 250 000元。甲公司应编制的会计分录如下：

借：其他货币资金——存出投资款 26 250 000
  贷：交易性金融资产——丙公司债券（成本） 25 500 000
    ——丙公司债券（公允价值变动） 100 000
   投资收益 650 000

转让金融商品应交增值税 = (26 250 000 - 26 000 000) ÷ (1 + 6%) × 6% ≈ 14 150.94（元）

借：投资收益 14 150.94
  贷：应交税费——转让金融商品应交增值税 14 150.94

第六章

固定资产

第一节　固定资产概述

一、固定资产的概念和特点

（一）固定资产的概念

固定资产是指同时具有以下特征的有形资产：为生产商品、提供劳务、出租或经营管理而持有的，使用寿命超过一个会计年度的有形资产。

（二）固定资产的特征

固定资产具有以下特征：

1. 固定资产是为生产商品、提供劳务、出租或经营管理而持有的

企业持有固定资产的目的是生产商品、提供劳务、出租或经营管理，这意味着，企业持有的固定资产是企业的劳务工具或手段，而不是直接用于出售的产品。其中"出租"的固定资产，指用以出租的机器设备类固定资产，不包括以经营租赁方式出租的建筑物，后者属于企业的投资性房地产，不属于固定资产。

2. 固定资产使用寿命超过一个会计年度

固定资产的使用寿命，是指使用固定资产的预计期间，或者该固定资产所能生产产品或提供劳务的数量。如自用房屋建筑物的使用寿命，用使用年限表示。对于某些机器设备或运输设备等固定资产，其使用寿命往往以固定资产所能生产产品或提供劳务的数量来表示，例如，发电设备按其预计发电量估计使用寿命，汽车或飞机等按其预计行驶里程估计使用寿命。固定资产使用寿命超过一个会计年度，意味着固定资产属于长期资产，随着使用和磨损，通过计提折旧方式逐渐减少账面价值。

3. 固定资产为有形资产

固定资产具有实物特征，这一特征将固定资产与无形资产区别开来。有些无形资产可能同时符合固定资产的其他特征，如无形资产为生产商品、提供劳务而持有，使用寿命超过一个会计年度，但是，由于其没有实物形态，因此不属于固定资产。

二、固定资产的确认

必须同时满足下面这两个条件，才能将该资产确认为固定资产。

1. 与该固定资产有关的经济利益很可能流入企业

在实务中，判断与固定资产有关的经济利益是否很可能流入企业，主要判断与该固定资产所有权相关的风险和报酬是否转移到了企业。与固定资产所有权相关的风险，是指经营情况变化造成的相关收益的变动，以及资产闲置、技术陈旧等造成的损失；与固定资产所有权相关的报酬，是指在固定资产使用寿命内使用该资产而获得的收入，以及处置该资产所实现的利得等。

在有些情况下，某项固定资产的所有权虽然不属于企业，但是企业能够控制与该项固定资产有关的经济利益流入企业，这就意味着与该固定资产所有权相关的风险和报酬实质上已转移到企业，在这种情况下，企业应将该项固定资产予以确认。例如，融资租入的固定资产，企业虽然不拥有固定资产的所有权，但与固定资产所有权相关的风险和报酬实质上已转移到了企业（承租人），因此，符合固定资产确认的第一个条件。

2. 该固定资产的成本能够可靠地计量

成本能够可靠地计量是资产确认的一项基本条件。企业在确定固定资产成本时必须取得确凿证据，但是，有时需要根据所获得的最新资料，对固定资产的成本进行合理的估计。例如，企业对于已达到预定可使用状态但尚未办理竣工决算的固定资产，需要根据工程预算、工程造价或者工程实际发生的成本等资料，按估计价值确定其成本，办理竣工决算后，再按照实际成本调整原来的暂估价值。

三、固定资产的分类

（一）按其经济用途分类

固定资产按其经济用途分类如下：

（1）生产经营用固定资产，是指直接服务于企业生产、经营过程的各种固定资产，如生产经营用的房屋、机器、设备、器具、工具等。

（2）非生产经营用固定资产，是指不直接服务于企业生产、经营过程的各种固定资产，如食堂、托儿所、医务室、职工宿舍、俱乐部的房屋、设备和其他固定资产等。

利用这种分类方式，可以掌握企业各种固定资产的结构和变化情况，并有利于企业合理地配置固定资产。

（二）综合分类

固定资产的综合分类如下：

（1）生产经营用固定资产。

（2）非生产经营用固定资产。

（3）租出固定资产（指企业在经营租赁方式下出租给外单位使用的固定资产）。

（4）未使用固定资产（指已购建但尚未投入使用的固定资产和因改建、扩建而暂时停止使用的固定资产，但不包括由于季节性或大修理等而暂时停用的固定资产）。

（5）不需用固定资产（指企业在经营中不需用的各种固定资产）。

（6）土地（指过去已经估价单独入账的土地。因征地而支付的补偿费，应计入与土地有关的房屋、建筑物的价值内，不单独作为土地价值入账。企业取得的土地使用权，应作为无形资产或投资性房地产进行管理）。

（7）融资租入固定资产（指企业以融资租赁方式租入的固定资产，在租赁期内，应视同自有固定资产进行管理）。

各企业的经营性质不同、经营规模各异，对固定资产的分类不可能完全一致，也没有必要强求统一，企业可根据自己的具体情况和管理需要进行必要的分类。但在实际工作中，企业大多采用综合分类的方法作为编制固定资产目录、进行固定资产核算的依据。

第二节　取得固定资产

企业取得固定资产的方式是多种多样的，包括外购、自行建造、投资者投入、接受捐赠、非货币性资产交换、债务重组、企业合并和融资租赁等，取得的方式不同，其成本的具体构成内容及确定方法也不尽相同。

按照准则的规定，固定资产应当按照成本进行初始计量。固定资产的初始计量，指确定固定资产的取得成本。取得成本包括企业为购建某项固定资产达到预定可使用状态前所发生的一切合理的、必要的支出。

一、外购固定资产

（一）外购固定资产的初始入账成本

企业外购固定资产的成本，包括购买价款、相关税费，以及使固定资产达到预定可使用状态前所发生的可归属于该项资产的运输费、装卸费、安装费和专业人员服务费等。

外购固定资产是否达到预定可使用状态，需要根据具体情况进行分析判断。如果购入不需要安装的固定资产，购入后即可发挥作用，因此，购入后即可达到预定可使用状态。如果购入需要安装的固定资产，那么只有安装调试后达到设计要求或合同规定的标准，该项固定资产才可发挥作用，才意味着达到预定可使用状态。

1. 购买价款

一般来讲，企业购入的固定资产，付款期在正常信用期内的，应根据发票金额确定购买价格。

2. 税金

企业购买固定资产时所支付的消费税、资源税、进口关税、契税、车辆购置税、耕地占用税以及不得抵扣的增值税均应计入固定资产成本。

根据规定，增值税一般纳税人购进（包括接受捐赠、实物投资）或者自制（包括改建、扩建、安装）固定资产发生的进项税额，可凭增值税扣税凭证（增值税专用发票、海关进口增值税专用缴款书）从销项税额中抵扣，其进项税额应当计入"应交税费——应交增值税（进项税额）"账户。

注意：用于简易计税方法计税项目、免征增值税项目、集体福利或者个人消费而购进的专用固定资产所产生的进项税额不得从销项税额中抵扣。

3. 运输费等费用

外购固定资产产生的运输费用、装卸费用、安装费用、保险费用等，根据取得的增值税专用发票上注明的金额计入购进成本，可以抵扣的增值税不计入固定资产的购进成本。

4. 弃置费用

对于特殊行业的特定固定资产，确定其初始入账成本时，还应考虑弃置费用。弃置费用通常是指根据国家法律和行政法规、国际公约等规定，企业承担的环境保护和生态恢复等义务所确定的支出，如油气资产、核电站核设施等的弃置和恢复环境义务。弃置费用的金额与其现值比较，通常相差较大，需要考虑货币时间价值，对于这些特殊行业的特定固定资产，企业应当根据《企业会计准则第13号——或有事项》，将弃置费用的现值计入相关固定资产的成本，同时确认相应的预计负债。

（二）账户设置

固定资产在取得的过程中，需要设置"固定资产""在建工程""工程物资"等会计账户。

（1）"固定资产"账户。该账户核算固定资产的原值。其借方登记按不同方式所取得的固定资产原值的增加；贷方登记因出售、报废、损毁及盘亏等而减少的固定资产原值；期末余额在借方，反映企业现有固定资产原值。企业应设置"固定资产登记簿"，按固定资产类别和使用部门进行明细分类核算，并设置"固定资产登记卡片"，按每项固定资产进行明细核算。

（2）"在建工程"账户。该账户核算企业基建、更新改造等在建工程发生的支出。其借方登记固定资产新建、改建、扩建等实际支出；贷方登记完工工程转出的实际成本；期末余额在借方，反映期末尚未达到预定可使用状态的在建工程的实际成本。

（3）"工程物资"账户。该账户核算企业为在建工程准备的各种物资的成本，包括工程用材料、尚未安装的设备以及为生产准备的工器具等。其借方登记企业购入工程物资的成本；贷方登记领用工程物资的成本；期末借方余额，反映企业为在建工程准备的各种物资的成本。本账户可按"专用材料""专用设备""工器具"等进行明细核算。

（三）外购固定资产的账务处理

1. 购入不需要安装的固定资产的核算

企业购入不需要安装的固定资产应按实际支付的归属该项固定资产的各项实际成本，借记"固定资产"账户，贷记"银行存款""应付账款""应付票据"等账户。

【业务6-1】 甲公司于2020年2月1日购入一台不需要安装即可投入使用的生产设备，取得的增值税专用发票上注明的设备价款为30 000元，增值税税额为3 900元，从运输企业取得的增值税发票上注明的运费为1 000元，增值税税额为90元。款项均以银行存款支付。账务处理如下：

借：固定资产	31 000	
应交税费——应交增值税（进项税额）	3 990	
贷：银行存款		34 990

【业务 6-2】甲公司于 2020 年 3 月 1 日购入一辆自用的小汽车，取得的增值税专用发票上注明的价款为 300 000 元，增值税进项税额为 39 000 元，车辆购置税为 30 000 元，全部款项已经通过银行支付。账务处理如下：

借：固定资产	330 000	
应交税费——应交增值税（进项税额）	39 000	
贷：银行存款		369 000

2. 购入需要安装的固定资产的核算

企业购入需要安装的固定资产，应在购入取得成本的基础上加上安装调试成本等，作为固定资产的取得成本，先通过"在建工程"账户归集成本，待达到预定可使用状态时，再由"在建工程"账户转入"固定资产"账户。

企业购入固定资产时，按实际支付的归属该项固定资产的各项实际成本，借记"在建工程"账户，贷记"银行存款"等账户；安装完毕达到预定可使用状态时，按照其归集实际成本，借记"固定资产"账户，贷记"在建工程"账户。

【业务 6-3】2020 年 2 月 1 日，甲公司购入一条生产线，取得的增值税专用发票上注明的生产线设备价款为 500 000 元，增值税进项税额为 65 000 元，从运输企业取得的增值税专用发票上注明的运输费为 10 000 元，增值税 900 元，款项已通过银行支付。2020 年 2 月 3 日，安装设备时，领用本公司外购原材料一批（A 材料），价值为 3 000 元；领用自制产品一批（B 产品），成本为 4 000 元。2 月 10 日，设备安装完毕，达到预定可使用状态。安装期间，企业安装人员的薪酬为 3 000 元。甲公司账务处理如下：

（1）2 月 1 日，支付生产线设备价款、增值税税额和运输费：

$$允许抵扣的增值税进项税额 = 65\ 000 + 900 = 65\ 900（元）$$

借：在建工程——安装工程——生产线	510 000	
应交税费——应交增值税（进项税额）	65 900	
贷：银行存款		575 900

（2）2 月 3 日，领用本公司原材料、自制产品：

借：在建工程——安装工程——生产线	7 000	
贷：原材料——A 材料		3 000
库存商品——B 产品		4 000

（3）计算安装人员薪酬：

借：在建工程——安装工程——生产线	3 000	
贷：应付职工薪酬		3 000

（4）2 月 10 日，安装完毕达到预定可使用状态：

借：固定资产——生产线	520 000	
贷：在建工程——安装工程——生产线		520 000

3. 一笔款项购入多项没有单独标价的资产

在实际工作中，企业可能以一笔款项购入多项没有单独标价的资产。如果这些资产均符合固定资产的定义，并满足固定资产的确认条件，则应将各项资产单独确认为固定资产，按各项固定资产公允价值的比例对总成本进行分配，分别确定各项固定资产的成本。

【业务6-4】2020年4月21日，甲公司从乙公司一次购入3套不同型号且具有不同生产能力的设备A、B和C。甲公司为该批设备共支付货款5 000 000元，增值税进项税额650 000元，取得保险公司开具的增值税专用发票，上面注明保险费17 000元，增值税1 020元；取得物流公司开具的增值税专用发票，上面注明装卸费3 000元，增值税180元。全部以银行转账支付。假定A、B和C设备分别满足固定资产确认条件，公允价值分别为1 560 000元、2 260 000元和1 300 000元。甲公司账务处理如下：

（1）确定应计入固定资产成本的金额，包括购买价款、保险费、装卸费等，即
$$5\ 000\ 000+17\ 000+3\ 000=5\ 020\ 000（元）$$

（2）确定设备A、B和C的价值分配比例：

A设备应分配的固定资产价值比例为：
$$1\ 560\ 000÷(1\ 560\ 000+2\ 260\ 000+1\ 300\ 000)×100\%≈30\%$$

B设备应分配的固定资产价值比例为：
$$2\ 260\ 000÷(1\ 560\ 000+2\ 260\ 000+1\ 300\ 000)×100\%≈45\%$$

C设备应分配的固定资产价值比例为：
$$1\ 300\ 000÷(1\ 560\ 000+2\ 260\ 000+1\ 300\ 000)×100\%≈25\%$$

（3）确定A、B和C设备各自的成本：
$$A设备的成本=5\ 020\ 000×30\%=1\ 506\ 000（元）$$
$$B设备的成本=5\ 020\ 000×45\%=2\ 259\ 000（元）$$
$$C设备的成本=5\ 020\ 000×25\%=1\ 255\ 000（元）$$

（4）会计处理：

借：固定资产——A设备　　　　　　　　　　　　　　　　1 506 000

　　　　　——B设备　　　　　　　　　　　　　　　　　2 259 000

　　　　　——C设备　　　　　　　　　　　　　　　　　1 255 000

　　应交税费——应交增值税（进项税额）　　　　　　　　651 200

　　贷：银行存款　　　　　　　　　　　　　　　　　　　5 671 200

4. 购入特殊设备产生的弃置费用

对于特殊行业的特殊固定资产，在确定其原始价值时，还应考虑弃置费用。弃置费用通常是指根据国家有关规定，企业因承担的环境保护、生态恢复等义务而在未来弃置固定资产时预计发生的支出。例如，核电站的核设施，在未来弃置时，为恢复良好环境，企业应对其产生的核辐射等进行治理，预计发生的大额支出即为弃置费用。该项固定资产预计发生的弃置费用应计入固定资产的原始价值，通过折旧方式予以补偿。但是，由于弃置费用的数额一般较大，且支出的时间也较久远，因此弃置费用应按照取得固定资产时的实际利率进行折现，将其现值计入固定资产的原始价值，借记"固定资产""在建工程"等账户，

贷记"预计负债"账户。

预计未来将发生的弃置费用与其现值之间的差额，应在固定资产使用期间内，分期确认为财务费用。企业应根据预计负债的账面价值和取得固定资产时的实际利率，确认各期应负担的财务费用，借记"财务费用"账户，贷记"预计负债"账户。

二、自行建造固定资产

自行建造固定资产的成本，由建造该项资产达到预定可使用状态前所发生的必要支出构成，包括工程用物资成本、人工成本、缴纳的相关税费、应予资本化的借款费用以及应分摊的间接费用等。企业通过出让方式取得土地使用权而支付的土地出让金不计入在建工程成本，应确认为无形资产（土地使用权）。

企业自行建造固定资产包括自营建造和出包建造两种方式。无论采用何种方式，所建工程都应当按照实际发生的支出确定其工程成本并单独核算。

（一）自营方式建造固定资产的核算

企业以自营方式建造固定资产，意味着企业自行组织工程材料采购、自行组织施工人员从事工程施工。企业为建造固定资产准备的各种物资应当按照实际支付的买价、运输费、保险费以及不能抵扣的增值税税额等相关税费作为实际成本，并按照各种专项物资的种类进行明细核算。工程完工后，剩余的工程物资转为企业存货的，按其实际成本或计划成本进行结转。建设期间发生的工程物资盘亏、报废及毁损，减去残料价值以及保险公司、过失人等赔款后的净损失，计入所建工程项目的成本；盘盈的工程物资或处置净收益，冲减所建工程项目的成本。工程完工后发生的工程物资盘盈、盘亏、报废、毁损，计入当期营业外收支。

建造固定资产领用工程物资、原材料或库存商品，应按其实际成本转入所建工程成本。自营方式建造固定资产应负担的职工薪酬，辅助生产部门为之提供的水、电、修理、运输等劳务，以及其他必要的支出等也应计入所建工程项目的成本。

符合资本化条件，应计入所建造固定资产成本的借款费用按照《企业会计准则第 17号——借款费用》的有关规定处理。

企业以自营方式建造固定资产，购入工程物资时，借记"工程物资"账户，贷记"银行存款"等账户。在建造过程中发生的必要支出，借记"在建工程"账户，贷记"工程物资""原材料""库存商品""应付职工薪酬"等账户。自营工程达到预定可使用状态时，按其成本，借记"固定资产"账户，贷记"在建工程"账户。

【业务 6-5】甲公司 2020 年 4 月 1 日开始自行建造厂房，购入为工程准备的各种物资200 000 元，支付的增值税税额为 26 000 元，实际领用工程物资 80%，剩余物资转作企业生产用原材料；另外还领用了企业外购的原材料一批，实际成本为 50 000 元；分配工程人员工资 80 000 元，企业辅助生产车间为工程提供有关劳务支出 20 000 元，工程于 2020 年10 月 15 日完工并同时交付生产车间使用。甲公司账务处理如下：

（1）购入为工程准备的物资：

借：工程物资   200 000

  应交税费——应交增值税（进项税额）   26 000

  贷：银行存款   226 000

（2）领用工程物资的 80%：

借：在建工程——建筑工程——厂房   160 000

    贷：工程物资   160 000

（3）剩余工程物资转作企业生产用原材料：

借：原材料   40 000

    贷：工程物资   40 000

（4）工程领用生产用原材料：

借：在建工程——建筑工程——厂房   50 000

    贷：原材料   50 000

（5）分配工程人员工资：

借：在建工程——建筑工程——厂房   80 000

    贷：应付职工薪酬   80 000

（6）辅助生产车间为工程提供的劳务支出：

借：在建工程——建筑工程——厂房   20 000

    贷：生产成本——辅助生产成本   20 000

（7）工程完工转入固定资产成本 310 000（160 000+50 000+80 000+20 000=310 000）元时：

借：固定资产——厂房   310 000

    贷：在建工程——建筑工程——厂房   310 000

（二）出包方式建造固定资产的核算

在出包方式下，企业通过招标方式将工程项目发包给建造承包商，由建造承包商（即施工企业）组织工程项目施工。采用出包方式建造固定资产，企业要与建造承包商签订建造合同，企业是建造合同的甲方，负责筹集资金和组织管理工程建设，通常称为建设单位；建造承包商是建造合同的乙方，负责建筑安装工程施工任务。

企业以出包方式建造固定资产，其成本由建造该项固定资产、使其达到预定可使用状态前所发生的必要支出构成。

出包方式下，"在建工程"账户主要是企业与建造承包商办理工程价款的结算账户，企业支付给建造承包商的工程价款作为工程成本通过"在建工程"账户核算。企业应按合理估计的工程进度和合同规定向建造承包商结算的进度款，借记"在建工程"账户，贷记"银行存款"等账户，工程完工时，按合同规定补付的工程款，借记"在建工程"账户，贷记"银行存款"等账户。工程达到预定可使用状态时，按其成本，借记"固定资产"账户，贷记"在建工程"账户。

【业务 6-6】2020 年 5 月 1 日，甲公司将一栋办公楼的建造工程出包给丙公司承建，合同约定建造费用为 8 000 000 元。2020 年 12 月 31 日，按合理估计的发包工程进度以及合同规定向丙公司结算进度款 6 540 000 元（收到的增值税专用发票上注明，价款 6 000 000 元，增值税 540 000 元）。2021 年 5 月 1 日，工程完工后，收到丙公司有关工程结算单据，补付工程款 2 180 000 元（收到的增值税专用发票上显示，价款 2 000 000 元，增值税 180 000 元），工程完工并达到预定可使用状态。甲公司账务处理如下：

（1）2020 年 12 月 31 日，向丙公司结算进度款时：

借：在建工程——丙公司——建筑工程——办公楼	6 000 000	
应交税费——应交增值税（进项税额）	540 000	
贷：银行存款		2 540 000
预付账款——丙公司		4 000 000

（2）2021 年 5 月 1 日，补付工程款时：

借：在建工程——丙公司——建筑工程——办公楼	2 000 000	
应交税费——应交增值税（进项税额）	180 000	
贷：银行存款		2 180 000

（3）工程完工并达到预定可使用状态时：

| 借：固定资产——办公楼 | 8 000 000 | |
| 贷：在建工程——丙公司——建筑工程——办公楼 | | 8 000 000 |

三、租入的固定资产

租赁有两种形式：一种是融资租赁；另一种是经营租赁。

融资租赁是指实质上转移了与资产所有权有关的全部风险和报酬的租赁。其所有权最终可能转移，也可能不转移。承租企业应将融资租入资产作为一项固定资产入账，同时确认相应的负债，并采用与自有应折旧资产相一致的折旧政策计提折旧。有关融资租赁固定资产初始计量与核算应当分别参照《企业会计准则第 21 号——租赁》的相关规定。

如果一项租赁在实质上没有转移与租赁资产所有权有关的全部风险和报酬，那么该项租赁应认定为经营租赁。其会计处理较为简单，企业不需要将租赁资产资本化，只需要将支付或应付的租金按一定方法计入相关资产成本或当期损益。通常情况下，企业应当将经营租赁的租金在租赁期内各个期间，按照直线法计入相关资产成本或当期损益。

【业务 6-7】甲公司为一般纳税人，2020 年 1 月 1 日，从乙租赁公司采用经营租赁方式租入一台生产设备。租赁合同规定：租赁期开始日为 2020 年 1 月 1 日，租赁期为 3 年，不含税租金共计 300 000 元。租赁开始日，甲公司先预付租金 226 000 元（收到的增值税专用发票显示，价款为 200 000 元，增值税税额为 26 000 元），第 3 年年末再支付租金 113 000 元（收到的增值税专用发票显示，价款为 100 000 元，增值税税额为 13 000 元）。租赁期满，乙租赁公司收回办公设备。假定甲公司在每年年末确认租金费用，不考虑其他相关税费。

甲公司账务处理如下：

（1）2020 年 1 月 1 日，预付租金：

借：预付账款——乙租赁公司	200 000	
应交税费——应交增值税（进项税额）	26 000	
贷：银行存款		226 000

（2）2020 年 12 月 31 日，确认本年租金费用：

| 借：管理费用——租赁费 | 100 000 | |
| 贷：预付账款——乙租赁公司 | | 100 000 |

（3）2021 年 12 月 31 日，确认本年租金费用：

| 借：管理费用——租赁费 | 100 000 | |
| 贷：预付账款——乙租赁公司 | | 100 000 |

（4）2022 年 12 月 31 日，支付第 3 期租金并确认本年租金费用：

借：管理费用——租赁费	100 000
应交税费——应交增值税（进项税额）	13 000
贷：银行存款	113 000

四、通过其他方式取得固定资产的核算

（一）投资者投入固定资产

对于接受固定资产投资的企业，在办理了固定资产移交手续之后，应按投资合同或协议约定的价值加上应支付的相关税费作为固定资产的入账价值，但合同或协议约定价值不公允的除外。具体内容见本教材第十章。

（二）接受捐赠的固定资产

对于接受捐赠增加的固定资产，接受的企业在办理了固定资产移交手续之后，应按取得的增值税专用发票上的价款和发生的相关税费作为固定资产的入账价值。具体账务处理为：按照从捐赠方取得的增值税专用发票上的价款和税额确定固定资产的价值和进项税额，借记"固定资产""应交税费——应交增值税（进项税额）"账户，贷记"营业外收入"账户。

（三）盘盈的固定资产

企业在财产清查中盘盈的固定资产，作为前期差错处理。企业在财产清查中盘盈的固定资产，在按管理权限报经批准处理前应先通过"以前年度损益调整"账户核算。盘盈的固定资产，应按以下规定确定其入账价值：如果同类或类似固定资产存在活跃市场，按同类或类似固定资产的市场价格，减去按该项资产的新旧程度估计的价值损耗余额，作为入账价值；如果同类或类似固定资产不存在活跃市场，按该固定资产的预计未来现金流量的现值，作为入账价值。企业应按上述规定确定的入账价值，借记"固定资产"账户，贷记"以前年度损益调整"账户。

【业务 6-8】甲公司在财产清查过程中，发现一台未入账的设备，按同类或类似商品市场价格，减去按该项资产的新旧程度估计的价值损耗后的余额为 30 000 元（假定与其计税基础不存在差异）。甲公司按净利润的 10% 计提法定盈余公积。甲公司账务处理如下：

（1）盘盈固定资产时：

借：固定资产	30 000
贷：以前年度损益调整	30 000

（2）确定应缴纳的所得税时：

借：以前年度损益调整	7 500
贷：应交税费——应交所得税	7 500

（3）结转为留存收益时：

借：以前年度损益调整	22 500
贷：盈余公积——法定盈余公积	2 250
利润分配——未分配利润	20 250

（四）其他

企业通过非货币性资产交换、债务重组、企业合并等方式取得的固定资产，其成本初始计量与核算应当分别参照《企业会计准则第 7 号——非货币性资产交换》《企业会计准则第 12 号——债务重组》《企业会计准则第 20 号——企业合并》的相关规定。但是，该项固定资产的后续计量和披露应当执行固定资产准则的规定。

第三节　固定资产折旧

一、固定资产折旧的概念及影响因素

企业应该在固定资产使用寿命内，按照正确的方法对应计折旧额进行系统分摊。应计折旧额是指应计提折旧的固定资产的原价扣除其预计净残值后的金额。已计提减值准备的固定资产，还应当扣除已计提的固定资产减值准备累计金额。

影响折旧的因素主要有以下几个方面：

（1）固定资产原价，即固定资产的成本。

（2）预计净残值，即假定固定资产预计使用寿命已满并处于使用寿命终了时的预计状态，企业目前从该项资产处置中获得的扣除预计处置费用后的金额。

（3）固定资产减值准备，即已计提的固定资产减值准备累计金额。

（4）固定资产的使用寿命，即企业使用固定资产的预计期间，或者该固定资产所能生产产品或提供劳务的数量。

企业确定固定资产使用寿命时，应当考虑下列因素：① 该项资产预计生产能力或实物产量；② 该项资产预计有形损耗，如设备使用中发生磨损、房屋建筑物受到自然侵蚀等；③ 该项资产预计无形损耗，如因新技术的出现而使现有的资产技术水平相对陈旧、市场需求变化使产品过时等；④ 法律或者类似规定对该项资产使用的限制。

融资租入的固定资产，应当采用与自有应计提折旧资产相一致的折旧政策。能够合理确认租赁期届满时将会取得租赁资产所有权的，应当在租赁资产尚可使用年限内计提折旧；无法合理确定租入期届满时能否取得租赁资产所有权的，应在租赁期与租赁资产尚可使用年限两者中较短的期间内计提折旧。

二、固定资产折旧范围

除以下固定资产外，企业应当对所有固定资产计提折旧：

（1）已提足折旧仍继续使用的固定资产。

（2）单独计价入账的土地。

（3）持有待售的固定资产（企业已签订 1 年内转让的不可撤销协议）。

在确认计提折旧的范围时，还应注意以下几点：

（1）固定资产应当按月计提折旧，并根据用途计入相关资产的成本或者当期损益。固定资产应自达到预定可使用状态时计提折旧，终止确认时或划分为持有待售非流动资产时停止计提折旧。为简化核算，当月增加的固定资产，当月不计提，从下月起计提折旧；当月减少的固定资产，当月仍计提折旧，从下月起不计提折旧。

（2）固定资产提足折旧后，不论能否继续使用，均不再计提折旧；提前报废的固定资产，也不再补提折旧。所谓提足折旧，是指已经提足该项固定资产的应计折旧额。

（3）因处于更新改造过程而停止使用的固定资产，应将其账面价值转入在建工程，不再计提折旧。更新改造项目达到预定可使用状态转为固定资产后，再按照重新确定的折旧方法和该项固定资产尚可使用寿命计提折旧。

（4）因进行大修理而停用的固定资产，应当计提折旧，计提折旧额应计入相关资产成本或当期损益。

（5）已达到预定可使用状态但尚未办理竣工结算的固定资产，应当按照估计价值确定其成本，并计提折旧；待办理竣工结算后，再按实际成本调整原来的暂估价值，但不需要调整原有已计提的折旧额。

三、折旧的计算方法

企业应当根据与固定资产有关的经济利益的预期实现方式，合理选择折旧方法，企业选用不同的固定资产折旧方法，将影响固定资产使用寿命期间内不同时期的折旧费用。因此，固定资产的折旧方法一经确定，就不得随意变更。

（一）年限平均法

年限平均法又称直线法，是指将固定资产的应计折旧额均衡地分摊到固定资产预计使用寿命内的一种方法。其计算公式如下：

$$年折旧率＝(1-预计净残值率)÷预计使用寿命(年)×100\%$$
$$月折旧率＝年折旧率÷12$$
$$月折旧额＝固定资产原价×月折旧率$$
$$预计净残值率＝预计净残值÷固定资产原价$$

年限平均法的特点是将固定资产的应计折旧额均衡地分摊到固定资产预计使用寿命内，采用这种方法计算的每期折旧额是相等的。

采用年限平均法计算固定资产折旧虽然比较简便，但它也存在着一些明显的局限性，首先，固定资产在不同使用年限提供的经济效益是不同的。一般来讲，固定资产在其使用前期工作效率相对较高，所带来的经济利益也较多；而在其使用后期，工作效率一般呈下降趋势，因而所带来的经济利益也就逐渐减少。年限平均法不考虑上述因素，明显是不合理的。其次，固定资产在不同的使用年限发生的维修费用也不一样。固定资产的维修费用将随着其使用时间的延长而不断增加，而年限平均法也没有考虑这一因素。

【业务6-9】甲公司某项固定资产原价为 50 000 元，预计使用年限为 5 年，预计净残值率为 4%（即预计净残值为 2 000 元）。采用年限平均法计算该项固定资产的月折旧额。

$$年折旧率＝(1-4\%)÷5×100\%＝19.2\%$$
$$月折旧率＝19.2\%÷12＝1.6\%$$
$$月折旧额＝50\ 000×1.6\%＝800（元）$$

（二）工作量法

工作量法是根据实际工作量计算每期应计提折旧额的一种方法。其计算公式如下：

单位工作量折旧额＝固定资产原价×(1－预计净残值率)÷预计总工作量

某项固定资产月折旧额＝该项固定资产当月工作量×单位工作量折旧额

工作量法主要适用于车辆、船舶等运输工具，以及大型精密设备的折旧计算。

【业务6-10】甲公司有货运卡车一辆，原值为80 000元，预计净残值率为5%，预计总行驶里程500 000千米，本月行驶里程为4 000千米。计算该项固定资产的本月折旧额。

单位里程折旧额＝80 000×(1－5%)÷500 000＝0.152（元/千米）

本月折旧额＝4 000×0.152＝608（元）

（三）双倍余额递减法

双倍余额递减法是指在不考虑固定资产预计净残值的情况下，根据每期（折旧年度）期初固定资产原价减去累计折旧后的金额和双倍的直线法折旧率计算固定资产折旧的一种方法。应用这种方法计算折旧额时，由于每年年初固定资产净值没有扣除预计净残值，因此在应用这种方法计算折旧额时必须注意不能使固定资产的账面折余价值降低到其预计净残值以下，即实行双倍余额递减法计算折旧的固定资产，应在其折旧年限到期前2年内，将固定资产净值扣除预计净残值后的余额平均摊销。

其计算公式如下：

年折旧率＝2÷预计使用寿命（年）×100%

年折旧额＝固定资产年初账面净值×年折旧率

月折旧率＝年折旧率÷12

月折旧额＝固定资产年初账面净值×月折旧率

或＝年折旧额÷12

【业务6-11】甲公司某项固定资产原价为50 000元，预计使用年限为5年，预计净残值率为4%（即预计净残值为2 000元）。采用双倍余额递减法计提折旧，假设该固定资产在折旧年限没有发生减值损失。各年折旧额如表6-1所示。

表6-1　固定资产折旧计算表（双倍余额递减法）　　　单位：元

年份	期初账面折余价值	折旧率	折旧额	累计折旧额	期末账面折余价值
1	50 000	40%	20 000	20 000	30 000
2	30 000	40%	12 000	32 000	18 000
3	18 000	40%	7 200	39 200	10 800
4	10 800		4 400	43 600	6 400
5	6 400		4 400	48 000	2 000

表6-1中，年折旧率为40%（2÷5×100%）。第4年、第5年改用年限平均法，年折旧额为4 400〔(10 800－2 000)÷2〕元。

（四）年数总和法

年数总和法又称年限总和法，是指将固定资产的原价减去预计净残值后的余额，乘以一个以固定资产尚可使用寿命为分子，以预计使用寿命逐年数字之和为分母的逐年递减的分数，计算每年的折旧额。其计算公式如下：

$$年折旧率＝尚可使用年限÷预计使用寿命的年数总和×100\%$$
$$月折旧率＝年折旧率÷12$$
$$月折旧额＝(固定资产原价－预计净残值)×月折旧率＝年折旧额÷12$$

【业务6-12】甲公司某项固定资产原价为50 000元，预计使用年限为5年，预计净残值率为4%（即预计净残值为2 000元）。采用年数总和法计提折旧，假设该固定资产在折旧年限内没有发生减值损失。各年折旧率和折旧额计算如表6-2所示。

表6-2　固定资产折旧计算表（年数总和法）　　　　　　　单位：元

年份	应提折旧总额	年折旧率	年折旧额	累计折旧额
1	48 000	5/15	16 000	16 000
2	48 000	4/15	12 800	28 800
3	48 000	3/15	9 600	38 400
4	48 000	2/15	6 400	44 800
5	48 000	1/15	3 200	48 000

双倍余额递减法和年数总和法的特点是固定资产使用的早期多提折旧，后期少提折旧，相对年限平均法相同的期间累计提取的折旧多，故称加速折旧法，其目的是使固定资产成本在预计使用寿命内加快得到补偿，体现了会计谨慎性信息质量要求。

四、固定资产折旧的核算

企业进行固定资产折旧核算，需要设置"累计折旧"账户。该账户属于"固定资产"的备抵调整账户，用以核算企业固定资产累计折旧数额。其贷方登记按月计提的固定资产折旧额；借方登记转出减少固定资产折旧额；期末余额在贷方，反映现有固定资产的折旧累计额。该账户可按固定资产的类别或项目进行明细核算。

固定资产应当按月计提折旧，并根据用途计入相关资产的成本或者当期损益。主要账务处理为：基本生产车间使用的固定资产计提的折旧额，借记"制造费用"账户；管理部门使用的固定资产计提的折旧额，借记"管理费用"账户；销售部门使用的固定资产计提的折旧额，借记"销售费用"账户；自行建造固定资产过程中使用的固定资产计提的折旧额，借记"在建工程"账户；经营租出的固定资产计提的折旧额，借记"其他业务成本"账户，提供非货币性福利用固定资产计提的折旧额，借记"应付职工薪酬"账户；研发无形资产用固定资产计提的折旧额，借记"研发支出"账户；当期（月）计提的全部折旧额，贷记"累计折旧"账户。

固定资产计提折旧时，应以月初应计提折旧的固定资产的账面原价为基础，各月计算提取折旧时，可以在上月计提折旧的基础上，对上月固定资产的增减情况进行调整后计算当月应计提的折旧额。

【业务6-13】甲公司2020年有关固定资产折旧的资料如下：

（1）1月6日，生产经营部门购进计算机一台，已投入使用，原值12 000元，预计净残值率为3%，预计使用5年，采用双倍余额递减法计提折旧。

（2）1月10日，运输车队购入大货车一辆，主要用于生产车间的原料运输工作，原值为84 000元，预计净残值率为5%，预计总行驶里程为200 000千米，2月份行驶800千米，采用工作量法计提折旧。

（3）1月13日，生产经营部门报废机器设备一台，原值为42 000元，预计净残值率为4%，使用年限为10年，实际使用8年9个月，该设备采用直线法提取折旧。

（4）1月25日，管理部门购进设备一台，已经投入使用，原值为19 200元，预计净残值率为4%，预计使用4年，采用年数总和法提取折旧。

甲公司2月份固定资产折旧的相关账务处理如下：

计算机的月折旧额：12 000×(2÷5)÷12＝400（元）

大货车的月折旧额：[84 000×(1－5%)]÷200 000×800＝319.2（元）

设备的月折旧额：19 200×(1－4%)×[4÷(1＋2＋3＋4)]÷12＝614.4（元）

借：制造费用——折旧 400
　　管理费用——折旧 319.2
　　生产成本——辅助生产成本（折旧） 614.4
　　贷：累计折旧 1 333.6

第四节　固定资产的后续支出

固定资产的后续支出是指固定资产在使用过程中发生的更新改造支出、修理费用等。企业的固定资产投入使用后，为了适应新技术的发展需要，或者为了维护或提高固定资产的使用效能，往往需要对现有的固定资产进行维护、改建、扩建或者改良。

对于发生的固定资产后续支出，在会计处理上应区分为资本化的后续支出和费用化的后续支出两种情况，分别进行处理，其会计处理原则为：符合固定资产确认条件的，应当计入固定资产成本，同时将被替换部分的账面价值扣除；不符合固定资产确认条件的，应当计入当期损益。

一、资本化后续支出的核算

（一）资本化支出的确认条件

资本化的后续支出是指满足固定资产确认条件的支出，如固定资产发生的更新改造支出等。这类支出通常改进了固定资产的质量和性能，凡是符合以下条件之一的，均可确认为固定资产资本化后续支出：① 使固定资产的使用寿命延长；② 利用该设备生产的产品质量提高；③ 利用该设备使生产成本降低；④ 使产品的品种、性质、规格等发生良好的变化；⑤ 使企业的经营管理环境或条件改善。根据重要性的要求，固定资产资本化支出一般数额较大，受益期较长，固定资产改良效果明显。

（二）资本化支出的账务处理

1. 自有固定资产的更新改造

固定资产发生资本化的后续支出时，企业一般将该固定资产的原价、计提的累计折旧和减值准备转销，即将固定资产的账面价值转入在建工程，并停止计提折旧。发生的后续支出，通过"在建工程"账户核算。在固定资产发生的后续支出完工并达到预定可使用状态时，再从在建工程转为固定资产，并按重新确定的固定资产原价、使用寿命、预计净残值和折旧方法计提折旧。

企业发生的一些固定资产后续支出可能涉及替换原固定资产的某组成部分，当发生的后续支出符合固定资产确认条件时，应将其计入固定资产成本，同时将被替换部分的账面价值扣除。这样可以避免将替换部分的成本同时计入固定资产成本，导致固定资产成本重复计算。

【业务6-14】甲公司是一家饮料生产企业，有关业务资料如下：

（1）2018年12月，该公司自行建成了一条饮料生产线并投入使用，建造成本为600 000元；采用年限平均法计提折旧；预计净残值率为固定资产原值的3%，预计使用年限为6年。该生产线在2020年年末发生减值30 000元。

（2）2020年12月31日，由于生产的产品畅销，现有这条饮料生产线的生产功能已难以满足公司的生产发展需要，但若新建生产线成本过高且周期过长，于是公司决定对现有生产线进行改建、扩建，以提高其生产能力。

（3）2021年4月30日，完成了对这条生产线的改建、扩建工程，达到预定可使用状态。改建、扩建过程中发生以下支出：用银行存款购买工程物资一批，增值税专用发票上注明的价款为210 000元，增值税税额为27 300元，已全部用于改建、扩建工程；发生有关人员薪酬124 000元，拆除的零部件部分可以作为原材料入库，价值10 000元。

（4）该生产线改建、扩建工程达到预定可使用状态后，大大提高了生产能力，预计尚可使用年限为7年。假定改建、扩建后的生产线的预计净残值率为改建、扩建后其账面价值的4%，折旧方法仍为年限平均法，在使用期间没有发生减值损失。

假设甲公司按年度计提固定资产折旧，为简化计算过程，整个过程不考虑其他税费。

分析：生产线改建、扩建后生产能力大大提高，能够为企业带来更多的经济利益，改建、扩建的支出金额也能可靠计量，因此该后续支出符合固定资产的确认条件，应计入固定资产的成本。

甲公司的账务处理如下：

（1）更新改造前该生产线的年折旧额为97 000元，计算如下：

$$600\ 000 \times (1-3\%) \div 6 = 97\ 000（元）$$

2019年和2020年，各年计提固定资产折旧：

借：制造费用	97 000
贷：累计折旧	97 000

（2）2020年12月31日计提减值准备：

借：资产减值损失——计提的固定资产减值准备	30 000
贷：固定资产减值准备	30 000

（3）2020 年 12 月 31 日，将该生产线的账面价值 376 000 元（600 000－97 000×2－30 000）转入在建工程：

借：在建工程——生产线改造	376 000
累计折旧	194 000
固定资产减值准备	30 000
贷：固定资产——生产线	600 000

（4）购入工程物资：

借：工程物资	210 000
应交税费——应交增值税（进项税额）	27 300
贷：银行存款	237 300

（5）发生改建、扩建工程支出：

借：在建工程——生产线改造	334 000
贷：工程物资	210 000
应付职工薪酬	124 000

（6）拆除部分作为原材料入库：

借：原材料	10 000
贷：在建工程——生产线改造	10 000

（7）2021 年 4 月 30 日，该扩建工程达到预定可使用状态，转为固定资产：

借：固定资产——生产线	700 000
贷：在建工程——生产线改造	700 000

（8）2021 年 4 月 30 日，转为固定资产后，按重新确定的使用寿命、预计净残值和折旧方法计提折旧：

$$月折旧额 = 700\,000 \times (1 - 4\%) \div (7 \times 12) = 8\,000（元）$$

2021 年 5 月份计提折旧的分录为：

借：制造费用——折旧费	8 000
贷：累计折旧	8 000

2. 固定资产装修的核算

固定资产（非租入）的装修费用，如果满足固定资产确认条件，则后续支出应计入固定资产账面价值，并在"固定资产"账户下设"固定资产装修"明细账账户核算，在两次装修期间与其尚可使用年限中较短期间内单独计提折旧。如果在下次装修时该明细账账户仍有余额，则应将余额一次全部转入当期营业外支出。

【业务 6-15】甲公司为一般纳税企业，适用的增值税率为 13%。2020 年 6 月 26 日，甲公司对办公楼进行装修，发生如下有关支出：领用生产用原材料实际成本为 520 000 元；辅助生产车间为办公楼装修工程提供的劳务支出为 112 900 元；计提工程人员薪酬 454 600 元。2020 年 12 月 26 日，办公楼装修完工，达到预定可使用状态并交付使用，甲公司预计下次装修时间为 2026 年 12 月。假定该办公楼装修支出符合后续支出资本化条件；该办公楼预计尚可使用年限为 10 年；装修后固定资产预计净残值为 16 500 元，采用直线法计提折旧；不考虑其他因素。2024 年 12 月 31 日，甲公司决定对该办公楼提前重新进行装修。

（1）装修领用原材料：

借：在建工程——办公楼装修   520 000

    贷：原材料   520 000

（2）辅助生产车间为装修工程提供劳务：

借：在建工程——办公楼装修   112 900

    贷：生产成本——辅助生产成本   112 900

（3）计提工程人员薪酬：

借：在建工程——办公楼装修   454 600

    贷：应付职工薪酬   454 600

（4）装修工程达到预定可使用状态并交付使用：

借：固定资产——办公楼   1 087 500

    贷：在建工程——办公楼装修   1 087 500

（5）2021年度开始计提装修形成的固定资产折旧：

预计下次装修时间为 2026 年 12 月，小于固定资产预计尚可使用年限 10 年，因此，应按固定资产两次装修期间的 6 年计提折旧。

$$年折旧额 = (1\ 087\ 500 - 16\ 500) \div 6 = 178\ 500（元）$$

借：管理费用——折旧费   178 500

    贷：累计折旧   178 500

（6）2024 年 12 月 31 日，重新装修时：

$$固定资产账面价值 = 1\ 087\ 500 - 178\ 500 \times 4 = 373\ 500（元）$$

借：营业外支出   373 500

    累计折旧   714 000

    贷：固定资产——办公楼   1 087 500

融资租入的固定资产发生的装修费用，符合有关规定可予以资本化的，应在两次装修期间、剩余租赁期与尚可使用年限三者中较短期间内单独计提折旧。

3. 租入固定资产的更新改造

经营租入的固定资产发生的改良支出，先通过"在建工程"账户进行归集，达到预定可使用状态后，应全部转入"长期待摊费用"账户进行核算，并在剩余租赁期与租赁资产尚可使用年限两者中较短期间内单独进行摊销。

二、费用化后续支出的核算

一般情况下，固定资产投入使用之后，固定资产磨损、各组成部分耐用程度不同，可能导致固定资产的局部损坏，为了维护固定资产的正常运转和使用，充分发挥其使用效能，企业将对固定资产进行必要的维护。固定资产的日常修理费用在发生时应直接计入当期损益。

【业务 6-16】2020 年 1 月 3 日，甲公司对现有的一台生产用机器设备进行日常维护。维护过程中领用本企业原材料一批，价值为 10 000 元，应计提维护人员的工资为 2 000 元，不考虑其他相关税费。

借：管理费用——维修费 12 000
　　贷：原材料 10 000
　　　　应付职工薪酬 2 000

第五节　固定资产减值

一、固定资产减值的确认

企业的固定资产在长期使用过程中，存在有形损耗和无形损耗，导致其可收回金额低于其账面价值，这就表明固定资产发生了减值，企业应当确认固定资产减值损失，并把固定资产的账面价值减记至可回收金额。

可回收金额是指资产的公允价值减去处置费用后的净额与资产预计未来现金流量的现值两者之间的较高者。

（一）固定资产减值迹象的判断

我国《企业会计准则》规定，企业应当在期末或者至少在每年年度终了，对固定资产逐项进行检查，存在下列迹象的，表明资产可能发生了减值：

（1）出现了固定资产的市价大幅度下跌，其幅度明显高于因时间的推移或者正常使用而预计的下跌。

（2）企业经营所处的经济、技术或者法律等环境以及固定资产所处的市场在当期或者将在近期发生重大变化，从而对企业产生不利影响。

（3）市场利率或者其他市场投资报酬率在当期已经提高，从而影响企业计算固定资产预计未来现金流量现值的折旧率，导致固定资产可收回金额大幅度降低等。

（4）企业有证据表明固定资产已经陈旧过时或者其实体已经损坏。

（5）固定资产已经或者将被闲置，终止使用或者计划提前处置。

（6）企业内部报告的证据表明固定资产的经济绩效已经低于或者将低于预期。

（二）固定资产可回收金额的计量

固定资产存在减值迹象的，应当估计其可收回金额。可收回金额应当根据其公允价值减去处置费用后的净额与固定资产预计未来现金流量的现值两者之间较高者确定。

1. 公允价值的确定

公允价值的判断按照以下顺序采用其中一种方法进行确定：公平交易中资产的销售协议价格；在资产不存在销售协议但存在活跃市场的情况下，根据该资产的市场价格确定；在既不存在资产销售协议又不存在资产活跃市场的情况下，企业应当以可获取的最佳信息为基础，根据熟悉情况的交易双方进行公平交易愿意提供的交易价格估计资产的公允价值。

2. 处置费用的确定

处置费用是指可以直接归属于资产处置的增量成本，包括与资产处置相关的法律费用、相关税费、搬运费以及为使资产达到可销售状态所发生的直接费用等，间接费用不包括在内。财务费用和所得税费用都不包括在内。

如果企业按照上述要求仍无法可靠估计固定资产的公允价值减去处置费用后的净额，则应当以该固定资产预计未来现金流量的现值作为其可收回金额。

3. 固定资产预计未来现金流量的现值估计

固定资产预计未来现金流量的现值，应当按照固定资产在持续使用过程中和最终处置时所产生的预计未来现金流量，选择恰当的折现率对其进行折现后的金额加以确定。

二、固定资产减值损失的核算

固定资产的可收回金额低于其账面价值的，应当将固定资产的账面价值减记至可回收金额，减记的金额确认为固定资产减值损失，计入当期损益，同时，计提相应的固定资产减值准备，借记"资产减值损失——计提的固定资产减值准备"账户，贷记"固定资产减值准备"账户。固定资产减值损失确认后，应当以新的固定资产账面价值（扣除预计净残值）为基础在固定资产剩余使用寿命内计提每期折旧。

固定资产减值损失一经确认，在以后会计期间就不得转回。处置、更新改造或盘亏固定资产时，还应同时结转固定资产减值准备。

【业务6-17】2020年12月31日，甲公司的某生产线存在可能发生减值的迹象。经计算，该机器的可收回金额为1 230 000元，账面价值为1 400 000元。

本业务中，由于该生产线的可收回金额为1 230 000元，账面价值为1 400 000元，可收回金额低于其账面价值，因此应按照两者之间的差额170 000（1 400 000－1 230 000）元计提固定资产减值准备。甲公司应做如下账务处理：

借：资产减值损失——计提的固定资产减值准备   170 000
    贷：固定资产减值准备   170 000

固定资产计提减值准备以后，应按照该固定资产的账面价值以及尚可使用寿命重新计算确定折旧率和折旧额。假如该业务中的固定资产计提减值准备后，采用年限平均法计提折旧，预计尚可使用年限为5年，预计净残值为30 000元，以后未发生减值损失，则以后每年的折旧额为240 000 [（1 230 000－30 000）÷5]元，月折旧额为20 000（240 000÷12）元。

第六节 固定资产的处置与盘亏

一、固定资产的处置

处置固定资产，即固定资产的终止确认，具体包括固定资产出售、转让、报废或毁损、对外投资、非货币性资产交换、债务重组等。

企业在生产经营过程中，可能将不适用或不需要用的固定资产对外出售转让，或因磨损、技术进步等对固定资产进行报废，或因遭受自然灾害而对毁损的固定资产进行处理。对于上述事项在进行会计处理时，应当按照规定程序办理有关手续，结转固定资产的账面价值，计算有关的清理收入、清理费用及残料价值等。

企业处置固定资产应通过"固定资产清理"账户进行核算，具体包括以下几个环节：

1. 固定资产转入清理

固定资产转入清理时，按固定资产账面价值，借记"固定资产清理"账户；按已计提的累计折旧或减值准备，借记"累计折旧""固定资产减值准备"账户；按固定资产账面原值，贷记"固定资产"账户。

2. 发生的清理费用

固定资产清理过程中发生的有关费用以及应支付的相关税费，借记"固定资产清理"账户，贷记"银行存款""应交税费"等账户。

3. 出售收入和残料等的处理

企业收回出售固定资产的价款、残料价值和变价收入等，应冲减清理支出。按实际收到的出售价款以及残料变价收入等，借记"银行存款""原材料"等账户，贷记"固定资产清理""应交税费——应交增值税（销项税额）"等账户。

4. 保险或过失人赔偿的处理

企业计算或收到的应由保险公司或过失人赔偿的损失，应冲减清理支出，借记"其他应收款""银行存款"等账户，贷记"固定资产清理"账户。

5. 清理净损益的处理

依据固定资产处置方式的不同，分别适用不同的处理方法：

（1）因出售、转让等产生的固定资产处置利得或损失应计入"资产处置损益"。产生处置净损失的，借记"资产处置损益"账户，贷记"固定资产清理"账户；如为净收益，借记"固定资产清理"账户，贷记"资产处置损益"账户。

（2）因已丧失使用功能或因自然灾害发生毁损等而报废清理产生的利得或损失应计入"营业外收支"。① 属于生产经营期间正常报废清理而产生的处理净损失，借记"营业外支出——处置非流动资产损失"账户，贷记"固定资产清理"账户；② 属于生产经营期间自然灾害等非正常因素造成的损失，借记"营业外支出——非常损失"账户，贷记"固定资产清理"账户。如为净收益，借记"固定资产清理"账户，贷记"营业外收入——处置非流动资产利得"账户。

【业务 6-18】甲公司于 2020 年 12 月 10 日将长期闲置的一台生产设备出售，出售的价款为 1 000 000 元，增值税税额为 130 000 元，款项已存入银行。该设备的原始价值为 1 300 000 元，累计折旧 200 000 元。出售前，公司对设备进行了适当维修，通过转账方式支付维修费用 20 000 元。甲公司账务处理如下：

（1）将固定资产账面价值转入固定资产清理：

借：固定资产清理 1 100 000
　　累计折旧 200 000
　　贷：固定资产 1 300 000

（2）支付维修费用 20 000 元：

借：固定资产清理 20 000
　　贷：银行存款 20 000

（3）收到出售价款：

借：银行存款 1 130 000

　贷：固定资产清理 1 000 000

　　应交税费——应交增值税（销项税额） 130 000

（4）结转清理净损益：

借：资产处置损益 120 000

　贷：固定资产清理 120 000

在本业务中，固定资产清理完毕时，"固定资产清理"账户为借方余额 120 000 元，属于处置净损失，应结转至"资产处置损益"账户的借方。

【业务 6-19】丙公司因遭受水灾而毁损一座仓库，该仓库原值为 4 000 000 元，已计提折旧 1 000 000 元，未计提减值准备。其残料估计价值为 50 000 元，残料已办理入库。发生的清理费用为 20 000 元，以现金支付。经保险公司核定，应赔偿损失 1 500 000 元，尚未收到赔款。丙公司账务处理如下：

（1）将毁损的仓库转入清理时：

借：固定资产清理 3 000 000

　累计折旧 1 000 000

　贷：固定资产 4 000 000

（2）残料入库时：

借：原材料 50 000

　贷：固定资产清理 50 000

（3）支付清理费用时：

借：固定资产清理 20 000

　贷：库存现金 20 000

（4）确定应由保险公司理赔的损失时：

借：其他应收款 1 500 000

　贷：固定资产清理 1 500 000

（5）结转毁损固定资产发生损失时：

借：营业外支出——非常损失 1 470 000

　贷：固定资产清理 1 470 000

二、固定资产盘亏

固定资产盘亏造成的损失，应当计入当期损益。企业在财产清查中盘亏的固定资产，按盘亏固定资产的账面价值，借记"待处理财产损溢——待处理固定资产损溢"账户；按已计提的累计折旧，借记"累计折旧"账户；按已计提的减值准备，借记"固定资产减值准备"账户；按固定资产原价，贷记"固定资产"账户。按管理权限报经批准后，按可收回的保险赔偿或过失人赔偿，借记"其他应收款"账户；按应计入营业外支出的金额，借记"营业外支出——盘亏损失"账户，贷记"待处理财产损溢"账户。

【业务 6-20】甲公司 2020 年年末对固定资产进行清查时，发现丢失一台冷冻设备。该设备于 2020 年 4 月购入，取得的增值税专用发票上注明的设备价款为 30 000 元，增值税进项税额为 3 900 元,已抵扣。设备丢失时已计提折旧 4 000 元,并已计提减值准备 2 000 元。经查,冷冻设备丢失的原因在于保管员王某看守不当。经批准,由保管员王某赔偿 10 000 元。

甲公司账务处理如下:

$$进项税额转出金额=(30\ 000-4\ 000)\times13\%=3\ 380(元)$$

（1）结转盘亏固定资产账面价值:

借:待处理财产损溢——待处理固定资产损溢 24 000

  累计折旧 4 000

  固定资产减值准备 2 000

  贷:固定资产——冷冻设备 30 000

（2）转出不得抵扣的进项税额时:

借:待处理财产损溢 3 380

  贷:应交税费——应交增值税（进项税额转出） 3 380

（3）报经批准后:

借:其他应收款——保管员王某 10 000

  营业外支出——盘亏损失 14 000

  贷:待处理财产损溢——待处理固定资产损溢 24 000

第七章

无形资产和其他资产

第一节　无形资产概述

一、无形资产的概念和特点

无形资产是指企业拥有或者控制的没有实物形态的可辨认非货币性资产，主要包括专利权、非专利技术、商标权、著作权、土地使用权、特许权等。无形资产的特点如下：

（一）无形资产不具有实物形态

无形资产通常表现为某种权利、某项技术或是某种获取超额利润的综合能力，它们不具有实物形态，如土地使用权、非专利技术等。需要指出的是，某些无形资产的存在有赖于实物载体，例如，计算机软件需要存储在介质中，但这并不改变无形资产本身不具有实物形态的特性。在确定一项包含无形和有形要素的资产是属于固定资产，还是属于无形资产时，需要通过判断来加以确定，通常以哪个要素更重要作为判断的依据。例如，计算机控制的机械工具没有特定计算机软件就不能运行时，则说明该软件是构成相关硬件不可缺少的组成部分，该软件应作为固定资产处理；如果计算机软件不是相关硬件不可缺少的组成部分，则该软件应作为无形资产处理。

（二）无形资产具有可辨认性

要作为无形资产进行核算，该资产必须是能够区别于其他资产，可单独辨认的，满足下列条件之一的，应当认定为其具有可辨认性：

（1）能够从企业中分离或者划分出来，并能单独用于出售或转让等，而不需要同时处置在同一获利活动中的其他资产，表明无形资产可辨认。

（2）源自合同性权利或其他法定权利，无论这些权利是否可以从企业或其他权利和义务中转移或者分离。如一方通过与另一方签订特许权合同而获得的特许使用权，通过法律程序申请获得的商标权、专利权等。

商誉通常是与企业整体价值联系在一起的，其存在无法与企业自身相分离，不具有可辨认性，不属于本项目所指的无形资产。

（三）无形资产属于非货币性资产

非货币性资产是指企业持有的货币资金和将以固定或可确定的金额收取的资产以外的其他资产。无形资产在持有过程中为企业带来未来经济利益的情况不确定，不属于以固定或可确定的金额收取的资产，而属于非货币性资产。

二、无形资产的确认条件

无形资产应当在符合定义的前提下，同时满足以下两个确认条件时，才能予以确认：

（一）与该无形资产有关的经济利益很可能流入企业

作为无形资产确认的项目，必须具备产生的经济利益很可能流入企业这一条件。通常情况下，无形资产产生的未来经济利益可能包括在销售商品、提供劳务的收入中，或者企业因使用该项无形资产而减少或节约的成本中，或体现在获得的其他利益中。例如，生产加工企业在生产工序中使用了某种知识产权，使其降低了未来生产成本。实务中，要确定无形资产创造的经济利益是否很可能流入企业，需要进行职业判断。在进行判断时，需要对无形资产在预计使用寿命内可能存在的各种经济因素做出合理估计，并且应当有确凿的证据支持。

（二）该无形资产的成本能够可靠地计量

成本能够可靠地计量是资产确认的一项基本条件。对于无形资产来说，这个条件更为重要。例如，企业内部产生的品牌等，由于不能与整个企业区分开来，成本无法可靠计量，因此不应确认为无形资产。

三、无形资产的分类

1. 专利权

专利权是指国家专利主管机关依法授予发明创造专利申请人对其发明创造在法定期限内所享有的专有权利，包括发明专利权、实用新型专利权和外观设计专利权。

2. 非专利技术

非专利技术，即专有技术，或技术秘密、技术诀窍，是指先进的、未公开的、未申请专利、可以带来经济效益的技术及诀窍。

3. 商标权

商标权是用来辨认特定的商品或劳务的标记。商标权是指专门在某类指定的商品或产品上使用特定的名称或图案的权利。

4. 著作权

著作权是制作者对其创作的文学、科学和艺术作品依法享有的某种特殊权利，包括精神权利和经济权利。

5. 土地使用权

土地使用权是指国家准许某一企业或单位在一定期间对国有土地享有开发、利用、经营的权利。

6. 特许权

特许权也称为专营权，指企业在某一地区经营或销售某种特定商品的权利或是一家企业接受另一家企业使用其商标、商号、技术秘密等的权利。

第二节 无 形 资 产

无形资产通常按照实际成本进行初始计量，即以取得无形资产并使之达到预定用途而发生的全部支出作为无形资产的成本。对于不同来源取得的无形资产，其成本构成也不尽相同。

为了核算无形资产的取得和处置等情况，企业应当设置"无形资产"账户。"无形资产"账户核算企业持有的无形资产成本，借方登记取得无形资产的成本，贷方登记出售或转出的无形资产账面余额，期末借方余额反映企业无形资产的成本。该账户应按无形资产项目设置明细账，进行明细核算。

一、无形资产取得的核算

（一）外购无形资产

外购无形资产的成本，包括购买价款、相关税费以及直接归属于使该项资产达到预定用途所发生的其他支出。其中，直接归属于使该项资产达到预定用途所发生的其他支出，是指使无形资产达到预定用途所发生的专业服务费用、测试无形资产是否能够正常发挥作用的费用等，但不包括为引入新产品进行宣传发生的广告费、管理费用及其他间接费用，也不包括无形资产已经达到预定用途以后发生的费用。

企业外购的无形资产，按应计入无形资产成本的金额，借记"无形资产"账户，贷记"银行存款"等账户。如果取得无形资产涉及可以抵扣增值税进项税额的，还应借记"应交税费——应交增值税（进项税额）"账户。

购买的无形资产的价款超过正常信用条件延期支付，实质上具有融资性质的，无形资产的成本应以购买价款的现值为基础确定。实际支付的价款与购买价款的现值之间的差额作为未确认融资费用，在付款期间内按照实际利率法进行摊销，摊销金额除满足借款费用资本化条件应当计入无形资产成本外，均应当在信用期间内确认为财务费用，计入当期损益。

【业务 7-1】2020 年 4 月，甲公司与乙公司签订商标购买合同，购入一项酒类商标，增值税发票上注明价款 200 000 元，税款 12 000 元，总价款 212 000 元，用转账支票付讫。

甲公司的账务处理如下：

借：无形资产——商标权　　　　　　　　　　　　　　　　　　　　　　 200 000
　　应交税费——应交增值税（进项税额）　　　　　　　　　　　　　　　 12 000
　　贷：银行存款　　　　　　　　　　　　　　　　　　　　　　　　　　212 000

（二）内部研发无形资产的核算

1. 研究与开发阶段的区分

对于企业自行进行的研究开发项目，应当区分研究阶段与开发阶段，分别进行核算。

关于研究阶段与开发阶段的具体划分,企业应当根据自身实际情况以及相关信息加以判断。

研究是指为了获取并理解新的科学或技术知识等进行的有计划的调查。研究阶段基本上是探索性的,是为进一步的开发活动进行资料及相关方面的准备,已经进行的研究活动将来是否会转入开发、开发后是否会形成无形资产等均具有较大的不确定性。在这一阶段,一般不会形成阶段性成果。

开发是指在进行商业性生产或使用前,将研究成果或其他知识应用于某项计划或设计,以生产出新的或具有实质性改进的材料、装置、产品等。相对于研究阶段而言,开发阶段应当是已完成研究阶段的工作,在很大程度上具备了形成一项新产品或新技术的基本条件。

2. 研究与开发支出的确认

由于研究阶段的探索性及其成果的不确定性,企业无法证明其能够带来未来经济利益的无形资产的存在,因此对于企业内部研究开发项目,研究阶段的有关支出,应当在发生时全费用化,计入当期损益(管理费用)。

开发阶段的研发项目往往形成成果的可能性较大,因此,如果企业能够证明开发支出符合无形资产的定义及相关确认条件,则可将其确认为无形资产。具体来讲,对于企业内部研究开发项目,开发阶段的支出同时满足了下列条件的才能资本化,计入无形资产成本,否则应当计入当期损益(管理费用):

(1)完成该无形资产以使其能够使用或出售在技术上具有可行性。

(2)具有完成该无形资产并使用或出售的意图。

(3)无形资产产生经济利益的方式,包括能够证明运用该无形资产生产的产品存在市场或无形资产自身存在市场,无形资产将在内部使用的,应当证明其有用性。

(4)有足够的技术、财务资源和其他资源支持,以完成该无形资产的开发,并有能力使用或出售该无形资产。

(5)归属于该无形资产开发阶段的支出能够可靠地计量。企业对于开发活动所发生的支出应单独核算,例如,直接发生的开发人员的薪酬、材料费以及相关设备折旧费等。在企业同时从事多项开发活动的情况下,所发生的支出同时用于支持多项开发活动的,应按照合理的标准在各项开发活动之间进行分配;无法合理分配的,应予以费用化计入当期损益,不计入开发活动的成本。

无法区分研究阶段和开发阶段的支出,应当在发生时费用化,计入当期损益(管理费用)。

3. 内部研发无形资产成本的计量

内部开发活动形成的无形资产的成本,由可直接归属于该资产的创造、生产并使该资产能够以管理层预定的方式运作的所有必要支出组成。可直接归属成本包括开发该无形资产时耗费的材料、劳务成本、注册费、在开发该无形资产过程中使用的其他专利权和特许权的摊销、按照借款费用的处理原则可以资本化的利息支出等。在开发无形资产过程中发生的,除上述可直接归属于无形资产开发活动之外的其他销售费用、管理费用等间接费用,无形资产达到预定用途前发生的可辨认的无效和初始运作损失,为运行该无形资产发生的培训支出等不构成无形资产的开发成本。

值得强调的是，内部开发无形资产的成本仅包括在满足资本化条件的时点至无形资产达到预定用途前发生的支出总和，对于同一项无形资产在开发过程中达到资本化条件之前已经费用化计入当期损益的支出不再进行调整。

4. 内部研究开发费用的核算

企业自行开发无形资产发生的研发支出，不满足资本化条件的，借记"研发支出——费用化支出"账户；满足资本化条件的，借记"研发支出——资本化支出"账户，贷记"银行存款""应付职工薪酬"等账户。

研究开发项目达到预定用途形成无形资产的，应按"研发支出——资本化支出"账户的余额，借记"无形资产"账户，贷记"研发支出——资本化支出"账户。

期末，对于不符合资本化的研发支出，转入当期管理费用，借记"管理费用"账户，贷记"研发支出——费用化支出"账户；符合资本化条件，但未完成的开发费用，继续保留在"研发支出——资本化支出"账户，在研究开发项目达到预定用途，形成无形资产时，再将其发生的实际成本转入无形资产。

【业务 7-2】2020 年 1 月 1 日，甲公司的董事会批准研发某项新型技术，该公司董事会认为，研发该项目具有可靠的技术和财务等资源的支持，并且一旦研发成功，就将降低该公司的生产成本。2022 年 1 月 31 日，该项新型技术研发成功并已经达到预定用途。研发过程中所发生的直接相关的必要支出情况如下：

（1）2020 年度发生材料费用 9 000 000 元，人工费用 4 500 000 元，计提专用设备折旧 750 000 元，以银行存款支付其他费用 3 000 000 元，总计 17 250 000 元，经测试，企业完成了研究阶段。

（2）2021 年 1 月，企业进入开发阶段，共发生材料费用 800 000 元，人工费用 500 000 元，计提专用设备折旧 50 000 元，其他费用 20 000 元，总计 1 370 000 元，全部都符合资本化条件。

根据上述经济业务，甲公司的账务处理为：

（1）2020 年度发生支出时：

借：研发支出——××技术——费用化支出	17 250 000
贷：原材料	9 000 000
应付职工薪酬	4 500 000
累计折旧	750 000
银行存款	3 000 000

（2）2020 年 12 月 31 日，将不符合资本化条件的研发支出转入当期管理费用：

借：管理费用	17 250 000
贷：研发支出——××技术——费用化支出	17 250 000

（3）2020 年 1 月份发生研发支出：

借：研发支出——××技术——资本化支出	1 370 000
贷：原材料	800 000
应付职工薪酬	500 000
累计折旧	50 000
银行存款	20 000

（4）2022 年 1 月 31 日，该项新型技术已经达到预定用途：

借：无形资产——××技术　　　　　　　　　　　　　　1 370 000
　　贷：研发支出——××技术——资本化支出　　　　　　　　　1 370 000

（三）投资者投入的无形资产的核算

投资者投入无形资产的成本，应当按照投资合同或协议约定的价值确定，但投资合同或协议约定价值不公允的，应按无形资产的公允价值入账。具体账务处理为：按照投入无形资产的确定价值，借记"无形资产"账户，贷记"实收资本"等账户。

（四）通过其他方式取得的无形资产的核算

企业通过非货币性资产交换、债务重组、企业合并等方式取得的无形资产，其成本初始计量与核算应当分别参照《企业会计准则第 7 号——非货币性资产交换》《企业会计准则第 12 号——债务重组》《企业会计准则第 20 号——企业合并》的相关规定。但是，该项无形资产的后续计量和披露应当执行无形资产准则的规定。

二、无形资产的摊销

（一）无形资产使用寿命的确定

无形资产属于企业的长期资产，能在较长的时间内给企业带来经济利益，因此需要对无形资产进行摊销。但要确定无形资产在使用过程中的累计摊销额，基础是估计其使用寿命，而使用寿命有限的无形资产才需要在估计使用寿命内采用系统合理的方法进行摊销。使用寿命不确定的无形资产则不需要摊销。

1. 无形资产使用寿命的确定

（1）源自合同性权利或其他法定权利取得的无形资产使用寿命的确定。

源自合同性权利或其他法定权利取得的无形资产，其使用寿命通常不应超过合同性权利或其他法定权利的期限。例如，企业以支付土地出让金方式取得一块土地 50 年的使用权，如果企业准备持续持有，在 50 年期间内没有出售计划，则该项土地使用权预期为企业带来未来经济利益的期间为 50 年。但如果企业使用资产的预期期限短于合同性权利或其他法定权利规定的期限，则应当按照企业预期使用的期限来确定其使用寿命。例如，企业取得的某项实用新型专利权，法律规定的保护期限为 10 年，企业预计运用该项实用新型专利权所生产的产品在未来 6 年内会为企业带来经济利益，则该项专利权的预计使用寿命为 6 年。

如果合同性权利或其他法定权利能够在到期时因续约等延续，当有证据表明企业续约不需要付出重大成本时，续约期才能够包括在使用寿命的估计中。如果企业为延续无形资产持有期间而付出的成本与预期从重新延续中流入企业的未来经济利益相比具有重要性，则从本质上来看是企业获得的一项新的无形资产。

（2）没有明确的合同或法律规定无形资产的使用寿命的确定。

没有明确的合同或法律规定无形资产的使用寿命的，企业应当综合各方面因素判断。例如，企业经过努力，聘请相关专家进行论证、与同行业的情况进行比较以及参考企业的历史经验等，来确定无形资产为企业带来未来经济利益的期限。

（3）使用寿命不确定的无形资产的确定。

经过上述努力仍确实无法合理确定无形资产为企业带来经济利益的期限的，才能将其作为使用寿命不确定的无形资产。例如，企业取得了一项在过去几年中市场份额领先的畅销产品的商标，该商标按照法律规定还有 5 年的使用寿命，但是在保护期届满时，企业可每 10 年以较低的手续费申请延期，同时有证据表明企业有能力申请延期。此外，有关的调查表明，根据产品生命周期、市场竞争等方面情况综合判断，该商标将在不确定的期间内为企业带来现金流量。综合各方面情况，该商标可视为使用寿命不确定的无形资产。

2. 无形资产使用寿命的复核

企业至少应当于每年年度终了，对使用寿命有限的无形资产的使用寿命进行复核。如果有证据表明无形资产的使用寿命不同于以前的估计，应改变其摊销年限，并按照会计估计变更进行处理。例如，企业使用的某项非专利技术，原预计使用寿命为 5 年，使用至第 2 年年末，该企业计划再使用 2 年便不再使用，为此，企业应当在第 2 年年末变更该项无形资产的使用寿命，并作为会计估计变更进行处理。

企业应当在每个会计期期末对使用寿命不确定的无形资产的使用寿命进行复核，如果有证据表明该无形资产的使用寿命是有限的，则应当按照《企业会计准则第 28 号——会计政策、会计估计变更和差错更正》进行处理，并按照使用寿命有限的无形资产的处理原则进行处理。

（二）使用寿命有限的无形资产摊销

1. 摊销金额的确定

无形资产的摊销金额，是指其成本扣除预计残值后的金额。已计提减值准备的无形资产，还应扣除已计提的无形资产减值准备累计金额。无形资产的残值一般为 0，但下列情况除外：

（1）有第三方承诺在无形资产使用寿命结束时愿意以一定的价格购买该无形资产；

（2）可以根据活跃市场得到预计残值信息，并且从目前情况看，该市场在无形资产使用寿命结束时还可能存在。

无形资产的残值意味着，在其经济寿命结束之前，企业预计将会处置该无形资产，并且从该处置中获得利益。估计无形资产的残值应以资产处置时的可收回金额为基础，此时的可收回金额是指在预计出售日，出售一项使用寿命已满且处于类似使用状况下，同类无形资产预计的处置价格（扣除相关税费）。残值确定以后，在持有无形资产的期间内，至少应于每年年末进行复核，预计其残值与原估计金额不同的，应按照会计估计变更进行处理。如果无形资产的残值重新估计以后高于其账面价值，则无形资产不再摊销，直至残值降至低于账面价值时再恢复摊销。

2. 摊销期和摊销方法

无形资产的摊销期自其可供使用（即其达到预定用途）时起到终止确认时止，即无形资产摊销的起始和停止日期为：当月增加的无形资产，当月开始摊销；当月减少的无形资产，当月不再摊销。

在无形资产的使用寿命内系统地分摊其应摊销金额，存在多种方法。这些方法包括直线法、产量法等。企业选择的无形资产摊销方法，应当能够反映与该项无形资产有关的经济利益的预期实现方式，并一致地运用于不同会计期间。例如，受技术陈旧因素影响较大的专利权和专有技术等无形资产，可采用类似固定资产加速折旧的方法进行摊销；有特定产量限制的特许经营权或专利权，应采用产量法进行摊销。无法可靠确定其预期实现方式的，应当采用直线法进行摊销。

持有待售的无形资产不进行摊销，按照账面价值与公允价值减去处置费用后的净额孰低进行计量。

3. 摊销的账务处理

为了核算无形资产的摊销情况，企业应当设置"累计摊销"账户。"累计摊销"账户属于"无形资产"的调整账户，核算企业对使用寿命有限的无形资产计提的累计摊销，贷方登记企业计提的无形资产摊销，借方登记处置无形资产转出的累计摊销，期末贷方余额反映企业无形资产的累计摊销额。本账户可按无形资产项目进行明细核算。

无形资产的摊销金额一般应当计入当期损益，但如果某项无形资产是专门用于生产某种产品或其他资产的，其所包含的经济利益是通过转入所生产的产品或其他资产中实现的，则该无形资产的摊销金额应当计入相关资产的成本。例如，一项专门用于生产某种产品的专利技术，其摊销金额应构成所生产产品成本的一部分，计入制造该产品的制造费用。

【业务7-3】2020年1月1日，甲公司从外单位购得一项免税专利技术，发票上注明价款50 000 000元，用转账支票付讫，估计该项专利技术的使用寿命为10年，该项专利技术用于产品生产；同时，购入一项商标权，增值税专用发票上注明价款30 000 000元，增值税1 800 000元，总价款31 800 000元用转账支票付讫，估计该商标权的使用寿命为15年。假定这两项无形资产的净残值均为0，并按直线法摊销。

甲公司的账务处理如下：

（1）取得无形资产时：

借：无形资产——非专利技术　　　　　　　　　　　50 000 000
　　　　　　——商标权　　　　　　　　　　　　　30 000 000
　　应交税费——应交增值税（进项税额）　　　　　1 800 000
　　贷：银行存款　　　　　　　　　　　　　　　　　　81 800 000

（2）摊销时（假设按年摊销）：

借：制造费用——非专利技术　　　　　　　　　　　5 000 000
　　管理费用——商标权　　　　　　　　　　　　　2 000 000
　　贷：累计摊销　　　　　　　　　　　　　　　　　　7 000 000

如果甲公司2021年12月31日根据科学技术发展的趋势判断，2020年购入的该项非专利技术在4年后将被淘汰，不能再为企业带来经济利益，决定对其使用4年后不再使用，为此，甲公司应当在2021年12月31日据此变更该项非专利技术的估计使用寿命，并按会计估计变更进行处理。

2021年12月31日该项无形资产累计摊销金额为10 000 000（5 000 000×2）元。2022

年，该项无形资产的摊销金额为 10 000 000 ［（50 000 000 － 10 000 000）÷ 4］元。

甲公司 2021 年对该项非专利技术按年摊销的账务处理如下：

借：制造费用——非专利技术　　　　　　　　　　　　　　10 000 000
　　贷：累计摊销　　　　　　　　　　　　　　　　　　　　　10 000 000

4. 期末计量

无形资产在资产负债表日存在可能发生减值的迹象时，其可收回金额低于其账面价值的，企业应将该无形资产的账面价值减记至可收回金额，减记的金额确认为减值损失，计入当期损益，同时计提相应的无形资产减值准备，借记"资产减值损失——计提的无形资产减值准备"账户，贷记"无形资产减值准备"账户。

无形资产减值损失一经确认，在以后会计期间就不得转回。处置无形资产时还应同时结转无形资产减值准备。

【业务 7-4】2020 年 12 月 31 日，市场上某项技术生产的产品销售势头较差，已对甲公司产品的销售产生重大不利影响。甲公司外购的类似专利技术的账面价值为 800 000 元，剩余摊销年限为 5 年，无残值，经减值测试，该专利技术的可收回金额为 750 000 元。

由于该专利权在资产负债表日的可收回金额为 750 000 元，账面价值为 800 000 元，可收回金额低于其账面价值，因此应按照两者之间的差额 50 000 元计提无形资产减值准备，该公司应做如下会计处理：

借：资产减值损失——计提的无形资产减值准备　　　　　　50 000
　　贷：无形资产减值准备　　　　　　　　　　　　　　　　　50 000

无形资产计提减值准备以后，应当按照该无形资产的账面价值以及尚可使用寿命重新计算确定每期的摊销额。本业务中，假如该专利权以后未发生减值损失，则以后每年的摊销额为 150 000（750 000 ÷ 5）元。

（三）使用寿命不确定的无形资产的核算

根据可获得的相关信息判断，如果无法合理估计某项无形资产的使用寿命，则应作为使用寿命不确定的无形资产进行核算。对于使用寿命不确定的无形资产，在持有期间内不需要摊销，但应当在每个会计期间进行减值测试。其减值测试的方法按照资产减值的原则进行处理，如经减值测试表明已发生减值，则需要计提相应的减值准备。其相关的账务处理为：借记"资产减值损失"账户，贷记"无形资产减值准备"账户。

【业务 7-5】2019 年 12 月 31 日，甲公司以银行存款购入一项市场领先的畅销产品的商标，取得的增值税专用发票上注明的价款为 60 000 000 元，增值税税额为 3 600 000 元，款项已全部以银行存款支付。该商标按照法律规定还有 5 年的使用寿命，但是在保护期届满时，甲公司可每 10 年以较低的手续费申请延期，同时甲公司有充分的证据表明其有能力申请延期。此外，有关的调查表明，根据产品生命周期、市场竞争等方面情况综合判断，该商标将在不确定的期间内为企业带来现金流量。根据上述情况，该商标可视为使用寿命不确定的无形资产，在持有期间内不需要进行摊销。2020 年年底，甲公司对该商标按照资产减值的原则进行减值测试。经测试表明该商标已发生减值。2020 年年底，该商标的公允价值为 40 000 000 元。

甲公司相关账务处理如下：

（1）2019 年购入商标时：

借：无形资产——商标权   60 000 000

      应交税费——应交增值税（进项税额）   3 600 000

      贷：银行存款   63 600 000

（2）2020 年发生减值时：

借：资产减值损失——计提的无形资产减值准备   20 000 000

      贷：无形资产减值准备——商标权   20 000 000

三、无形资产的处置

无形资产的处置，主要是指无形资产出售、对外出租、对外捐赠，或者是无法为企业带来未来经济利益时，应终止确认并转销。

（一）无形资产出售的核算

企业出售某项无形资产，表明企业放弃无形资产的所有权，应将所取得的价款与该无形资产账面价值的差额作为资产处置利得或损失（营业外收入或营业外支出），计入当期损益。

出售无形资产时，应按实际收到的金额等，借记"银行存款"等账户；按已计提的累计摊销，借记"累计摊销"账户；原已计提减值准备，借记"无形资产减值准备"账户；按应支付的相关税费及其他费用，贷记"应交税费""银行存款"等账户；按其账面余额，贷记"无形资产"账户；按其差额，贷记"资产处置损益——处置非流动资产利得"账户或借记"资产处置损益——处置非流动资产损失"账户。

【业务 7-6】甲公司所拥有的某项商标权的成本为 5 000 000 元，已摊销金额为 3 000 000 元，已计提的减值准备为 500 000 元。该公司于当期出售该商标权的所有权，取得出售不含增值税收入 2 000 000 元，增值税为 120 000 元，不考虑其他税费。

甲公司的账务处理如下：

借：银行存款   2 120 000

    累计摊销   3 000 000

    无形资产减值准备   500 000

    贷：无形资产——商标权   5 000 000

        应交税费——应交增值税（销项税额）   120 000

        资产处置损益——处置非流动资产利得   500 000

如果该公司转让该商标权取得的含增值税收入为 1 484 000 元，则甲公司的账务处理如下：

借：银行存款   1 484 000

    累计摊销   3 000 000

    无形资产减值准备   500 000

    资产处置损益——处置非流动资产损失   100 000

    贷：无形资产——商标权   5 000 000

        应交税费——应交增值税（销项税额）   84 000

（二）无形资产出租的核算

企业将所拥有的无形资产的使用权让渡给他人，并收取租金，在满足收入确认条件的情况下，应确认相关的收入及成本。因让渡无形资产使用权而取得的租金收入，借记"银行存款"等账户，贷记"其他业务收入"等账户；根据应交增值税，贷记"应交税费——应交增值税（销项税额）"等账户；摊销出租无形资产的成本并发生与转让有关的各种费用支出时，借记"其他业务成本"账户，贷记"累计摊销"等账户。

【业务7-7】 2020年1月1日，甲公司将商标权出租给乙公司使用，该商标权账面余额为5 000 000元，摊销期限为10年，出租合同规定，承租方每销售一件用该商标贴标的产品，必须付给出租方2元使用费。假定承租方当年销售该产品530 000件。

甲公司相关账务处理如下：

（1）取得该项专利技术使用费时：

借：银行存款　　　　　　　　　　　　　　　　　　　1 060 000
　　贷：其他业务收入　　　　　　　　　　　　　　　　　1 000 000
　　　　应交税费——应交增值税（销项税额）　　　　　　　60 000

（2）对该项专利技术进行摊销（假设按年）：

借：其他业务成本——摊销　　　　　　　　　　　　　　500 000
　　贷：累计摊销　　　　　　　　　　　　　　　　　　　500 000

（三）无形资产报废的核算

如果无形资产预期不能为企业带来未来经济利益，例如，该无形资产已被其他新技术所替代或超过法律保护期，不能再为企业带来经济利益，则不再符合无形资产的定义，应将其报废并予以转销，其账面价值转作当期损益。

转销时，应按已计提的累计摊销，借记"累计摊销"账户；按已计提的减值准备，借记"无形资产减值准备"账户；按其账面余额，贷记"无形资产"账户；按其差额，借记"营业外支出"账户。

【业务7-8】 甲公司拥有某项专利技术，根据市场调查，用其生产的产品已没有市场，决定应予以转销。转销时，该项专利技术的账面余额为6 000 000元，摊销期限为10年，采用直线法进行摊销，已摊销了5年。假定该项专利权的残值为0，已累计计提的减值准备为1 600 000元，假定不考虑其他相关因素。

借：累计摊销　　　　　　　　　　　　　　　　　　　3 000 000
　　无形资产减值准备　　　　　　　　　　　　　　　　1 600 000
　　资产处置损益——处置非流动资产损失　　　　　　　1 400 000
　　贷：无形资产——专利权　　　　　　　　　　　　　　6 000 000

第三节　其他资产

其他资产是指不包括在流动资产、长期投资、固定资产、无形资产等以内的资产，主要包括长期待摊费用、长期应收款和其他长期资产。

一、长期待摊费用

长期待摊费用是指企业已经支出，但摊销期限在 1 年以上（不含 1 年）的各项费用。长期待摊费用应当单独核算，在费用项目的收益期限内分期平均摊销。长期待摊费用的内容有：

以经营租赁方式租入的固定资产发生的改良支出。因为改良支出金额较大，所以需要在剩余租赁期与租赁资产尚可使用年限两者中较短的期间内，采用合理的方法进行摊销。

除购置和建造固定资产以外，所有筹建期间发生的费用，包括筹建期间的人员工资、办公费、培训费、差旅费、律师费、印刷费、注册登记费以及不能资本化的利息费用等，均应先在长期待摊费用中归集，待企业开始生产经营起一次计入开始经营当期的损益。

股票发行费用是指企业发生的与股票直接有关的部分，一般包括股票承销费用、评估费用、律师费用、公关及广告费用、印刷费用、注册会计师费用及其他直接费用等。股票发行费用应先用发行股票冻结期间的利息收入和发行股票的溢价收入补偿，不足补偿的部分，数额较大的作为长期待摊费用，在规定的期限内平均摊销，计入"管理费用"账户；不足部分数额较小的，也可以直接计入当年的"管理费用"账户。

长期待摊费用虽然列入了资产项目，但其与一般资产项目相比仍有较大的区别，主要表现在：长期待摊费用不能转让，本身没有交换价值，不能用于清偿债务；长期待摊费用本质上是一种费用开支，只是因为数额较大，才需要分期摊销。

二、长期应收款

长期应收款包括融资租赁产生的应收款项、采用递延方式具有融资性质的销售商品等产生的应收款项等。

以采用递延方式具有融资性质的销售商品等产生的应收款项业务为例，采用递延方式分期收款、具有融资性质的销售商品满足收入确认条件的，企业应按应收合同或协议价款，借记"长期应收款"账户，按应收合同或协议价款的公允价值（折现值），贷记"主营业务收入"账户，按其差额，贷记"未实现融资收益"账户。具体业务举例见本书第十一章【业务 11 - 15】。

三、其他长期资产

其他长期资产一般包括国家批准储备的特种储备物资、银行冻结存款以及诉讼中的财产等。

特种储备物资是指企业代国家储备的特种物资，实质是不属于企业的存货，按规定作为其他资产核算。

银行冻结存款是指企业由于某种原因被银行冻结不能支取的存款。被冻结的存款不再具有货币资金的支付手段的职能，应作为其他资产进行核算。

诉讼中的资产是指企业因发生纠纷，进入司法程序后被法院确定为涉及诉讼而尚未判定产权归属的财产。诉讼中的财产不能作为正常财产使用，应作为其他资产进行核算。

【业务 7-9】甲公司发生产权纠纷，一栋房屋被法院判定为诉讼中资产，该房屋的原值为 4 500 000 元，已提折旧 1 800 000 元。法院最终判决，该房屋产权不归本企业所有。

甲公司会计处理如下：

（1）涉及诉讼时：

借：诉讼中资产	2 700 000	
累计折旧	1 800 000	
贷：固定资产		4 500 000

（2）法院判决后：

借：营业外支出	4 500 000	
贷：诉讼中资产		4 500 000

四、持有待售资产

持有待售资产是指企业主要通过出售（而非持续使用）一项非流动资产或处置组收回其账面价值的资产。处置组是指在一项交易中作为整体通过出售或其他方式一并处置的一组资产，以及在该交易中转让的与这些资产直接相关的负债。

非流动资产或处置组划分为持有待售类别，应当满足下列条件：

（1）根据类似交易中出售此类资产或处置组的惯例，在当前状况下即可立即出售；

（2）出售极可能发生，即企业已经就一项出售计划做出决议且获得确定购买，预计出售将在1年内完成。有关规定要求企业相关权力机构或者监管部门批准后方可出售的，应当已经获得批准。

确定购买，是指企业与其他方签订的具有法律约束力的购买协议，该协议包含交易价格、时间和足够严厉的违约惩罚等重要条款，使协议出现重大调整或者撤销的可能性极小。

企业专为转售而取得的非流动资产或处置组，在取得日满足"预计出售将在1年内完成"的规定条件，且短期（通常为3个月）内很可能满足持有待售类别的其他划分条件的，企业应当在取得日将其划分为持有待售资产。

持有待售的非流动资产或处置组不再满足持有待售类别划分条件的，企业不应当继续将其划分为持有待售资产。

企业将非流动资产或处置组划分为持有待售资产时，应该按该资产的账面价值，借记"持有待售资产"账户，该资产已计提折旧或摊销的，按已提的累计折旧、累计摊销金额，借记"累计折旧""累计摊销"等账户，按该资产账面余额，贷记"固定资产""无形资产"等账户。

持有待售资产按规定计提减值准备的，应按计提的减值准备金额，借记"资产减值损失"账户，贷记"持有待售资产减值准备"账户。持有待售资产减值按规定转回的，应按允许转回的金额做相反的分录。

【业务7-10】2020年1月1日，甲公司将一项原值为20 000 000元，预计使用期限为4年，已提折旧10 000 000元的固定资产转入持有待售资产。2020年6月30日，其公允价值为8 000 000元。2020年12月31日，上述交易未能进行，不再划分为持有待售资产，当日可收回金额为7 000 000元。甲公司会计处理如下：

（1）2020年1月1日，将固定资产划分为持有待售资产。

借：持有待售资产	10 000 000	
累计折旧	10 000 000	
贷：固定资产		20 000 000

（2）2020 年 6 月 30 日，计提减值准备 2 000 000 元。

借：资产减值损失   2 000 000

  贷：持有待售资产减值准备   2 000 000

（3）2020 年 12 月 31 日，转回固定资产，补提折旧 5 000 000（20 000 000÷4）元。

借：固定资产   20 000 000

  贷：累计折旧   10 000 000

    持有待售资产   10 000 000

借：管理费用   5 000 000

  贷：累计折旧   5 000 000

此时该资产的账面价值=20 000 000－10 000 000－5 000 000＝5 000 000（元），而可收回金额为 7 000 000 元，故应将以前减计的金额予以恢复。

借：持有待售资产减值准备   2 000 000

  贷：资产减值损失   2 000 000

第八章

流动负债

第一节 短期借款

一、短期借款的概念

短期借款是企业向银行或其他金融机构等借入的期限在 1 年以下（含 1 年）的各种借款，通常是为了满足正常生产经营或是为了抵偿某项债务而借入的。无论借入款项的来源如何，企业均需要向债权人按期偿还借款的本金及利息。在会计核算上，企业要及时如实地反映短期借款的借入、利息的发生和本金及利息的偿还情况。

二、短期借款的核算

（一）会计账户的设置

在会计核算上，企业要及时如实地反映短期借款的取得和偿还情况，为此应通过设置"短期借款"账户来核算。该账户贷方登记取得借款的本金数额，借方登记偿还借款的本金数额，期末余额在贷方，反映企业尚未偿还的借款本金数额。本账户可按借款种类、贷款人和币种进行明细核算。

（二）账务处理

企业从银行或其他金融机构取得短期借款时，借记"银行存款"账户，贷记"短期借款"账户。

短期借款利息属于筹资费用，一般应当直接计入当期财务费用，符合资本化条件的，应当计入相关资产的成本。在实际工作中，银行一般于每季度末收取短期借款利息，为此，企业的短期借款利息一般采用分月预提方式进行核算。采用预提方式的，企业应当在资本负债表日按照计算确定的短期借款利息费用，借记"财务费用"账户，贷记"应付利息"账户。实际支付利息时，根据已预提的利息，借记"应付利息"账户；根据支付利息当期的应计利息，借记"财务费用"账户；根据应付利息总额，贷记"银行存款"账户。

企业短期借款到期偿还本金时，借记"短期借款"账户，贷记"银行存款"账户。

【业务 8-1】甲公司于 2020 年 1 月 1 日向银行借入一笔生产经营用短期借款，共计

120 000 元，期限为 9 个月，年利率 8%。根据与银行签署的贷款协议，该项借款的本金到期后一次归还，利息按季支付。甲公司对短期借款利息分月预提，假设短期借款利息费用不符合资本化条件。

（1）1 月 1 日借入短期借款时：

借：银行存款　　　　　　　　　　　　　　　　　　　　　　　　120 000
　　贷：短期借款　　　　　　　　　　　　　　　　　　　　　　　　120 000

（2）1 月末计提 1 月份应计利息时：

$$本月应计提的利息金额 = 120\,000 \times 8\% \div 12 = 800（元）$$

借：财务费用　　　　　　　　　　　　　　　　　　　　　　　　　800
　　贷：应付利息　　　　　　　　　　　　　　　　　　　　　　　　800

2 月末计提 2 月份利息费用的账务处理与 1 月相同。

（3）3 月末支付季度银行借款利息时：

借：财务费用　　　　　　　　　　　　　　　　　　　　　　　　　800
　　应付利息　　　　　　　　　　　　　　　　　　　　　　　　1 600
　　贷：银行存款　　　　　　　　　　　　　　　　　　　　　　　2 400

本业务中，1 月至 2 月已经计提的利息为 1 600 元，应借记"应付利息"账户，3 月份应当计提的利息为 800 元，借记"财务费用"账户，实际支付利息 2 400 元，贷记"银行存款"账户。

第 2、3 季度的账务处理同上。

（4）10 月 1 日偿还银行借款本金时：

借：短期借款　　　　　　　　　　　　　　　　　　　　　　　120 000
　　贷：银行存款　　　　　　　　　　　　　　　　　　　　　　　120 000

如果上述借款期限是 8 个月，那么到期日为 9 月 1 日，8 月末之前的账务处理与上述相同，9 月 1 日偿还银行借款本金，同时支付 7 月和 8 月已提未付利息：

借：短期借款　　　　　　　　　　　　　　　　　　　　　　　120 000
　　应付利息　　　　　　　　　　　　　　　　　　　　　　　　1 600
　　贷：银行存款　　　　　　　　　　　　　　　　　　　　　　　121 600

第二节　应付票据、应付账款和预收账款

一、应付票据

（一）应付票据的含义

应付票据是由出票人出票、委托付款人在指定日期无条件支付特定的金额给收款人或者持票人的票据，包括商业承兑汇票和银行承兑汇票。企业应当设置"应付票据"备查簿，详细登记商业汇票的种类、号数、出票日期、到期日、票面余额、交易合同号、收款人姓名或单位名称，以及付款日期和金额等资料。应付票据到期结清时，应当在备查簿内予以注销。

（二）应付票据核算会计账户的设置

企业应通过"应付票据"账户，核算应付票据的发生、偿付等情况。该账户贷方登记开出、承兑汇票的面值，借方登记支付票据的金额，余额在贷方，表示企业尚未到期的商业汇票的票面金额。

（三）应付票据的核算

1. 应付票据的发生

通常而言，商业汇票的付款期限不超过 6 个月，因此在会计上应作为流动负债管理和核算。同时，应付票据的偿付时间较短，在会计实务中，一般均按照开出、承兑的应付票据的面值入账。

企业因购买材料、商品和接受劳务供应等而开出、承兑的商业汇票，应当按其票面金额作为应付票据的入账金额。借记"材料采购""库存商品""应付账款""应交税费——应交增值税（进项税额）"等账户，贷记"应付票据"账户。

如果是银行承兑汇票，企业应当按照票面金额的 0.05% 向银行支付银行承兑汇票手续费，根据实际支付金额，借记"财务费用"账户，取得增值税专用发票的，按注明的增值税进项税额，借记"应交税费——应交增值税（进项税额）"账户，按照实际支付的金额，贷记"银行存款"账户。

【业务 8-2】 甲公司为增值税一般纳税人，向乙公司采购原材料并用商业汇票方式结算。取得的增值税专用发票上注明的价款为 150 000 元，增值税为 19 500 元。材料已经验收入库。企业开出 3 个月到期已承兑的商业汇票。甲公司采用实际成本法进行材料的日常核算。

借：原材料　　　　　　　　　　　　　　　　　　　150 000
　　应交税费——应交增值税（进项税额）　　　　　　19 500
　　贷：应付票据——乙公司　　　　　　　　　　　　　　　169 500

【业务 8-3】 沿用【业务 8-2】资料，假设上述业务中的商业汇票为银行承兑汇票，甲公司应缴纳承兑手续费 84.75 元，其中增值税进项税额 4.8 元。

$$增值税进项税额 = [84.75 \div (1 + 6\%)] \times 6\% \approx 4.8（元）$$

借：财务费用　　　　　　　　　　　　　　　　　　　79.95
　　应交税费——应交增值税（进项税额）　　　　　　　4.8
　　贷：银行存款　　　　　　　　　　　　　　　　　　　84.75

2. 应付票据的偿还

应付票据到期支付票款时，应按账面余额结转，借记"应付票据"账户，贷记"银行存款"账户。

【业务 8-4】 承接【业务 8-2】资料，商业汇票到期，甲公司通知其开户银行以银行存款支付票款。

借：应付票据——乙公司　　　　　　　　　　　　　169 500
　　贷：银行存款　　　　　　　　　　　　　　　　　　　169 500

3. 应付票据的转销核算

如果银行承兑汇票到期，企业无力支付到期票款，承兑银行除凭票向持票人无条件付款外，还要对出票人支付的汇票金额转作逾期贷款处理，并处以每天 0.05%计收利息。企业无力支付到期银行承兑汇票，在接到银行转来的"××号汇票无款支付转入逾期贷款户"等有关凭证时，借记"应付票据"账户，贷记"短期借款"账户。对计收的利息，按短期借款利息的处理办法处理。

如果开出并承兑商业汇票不能如期支付，付款企业应在票据到期时，将"应付票据"账面金额转入"应付账款"账户。待协商后再进行处理，如果重新签发新的票据以清偿原应付票据，再从"应付账款"转入"应付票据"账户。

【业务 8-5】沿用【业务 8-2】资料，假设业务中的商业汇票为银行承兑汇票，该票据到期时甲公司无力支付票款，由银行代为付款。

借：应付票据——乙公司   169 500

  贷：短期借款   169 500

二、应付账款

应付账款是指购买材料、商品或接受劳务供应等而应付给供应单位的款项。应付账款是由于买卖双方在销售活动中取得货物和支付货款时间不一致而产生的负债。

（一）应付账款的入账时间

应付账款入账时间的确定，应以与所购买物资所有权有关的风险和报酬已经转移或劳务已经接受为标志。但在实际工作中，应区别情况处理：① 在物资和发票账单同时到达的情况下，应付账款一般待物资验收入库后，才按发票账单登记入库，这主要是为了确认所购入的物资是否在质量、数量和品种上都与合同上写明的条件相符，以免因先入账而在验收入库时发现购入物资错、漏、破损等问题再调账；② 在所购物资已经验收入库，但是发票账单未能同时到达的情况下，企业应付物资供应单位的债务已经成立，在会计期末，为了反映企业的负债情况，需要将所购物资和相关的应付账款暂估入账，待下月初做相反分录予以冲回。

（二）应付账款的核算

企业应通过"应付账款"账户，核算应付账款的发生、偿还、转销等情况。该账户贷方登记企业因购买材料、商品和接受劳务等而发生的应付账款，借方登记偿还的应付账款，或开出商业汇票抵付应付账款的款项，或已冲销的无法支付的应付账款，余额一般在贷方，表示企业尚未支付的应付账款余额。该账户一般应按照债权人设置明细账账户进行明细核算。

1. 发生应付账款

企业购入材料、商品时，款项尚未支付，根据有关凭证（如发票账单记载的实际价款）或暂估价值，借记"材料采购""在途物资""原材料"等账户，按可抵扣的增值税税额，借记"应交税费——应交增值税（进项税额）"账户；按应付的款项，贷记"应付账款"账户。企业因接受供应单位提供劳务而发生的应付未付款项，根据供应单位的发票账单，借记"生产成本""管理费用"等账户，按可抵扣的增值税税额，借记"应交税费——应交增值税（进项税额）"账户，贷记"应付账款"账户。

应付账款附有现金折扣的应按照扣除现金折扣前的应付账款总额入账。因在折扣期限内付款而获得的现金折扣，应在偿付应付账款时冲减财务费用。

【业务8-6】甲公司为增值税一般纳税人。2020年5月1日，甲公司从乙公司购入一批材料，货款为100 000元，增值税进项税额为13 000元，对方代垫运杂费1 000元，增值税90元。材料已运到并验收入库，该企业材料采用实际成本法核算，款项尚未支付。

借：原材料 101 000
　　应交税费——应交增值税（进项税额） 13 090
　　贷：应付账款——乙公司 114 090

【业务8-7】新华百货商场于2020年5月2日，从甲公司购入一批家电产品并已验收入库。增值税专用发票上列明，该批家电的价款为1 000 000元，增值税进项税额为130 000元。按照购货协议的规定，新华百货商场如在15天内付清货款，将获得1%的现金折扣（假定计算现金折扣时需要考虑增值税）。新华百货商场购入商品的账务处理如下：

借：库存商品 1 000 000
　　应交税费——应交增值税（进项税额） 130 000
　　贷：应付账款——甲公司 1 130 000

【业务8-8】甲公司为一般纳税人，根据供电部门通知，通过转账支付电费40 000元，增值税进项税额为5 200元。月末经计算分配电费如下：其中生产车间电费30 000元（假设全部计入制造费用），企业行政管理部门电费10 000元。甲公司账务处理如下：

借：应付账款——××电力公司 45 200
　　贷：银行存款 45 200
借：制造费用 30 000
　　管理费用 10 000
　　应交税费——应交增值税（进项税额） 5 200
　　贷：应付账款——××电力公司 45 200

2. 偿还应付账款

企业偿还应付账款或开出商业汇票抵付应付账款时，借记"应付账款"账户，贷记"银行存款""应付票据"等账户。

【业务8-9】承接【业务8-6】资料，7月31日，甲公司用银行存款支付欠乙公司的货款。

借：应付账款——乙公司 114 090
　　贷：银行存款 114 090

【业务8-10】承接【8-7】资料，新华百货商场于2020年5月10日，按照扣除现金折扣后的金额，用银行存款付清了所欠甲公司货款。新华百货商场账务处理如下：

借：应付账款——甲公司 1 130 000
　　贷：银行存款 1 118 700
　　　　财务费用——现金折扣 11 300

本业务中，新华百货商场在5月10日（即购货后的第8天）付清所欠甲公司的货款，按照购货协议可以获得现金折扣。新华百货商场获得的现金折扣=1 130 000×1%=11 300

（元），实际支付的货款＝1 130 000－11 300＝1 118 700（元）。

3. 转销应付账款

企业转销确实无法支付的应付账款（比如因债权人撤销等原因而产生无法支付的应付账款），应按其账面余额计入营业外收入，借记"应付账款"账户，贷记"营业外收入"账户。

【业务 8-11】2020 年 7 月 31 日，甲公司确定一笔应付账款 5 000 元为无法支付的款项，应予转销。甲公司账务处理如下：

借：应付账款　　　　　　　　　　　　　　　　　　　　　　5 000
　　贷：营业外收入　　　　　　　　　　　　　　　　　　　　　　5 000

三、预收账款

（一）预收账款的含义

预收账款是指企业按照合同规定向购货单位预收的款项。与应付账款不同，预收账款所形成的负债不是以货币偿付，而是以货物偿付。

（二）预收款项的核算

企业应设置"预收账款"账户，核算预收账款的取得、偿付等情况。该账户贷方登记发生的预收账款的数额和购货单位补付账款的数额，借方登记企业向购货方发货后冲销的预收账款数额和退回购货方多付账款的数额。余额一般在贷方，反映企业向购货单位预收款项但尚未向购货方发货的数额；如为借方余额，则反映企业未转销的款项，即应收取的款项。企业应当按照购货单位设置明细账账户进行明细核算。

企业向购货单位预收款项时，借记"银行存款"账户，贷记"预收账款"账户；收入实现时，按实现的收入和应缴纳的增值税销项税额，借记"预收账款"账户，按照实际的营业收入，贷记"主营业务收入"账户，涉及增值税销项税额的，按照增值税专用发票上注明的增值税税额，贷记"应交税费——应交增值税（销项税额）"等账户；企业收到购货单位补付的款项，借记"银行存款"账户，贷记"预收账款"账户；向购货单位退回其多付的款项时，借记"预收账款"账户，贷记"银行存款"账户。

在预收账款核算中值得注意的是，企业预收账款情况不多的，可以不设"预收账款"账户，将预收的款项直接计入"应收账款"账户的贷方。

【业务 8-12】甲公司（一般纳税人）与振兴厂签订供货合同，供货金额为 80 000 元，应纳增值税税额 10 400 元。振兴厂先预付全部货款的 50%，余款交货后付清。

甲公司账务处理如下：

（1）收到振兴厂交来的预付款时：

借：银行存款　　　　　　　　　　　　　　　　　　　　　　45 200
　　贷：预收账款——振兴厂　　　　　　　　　　　　　　　　　45 200

（2）发货后确认销售收入时：

借：预收账款——振兴厂　　　　　　　　　　　　　　　　　　90 400
　　贷：主营业务收入　　　　　　　　　　　　　　　　　　　　80 000
　　　　应交税费——应交增值税（销项税额）　　　　　　　　　　10 400

（3）收到对方补付的欠款时：

借：银行存款 45 200

　　贷：预收账款——振兴厂 45 200

第三节 应付职工薪酬

一、职工薪酬的内容

职工薪酬是指企业为获得职工提供的服务或解除劳动关系而给予的各种形式的报酬或补偿。

职工薪酬包括短期薪酬、非货币性福利、离职后福利、辞退福利和其他长期职工福利。企业提供给职工配偶、子女、受赡养人、已故员工遗属及其他受益人等的福利，也属于职工薪酬。这里所称"职工"比较宽泛，包括三类人员：一是与企业订立劳动合同的所有人员，含全职、兼职和临时职工；二是未与企业订立劳动合同，但由企业正式任命的企业治理层和管理层人员，如董事会成员、监事会成员等，对其发放的津贴、补贴等仍属于职工薪酬；三是在企业的计划和控制下，虽未与企业订立劳动合同或未由其正式任命，但为其提供与职工类似服务的人员，如通过中介机构签订用工合同，为企业提供与本企业职工类似服务的人员。

（一）短期薪酬

短期薪酬是指企业在职工提供相关服务的年度报告期间结束后 12 个月内需要全部予以支付的职工薪酬，因解除与职工的劳动关系给予的补偿除外。

短期薪酬具体包括：职工工资、奖金、津贴和补贴，职工福利费，医疗保险费、工伤保险费和生育保险费等社会保险费，住房公积金，工会经费和职工教育经费，短期带薪缺勤，短期利润分享计划，以及其他短期薪酬。

1. 职工工资、奖金、津贴和补贴

职工工资、奖金、津贴和补贴是指按照国家统计局《关于职工工资总额组成的规定》，构成工资总额的计时工资、计件工资、支付给职工的超额劳动报酬和增收节支的劳动报酬、为了补偿职工特殊或额外的劳动消耗和其他特殊原因支付给职工的津贴，以及为了保证职工工资水平不受物价影响支付给职工的物价补贴等。其中，企业按照短期奖金计划向职工发放的奖金属于短期薪酬，按照长期奖金计划向职工发放的奖金属于长期职工福利。

2. 职工福利费

职工福利费是指企业向职工提供的生活困难补助、丧葬补助、抚恤费、职工异地安家费、因公外地就医费、职工疗养费、防暑降温费、独生子女费等职工福利支出。

3. 医疗保险费、工伤保险费和生育保险费等社会保险费

社会保险费是指企业按照国家规定的基准和比例计算，向社会保险经办机构缴纳的医疗保险费、工伤保险费和生育保险费。

4. 住房公积金

住房公积金是指企业按照国家规定的基准和比例计算，向住房公积金管理机构缴存的

住房公积金。

5. 工会经费和职工教育经费

工会经费和职工教育经费是指企业为了改善职工文化生活、提高职工业务素质，用于开展工会活动和职工教育及职业技能培训，根据国家规定的基准和比例，从成本费用中提取的金额。

6. 短期带薪缺勤

短期带薪缺勤是指职工虽然缺勤但企业仍向其支付报酬的安排，包括年休假、病假、短期伤残、婚假、产假、丧假、探亲假等。

7. 短期利润分享计划

短期利润分享计划是指因职工提供服务而与职工达成的基于利润或其他经营成果提供薪酬的协议。

8. 其他短期薪酬

其他短期薪酬是指上述薪酬以外的其他为获得职工提供的服务给予的短期薪酬。

（二）非货币性福利

非货币性福利是指企业将自产产品或外购商品发放给职工作为福利，或者企业将自己拥有的资产或租赁资产供职工无偿使用。

（三）离职后福利

离职后福利是指企业为获得职工提供的服务而在职工退休或与企业解除劳动关系后，提供的各种形式的报酬和福利（如养老保险和失业保险），短期薪酬和辞退福利除外。企业将离职后福利费分为设定提存计划和设定受益计划。其中，设定提存计划是指向独立的基金缴存固定费用后，企业不再承担进一步支付义务的离职后福利计划；设定受益计划是指除设定提存计划以外的离职后福利计划。

（四）辞退福利

辞退福利是指企业在职工劳动合同到期之前解除与职工的劳动关系，或者为鼓励职工自愿接受裁减而给予职工的补偿。

（五）其他长期职工福利

其他长期职工福利是指除短期薪酬、离职后福利、辞退福利之外所有的职工薪酬，包括长期带薪缺勤、长期残疾福利、长期利润分享计划等。

二、短期薪酬的核算

（一）货币性短期薪酬

1. 货币性短期薪酬的确认

对于短期货币薪酬，在确定应付职工薪酬和应当计入成本费用的职工薪酬金额时，应当区分以下情况：

（1）具有明确计提标准的货币性职工薪酬。

对于国务院有关部门或省、自治区、直辖市人民政府或经批准的企业年金计划规定了计提基础和计提比例的职工薪酬项目，企业应当按照规定的计提标准，计量企业承担的职工薪酬义务和计入成本费用的职工薪酬。其中：① "三险一金"。对于医疗保险费、工伤保险费、生育保险费和住房公积金，企业应当按照国务院、所在地政府或企业年金计划规定的标准计量应付职工薪酬义务和应计入成本费用的薪酬金额。② 工会经费和职工教育经费。企业应当按照国家相关规定，分别按照职工工资总额的2%和8%计量应付职工薪酬（工会经费、职工教育经费）义务金额和应相应计入成本费用的薪酬金额。

（2）没有明确计提标准的货币性职工薪酬。

对于国家（包括省、市、自治区政府）相关法律法规没有明确规定计提基础和计提比例的职工薪酬，如职工福利费，企业应当根据历史经验数据和自身实际情况，计算确定应付职工薪酬金额和应计入成本费用的薪酬金额。

【业务8-13】2020年6月，甲公司本月应付工资总额为2 000 000元，工资费用分配汇总表中列示：生产部门直接生产人员工资1 000 000元；生产部门管理人员工资200 000元；公司管理部门人员工资360 000元；公司专设产品销售机构人员工资100 000元；建造厂房人员工资220 000元；内部开发存货管理系统人员工资120 000元。

根据所在地政府的规定，公司分别按照职工工资总额的10%、2%、1%和10.5%计提企业负担的医疗保险费、工伤保险费、生育保险费和住房公积金，缴纳给当地社会保险经办机构和住房公积金管理机构。公司预计2020年应承担的职工福利义务金额为职工工资总额的2%，职工福利的受益对象为上述所有人员。公司分别按照职工工资总额的2%和8%计提工会经费和职工教育经费。假定公司存货管理系统已经处于开发阶段，并符合无形资产资本化的条件。

计算分配工资、职工福利费、社会保险费、住房公积金、工会经费和职工教育经费。

$$社会保险费 = 2\ 000\ 000 \times (10\% + 2\% + 1\%) = 260\ 000（元）$$

$$住房公积金 = 2\ 000\ 000 \times 10.5\% = 210\ 000（元）$$

$$工会经费 = 2\ 000\ 000 \times 2\% = 40\ 000（元）$$

$$职工教育经费 = 2\ 000\ 000 \times 8\% = 160\ 000（元）$$

$$职工福利费 = 2\ 000\ 000 \times 2\% = 40\ 000（元）$$

应计入生产成本的职工薪酬金额 $= 1\ 000\ 000 + 1\ 000\ 000 \times (10\% + 2\% + 1\% + 10.5\% + 2\% + 8\% + 2\%)$
$$= 1\ 355\ 000（元）$$

应计入制造费用的职工薪酬金额 $= 200\ 000 + 200\ 000 \times (10\% + 2\% + 1\% + 10.5\% + 2\% + 8\% + 2\%)$
$$= 271\ 000（元）$$

应计入管理费用的职工薪酬金额 $= 360\ 000 + 360\ 000 \times (10\% + 2\% + 1\% + 10.5\% + 2\% + 8\% + 2\%)$
$$= 487\ 800（元）$$

应计入销售费用的职工薪酬金额 $= 100\ 000 + 100\ 000 \times (10\% + 2\% + 1\% + 10.5\% + 2\% + 8\% + 2\%)$
$$= 135\ 500（元）$$

应计入在建工程成本的职工薪酬金额 $= 220\ 000 + 220\ 000 \times (10\% + 2\% + 1\% + 10.5\% + 2\% + 8\% + 2\%)$
$$= 298\ 100（元）$$

应计入无形资产成本的职工薪酬金额 $= 120\ 000 + 120\ 000 \times (10\% + 2\% + 1\% + 10.5\% + 2\% + + 8\% + 2\%)$
$$= 162\ 600（元）$$

账务处理如下：

借：生产成本	1 355 000
制造费用	271 000
管理费用	487 800
销售费用	135 500
在建工程	298 100
研发支出——资本化支出	162 600
贷：应付职工薪酬——工资	2 000 000
——职工福利费	40 000
——社会保险费	260 000
——住房公积金	210 000
——工会经费	40 000
——职工教育经费	160 000

（3）短期带薪缺勤。

对于职工带薪缺勤，企业应当根据其性质及职工享有的权利，分为累积带薪缺勤和非累积带薪缺勤两类。企业应当对累积带薪缺勤和非累积带薪缺勤分别进行处理。如果带薪缺勤属于长期带薪缺勤，企业应当作为其他长期职工福利处理。

累积带薪缺勤是指带薪权利可以结转下期的带薪缺勤，本期尚未用完的带薪缺勤权利可以在未来期间使用。企业应当在职工提供了服务从而增加了其未来享有的带薪缺勤权利时，确认与累积带薪缺勤相关的职工薪酬，并以因累积未行使权利而增加的预期支付金额计量。确认累积带薪缺勤时，借记"管理费用"等账户，贷记"应付职工薪酬——累积带薪缺勤"账户。

【业务 8-14】丙企业共有 500 名职工，从 2020 年 1 月 1 日起，该企业实行累积带薪缺勤制度。该制度规定，每名员工每年可享受 5 天带薪休假，未使用的年休假只能向后结转一个公历年度，超过 1 年未使用的权利作废，在职工离开前也无权获得现金支付。2020年 12 月 31 日，丙企业有 400 名职工享受了 5 天带薪休假，其余 100 名管理人员只享受了3 天带薪休假。预计 2021 年有 400 名职工将享受不超过 5 天的带薪年休假，剩余 100 名管理人员每人将平均享受 7 天年休假。该企业平均每名职工每个工作日的工资为 200 元。不考虑其他相关因素。

丙企业在 2020 年 12 月 31 日应当预计由于职工累积未使用带薪年休假而预期支付的金额，即相当于 200（100×2）天的年休假工资金额 40 000（200×200）元。

借：管理费用	40 000
贷：应付职工薪酬——累积带薪缺勤	40 000

非累积带薪缺勤是指带薪权利不能结转下期的带薪缺勤，本期尚未使用完的带薪缺勤权利将予以取消，并且职工离开前无权获得现金支付。我国企业职工休婚假、产假、丧假、探亲假、病假期间的工资通常属于非累积带薪缺勤，由于职工提供服务本身不能增加其能够享受的福利金额，因此企业在职工未缺勤时不应计提相关费用和负债。为此，企业应当在职工实际发生缺勤的会计期间确认与非累积带薪缺勤相关的职工薪酬。通常情况下，与非累积带薪缺勤相关的职工薪酬已经包括在企业每期向职工发放的工资薪酬中，因此，不

必额外做相应的账务处理。

2. 货币性短期薪酬发放

企业按照有关规定向职工支付工资、奖金、津贴等，借记"应付职工薪酬——工资"账户，贷记"银行存款""库存现金"等账户；企业从应付职工薪酬中扣还的各种款项（代垫的家属药费、个人所得税等），借记"应付职工薪酬——工资"账户，贷记"银行存款""库存现金""其他应收款""应交税费——应交个人所得税"等账户。

企业支付工会经费和职工教育经费用于工会运作和职工培训，或按照国家有关规定缴纳企业负担的社会保险费或住房公积金时，借记"应付职工薪酬——工会经费（或职工教育经费、社会保险费、住房公积金）"账户，贷记"银行存款"账户。企业向职工食堂、职工医院、生活困难职工等支付职工福利费时，借记"应付职工薪酬——职工福利"账户，贷记"银行存款""库存现金"等账户。

【业务 8-15】承接【业务 8-13】资料，2020 年 7 月初，甲公司根据"工资结算汇总表"结算 6 月份应付职工工资总额为 2 000 000 元，扣除垫付的职工房租 50 000 元，代扣代缴个人所得税 90 000 元，代扣代缴职工个人负担的社会保险费 200 000 元及住房公积金 210 000 元，以银行存款支付实发工资。

实发工资=2 000 000−50 000−90 000−200 000−210 000=1 450 000（元）

（1）发放工资，扣除垫付职工房租、职工个人负担的社会保险费及住房公积金和个人所得税：

借：应付职工薪酬——工资	2 000 000
贷：其他应收款——职工房租	50 000
应交税费——应交个人所得税	90 000
其他应付款——应付社会保险费等	410 000
银行存款	1 450 000

（2）支付职工个人负担的社会保险费和住房公积金：

借：其他应付款——应付社会保险费等	410 000
贷：银行存款	410 000

【业务 8-16】承接【业务 8-13】资料，2020 年 7 月，甲公司以银行存款缴纳企业负担的社会保险费和住房公积金。

借：应付职工薪酬——社会保险费	260 000
——住房公积金	210 000
贷：银行存款	470 000

【业务 8-17】承接【业务 8-13】资料，2020 年 7 月，甲公司开具转账支票，将工会经费拨付给工会部门；以银行存款支付职工培训费 50 000 元。

借：应付职工薪酬——工会经费	40 000
——职工教育经费	50 000
贷：银行存款	90 000

【业务 8-18】2020 年 7 月，甲公司以现金支付生产工人张某生活困难补助 1 000 元；以银行存款支付 20 000 元职工伙食补贴给食堂。

借：应付职工薪酬——职工福利　　　　　　　　　　　　　　　　　21 000
　　贷：库存现金　　　　　　　　　　　　　　　　　　　　　　　　　1 000
　　　　银行存款　　　　　　　　　　　　　　　　　　　　　　　　20 000

（二）非货币性职工薪酬核算

1. 以自产产品或外购商品作为福利发放给员工

企业以自产产品或外购商品作为非货币性福利发放给职工，应当根据受益对象，按照该产品的公允价值和相关税费计量，计入相关资产成本或当期损益，同时确认应付职工薪酬，借记"管理费用""生产成本""制造费用"等账户，贷记"应付职工薪酬——非货币性福利"账户。将自产产品发放给职工时，借记"应付职工薪酬——非货币性福利"账户，贷记"主营业务收入"账户，同时，还应结转产品的成本，涉及增值税等相关税费的，也要进行相应的处理。外购商品发放给职工时，借记"应付职工薪酬——非货币性福利"账户，贷记"银行存款"账户。

【业务 8-19】乙公司为一家生产彩电的企业，共有职工 100 名。2020 年 9 月，公司以其生产的成本为 5 000 元的液晶彩电和外购的每台不含税价格为 500 元的电暖气作为春节福利发放给员工。该型号液晶彩电的售价为每台 7 000 元，乙公司适用的增值税税率为 13%；乙公司购买电暖气开具了增值税专用发票。假定 100 名职工中 85 名为直接参加生产的职工，15 名为总部管理人员。

（1）公司决定发放自产彩电时，应做如下账务处理：

彩电的售价总额＝7 000×85＋7 000×15＝595 000＋105 000＝700 000（元）

彩电的增值税销项税额＝85×7 000×13%＋15×7 000×13%

＝77 350＋13 650＝91 000（元）

（生产成本＝595 000＋77 350）

（管理费用＝105 000＋13 650）

借：生产成本　　　　　　　　　　　　　　　　　　　　　　　　　672 350
　　管理费用　　　　　　　　　　　　　　　　　　　　　　　　　118 650
　　贷：应付职工薪酬——非货币性福利　　　　　　　　　　　　　791 000

（2）实际发放彩电时，应做如下账务处理：

借：应付职工薪酬——非货币性福利　　　　　　　　　　　　　　　791 000
　　贷：主营业务收入　　　　　　　　　　　　　　　　　　　　　700 000
　　　　应交税费——应交增值税（销项税额）　　　　　　　　　　　91 000
借：主营业务成本　　　　　　　　　　　　　　　　　　　　　　　500 000
　　贷：库存商品　　　　　　　　　　　　　　　　　　　　　　　500 000

（说明：根据增值税管理条例的规定，企业将自产的货物作为个人福利发放给员工，要做视同销售处理。）

（3）公司购买电暖气时，应做如下账务处理：

电暖气的买价金额＝85×500＋15×500＝42 500＋7 500＝50 000（元）

电暖气的进项税额＝85×500×13%＋15×500×13%＝5 525＋975＝6 500（元）

借：库存商品——电暖气   50 000

    应交税费——应交增值税（进项税额）   6 500

    贷：银行存款   56 500

（4）公司发放外购电暖气时，做如下账务处理：

    （生产成本＝425 00＋5 525）

    （管理费用＝7 500＋975）

借：生产成本   48 025

    管理费用   8 475

    贷：应付职工薪酬——非货币性福利   56 500

借：应付职工薪酬——非货币性福利   56 500

    贷：库存商品——电暖气   50 000

        应交税费——应交增值税（进项税额转出）   6 500

（说明：企业将外购货物用于职工个人消费的，发生的进项税额不允许抵扣，要做进项税额转出处理。）

2. 将拥有或租赁资产无偿提供给职工使用

企业将拥有的房屋等资产无偿提供给职工使用的，应当根据受益对象，将住房每期应计提的折旧计入相关资产成本或当期损益，同时确认应付职工薪酬。借记"管理费用""生产成本""制造费用"等账户，贷记"应付职工薪酬——非货币性福利"账户，同时借记"应付职工薪酬——非货币性福利"账户，贷记"累计折旧"账户。

【业务 8-20】丙公司为总部各部门经理级别以上职工提供汽车免费使用，同时为副总裁以上高级管理人员每人租赁一套住房。该公司总部共有部门经理以上职工 50 名，每人提供一辆轿车免费使用，假定每辆轿车每月计提折旧 1 000 元；该公司共有副总裁以上高级管理人员 10 名，公司为其每人租赁一套月租金为 8 000 元的公寓，每 3 个月月末用银行存款支付租金一次。

    为员工提供的非货币性福利总额＝1 000×50＋8 000×10＝130 000（元）

借：管理费用——福利费   130 000

    贷：应付职工薪酬——非货币性福利   130 000

借：应付职工薪酬——非货币性福利   130 000

    贷：累计折旧   50 000

        其他应付款——房租   80 000

每 3 个月月末支付租金时账务处理如下：

借：其他应付款——房租   240 000

    贷：银行存款   240 000

三、设定提存计划

对于设定提存计划，企业应当根据在资产负债表日为换取职工在会议期间提供的服务而应向单独主体缴存的提存金，确认为应付职工薪酬负债，并计入当期损益或相关资产成本，借记"生产成本""制造费用""管理费用""销售费用"等账户，贷记"应付职工薪酬——设定提存计划"账户。

【业务 8-21】承接【业务 8-13】资料,甲公司根据所在地政府规定,按照职工工资总额的 12%计提基本养老保险费,缴存当地社会保险经办机构。2020 年 6 月,甲公司缴存的基本养老保险费为 240 000 元,其中应计入生产成本的金额为 120 000 元,应计入制造费用的金额为 24 000 元,应计入管理费用的金额为 43 200 元,应计入销售费用的金额为 12 000 元,应计入在建工程的金额为 26 400 元,应计入研发支出的金额为 14 400 元(假设均可以资本化)。

```
借：生产成本                                          120 000
     制造费用                                          24 000
     管理费用                                          43 200
     销售费用                                          12 000
     在建工程                                          26 400
     研发支出——资本化支出                              14 400
     贷：应付职工薪酬——设定提存计划——基本养老保险费      240 000
```

第四节　应　交　税　费

一、应交增值税的核算

(一)增值税的基本规定

增值税是以商品(含应税劳务、应税服务)在流转过程中产生的增值额作为计税依据而征收的一种流转税。

按照纳税人的经营规模及会计核算的健全程度,增值税纳税人分为一般纳税人和小规模纳税人。一般纳税人应纳增值税税额,根据当期销项税额减去当期进项税额计算确定;小规模纳税人应纳增值税税额,按照销售额和规定的征收率计算确定。

按照《中华人民共和国增值税暂行条例》的规定,一般纳税企业购入货物或接受应税劳务用于增值税应税项目支付的增值税(即进项税额)或按照规定计算的进项税额,可从销售货物或提供劳务(服务)按规定收取的增值税(即销项税额)中抵扣。准予从销项税额中抵扣的进项税额通常包括:

(1)从销售方取得的增值税专用发票上注明的增值税税额。一般纳税企业销售货物或者提供应税劳务均应开具增值税专用发票,小规模纳税人销售货物或者提供应税劳务可提请税务机关代开增值税专用发票,增值税专用发票记载了销售货物的售价、税率以及税额等,购货方以增值税专用发票上记载的购入货物已支付的税额,作为扣税和记账的依据。

(2)从海关取得的完税凭证上注明的增值税税额。企业进口货物一般必须缴纳增值税,其缴纳的增值税在完税凭证上注明,进口货物缴纳的增值税根据从海关取得的完税凭证上注明的增值税税额,作为扣税的记账证据。

(3)购进农产品,除取得增值税专用发票或者海关进口增值税专用缴款书外,按照农产品收购发票或者销售发票上注明的农产品买价和 9%的扣除率计算的进项税额。如用于生产销售或委托加工 13%税率货物的农产品,按照农产品收购发票或者销售发票上注明的农产品买价和10%的扣除率计算的进项税额，作为扣税和记账依据。

（4）从境外单位或个人购进服务、无形资产或者不动产，自税务机关或者扣缴义务人取得的解缴税款的完税凭证上注明的增值税额。

（5）一般纳税人支付的道路、桥、闸通行费，凭取得的通行费发票上注明的收费金额和规定的方法计算的可抵扣的增值税进项税额。

（6）纳税人购进国内旅客运输服务，其进项税额允许从销项税额中抵扣。纳税人取得增值税专用发票的，以发票上注明的税额为进项税额。纳税人未取得增值税专用发票的，暂按照以下规定确定进项税额：取得增值税电子普通发票的，为发票上注明的税额；根据注明旅客身份信息的航空运输电子客票行程单、铁路车票以及公路、水路等其他客票计算抵扣。

值得注意的是，下列项目的进项税额不得从销项税额中抵扣：① 用于简易计税方法的项目、非增值税应税项目、集体福利或者个人消费的购进货物、加工修理修配劳务、服务、无形资产和不动产；② 非正常损失的购进货物，以及相关的加工修理修配和交通运输服务；③ 非正常损失的在产品、产成品所耗用的购进货物（不包括固定资产）相关的加工修理修配和交通运输服务；④ 非正常损失的不动产，以及该不动产所耗用的购进货物、设计服务和建筑服务；⑤ 非正常损失的不动产在建工程所耗用的购进货物、设计服务和建筑服务，纳税人新建、改建、扩建、修缮、装饰不动产，均属于不动产在建工程；⑥ 购进的贷款服务、餐饮服务、居民日常服务和娱乐服务；⑦ 财政部和国家税务总局规定的其他情形。

增值税一般纳税人取得防伪税控系统开具的增值税专用发票，抵扣的进项税额按以下的规定处理：除国家税务总局另有规定的除外，用于抵扣增值税进项税额的专用发票应经税务机关认证相符，纳税人应在增值税专用发票开具之日起360日内进行认证，经过认证的增值税专用发票应在认证通过的当月按规定核算当期进项税额并申报抵扣，否则不予抵扣进项税额。

企业购入货物或者接受应税劳务，没有按照规定取得并保存增值税扣税凭证，或者增值税扣税凭证上未按照规定注明增值税税额及其他有关事项的，以及税务机关认证不合格或未及时抵扣的，其进项税额不能从销项税额中抵扣，已支付的增值税只能计入购入货物或接受劳务成本。

一般纳税人采用的税率分为13%、9%、6%和0。

一般纳税人销售货物、劳务、有形动产租赁服务或者进口货物，税率为13%。

一般纳税人销售或者进口粮食等农产品、食用植物油、食用盐、自来水、暖气、冷气、热水、煤气、石油液化气、天然气二甲醚、沼气、居民用煤炭制品、图书、报纸、杂志、音像制品、电子出版物、饲料、化肥农药、农机、农膜以及国务院及其有关部门规定的其他货物，税率为9%；提供交通运输、邮政、基础电信、建筑、不动产租赁服务，销售不动产，转让土地使用权，税率为9%；其他应税行为，税率为6%。

一般纳税人出口货物，税率为0；但是，国务院另有规定的除外。境内单位和个人发生的跨境应税行为税率为0，具体范围由财政部和国家税务总局另行规定。

增值税的简易计税方法是按照销售额与征收率的乘积计算应纳税额，不得抵扣进项税额，应纳税额的计算公式：

$$应纳税额=销售额×征收率$$

公式中的销售额不包括其应纳税额，纳税人采用销售额和应纳税额合并定价方法的，应按照公式"销售额=含税销售额÷(1+征收率)"还原为不含税销售额计算。

增值税一般纳税人计算增值税大多采用一般计税方法,小规模纳税人一般采用简易计税方法。一般纳税人发生财政部和国家税务总局规定的特定应税销售行为,也可以选择简易计税方法计税,但是不得抵扣进项税额。

(二)一般纳税人增值税核算会计账户的设置

增值税一般纳税人应当在"应交税费"账户下设置"应交增值税""未交增值税""预交增值税""待认证进项税额""待转销项税额""增值税留抵税额""简易计税""转让金融商品应交增值税""代扣代缴增值税"等明细账账户。

企业应缴的增值税,在"应交税费"账户下设置"应交增值税"明细账账户进行核算。"应交增值税"明细账账户的借方发生额,反映销售货物或提供应税劳务应缴纳的增值税、出口货物退税、转出已支付或应分担的增值税额等;期末借方余额,反映企业尚未抵扣的增值税。"应交税费——应交增值税"账户下设 10 个专栏,如表 8-1 所示。

表 8-1 应交税费——应交增值税

借方						贷方			
进项税额	销项税额抵减	已交税金	减免税款	出口抵减内销产品应纳税额	转出未交增值税	销项税额	出口退税	进项税额转出	转出多交增值税

(三)一般纳税人增值税一般业务账务处理

1. 国内采购业务

企业从国内购进货物、劳务、服务、无形资产和不动产,根据增值税专用发票上记载的应计入相关成本费用或资产,借记"在途物资""原材料""固定资产""管理费用"等账户;按当月已经认证可抵扣的增值税税额,借记"应交税费——应交增值税(进项税额)"账户;按当月未认证可抵扣的增值税税额,借记"应交税费——待认证进项税额"账户,按照应付和实际支付的总额,贷记"应付账款""银行存款"等账户。购入货物发生的退货做相反的会计分录。

【业务 8-22】甲公司购入一批食品用于职工福利,增值税专用发票上注明价款为 10 000元,增值税税额为 1 300 元,食品已到货,款项已用银行存款支付。

(1)专票认证前:

借:应付职工薪酬   10 000

    应交税费——待认证进项税额   1 300

        贷:银行存款   11 300

(2)专票认证后:

借:应交税费——应交增值税(进项税额)   1 300

        贷:应交税费——待认证进项税额   1 300

借:应付职工薪酬   1 300

        贷:应交税费——应交增值税(进项税额转出)   1 300

2. 购入免税农产品

企业购入免税农产品，按购入农产品的卖价和规定的税率 9%计算的进项税额，借记"应交税费——应交增值税（进项税额）"；按购入农产品的卖价扣除计算的进项税额后的差额，借记"材料采购""原材料"等账户；按应付后实际支付的价款，贷记"应付账款""银行存款"等账户。

【业务 8-23】某酒厂购进免税大米一批，价款为 500 000 元，规定的扣除率为 9%，货物尚未到达，款项已用银行存款支付（该企业采用计划成本法对原材料进行日常材料核算）。

借：材料采购 455 000
　　应交税费——应交增值税（进项税额） 45 000
　　贷：银行存款 500 000

3. 进口货物

有进出口自营权的企业从境外进口物资时，按海关提供的完税凭证上注明的增值税借记"应交税费——应交增值税（进项税额）"账户；按进口物资应计入采购成本的金额，借记"材料采购""库存商品"等账户；按应付或实际交付的金额，借记"应付账款""银行存款"等账户。

4. 接受非现金资产投资

接受投资转入的物资，按取得的增值税专用发票上注明的增值税，借记"应交税费——应交增值税（进项税额）"账户；按确定的价值（已扣增值税），借记"原材料"等账户；按其在注册资本中所占有的份额，贷记"实收资本"或"股本"账户；按其差额（一般是贷差），贷记"资本公积"等账户。

注意：企业取得的货物用于非应税项目，其所包含的增值税税额计入所取得货物的成本。

5. 销售业务

企业销售货物、加工或修理修配劳务、服务、无形资产或不动产，按应收或已经收到的金额借记"应收账款""应收票据""银行存款"等账户；按实现的收益金额贷记"主营业务收入"等账户；按专用发票上注明的增值税税额，贷记"应交税费——应交增值税（销项税额）"账户，如果采用简易计税方法计算应纳增值税额，应贷记"应交税费——简易计税"账户。发生的销售退回做相反的会计分录。

如果企业销售货物或者提供劳务采用销售额和销项税额合并定价的方法，按公式销售额＝含税销售额÷（1＋税率）还原为不含税销售额计算销项税额。

6. 视同销售

企业的有些交易和事项从会计角度看不属于销售行为，不能确认销售收入，但是按照税法规定，应视同对外销售处理计算应交增值税。视同销售需要支付增值税的事项主要有：

（1）将货物交付其他单位或者个人代销。

（2）销售代销货物。

（3）设有两个以上机构并实行统一核算的纳税人，将货物从一个机构移送其他机构用于销售。但相关机构在同一县（市）的除外。

（4）将自产或者委托加工的货物用于免税项目、简易计税项目。

（5）将自产、委托加工的货物用于集体福利或个人消费。

（6）将自产、委托加工或购进的货物作为投资，提供给其他单位或个体工商户。

（7）将自产、委托加工或购进的货物分配给股东或投资者。

（8）将自产、委托加工或购进的货物无偿赠送给其他单位或者个人。

发生视同销售时，企业应当借记"应付职工薪酬——职工福利""营业外支出""长期股权投资"等账户，贷记"应交税费——应交增值税（销项税额）""库存商品"等账户。

【业务 8-24】甲公司在设立时收到乙公司作为资本投入的原材料一批，该批原材料协议约定价值（不含可抵扣的增值税进项税额部分）为 600 000 元，增值税为 78 000 元，合同约定价值与公允价值相符；甲公司已开具了增值税专用发票。该批原材料是甲公司生产的产品，产品成本为 500 000 元，甲公司对乙公司的投资采用成本法核算。

（1）甲公司业务处理如下：

借：长期股权投资		678 000
贷：主营业务收入		600 000
应交税费——应交增值税（销项税额）		78 000
借：主营业务成本		500 000
贷：库存商品		500 000

（2）乙公司业务处理如下：

借：原材料		600 000
应交税费——应交增值税（进项税额）		78 000
贷：实收资本		678 000

7. 进项税额转出

当企业购进的货物、加工或修理修配劳务、服务、无形资产或不动产发生非正常损失、改变用途或用于免税项目时，其已经抵扣的进项税额、待抵扣进项税额或者待认证的进项税额，按照现行增值税制度不得从销项税额中扣除。企业应借记"待处理财产损溢""主营业务成本""其他业务成本""应付职工薪酬"等账户，贷记"应交税费——应交增值税（进项税额转出）""应交税费——待抵扣进项税额"或"应交税费——待认证进项税额"账户。属于转作待处理财产损失的进税额，应与非正常损失的购进货物、在产品或者库存商品、固定资产或无形资产的成本一并处理。

【业务 8-25】甲公司下属医务室领用外购原材料用于维修医疗器械，其购入时支付的成本为 3 000 元，增值税税额为 390 元。

借：应付职工薪酬——职工福利	3 390
贷：原材料	3 000
应交税费——应交增值税（进项税额转出）	390

8. 缴纳增值税

企业当月预缴、上缴当月的增值税时，借记"应交税费——应交增值税（已交税金）"账户，贷记"银行存款"账户。

【业务 8-26】甲公司为增值税一般纳税人，2020 年 5 月 30 日，用银行存款预付本月增值税 5 000 元。甲公司账务处理如下：

借：应交税费——应交增值税（已交税金）   5 000
    贷：银行存款   5 000

9. 月末转出多缴纳和未缴纳增值税

企业应在"应交税费"账户下设置"未交增值税"明细账账户，核算企业月末从"应交税费——应交增值税"账户转入的当月未缴纳或多缴纳的增值税；同时，在"应交税费——应交增值税"账户下设置"转出未交增值税"和"转出多交增值税"明细。

对于当月应缴纳未缴纳的增值税，借记"应交税费——应交增值税（转出未交增值税）"账户，贷记"应交税费——未交增值税"账户；对于当月多缴纳的增值税，借记"应交税费——未交增值税"账户，贷记"应交税费——应交增值税（转出多交增值税）"账户。

值得注意的是，企业当月缴纳当月的增值税，仍然通过"应交税费——应交增值税（已交税金）"账户核算；当月缴纳以前各月未缴纳的增值税，通过"应交税费——未交增值税"账户核算。

【业务 8-27】 甲公司 9 月 30 日将尚未缴纳的增值税税额 50 000 元进行转账。甲公司账务处理如下：

借：应交税费——应交增值税（转出未交增值税）   50 000
    贷：应交税费——未交增值税   50 000

10. 减免税款的核算

减免税款的专栏，反映企业按规定减免的增值税税款，按直接减免的增值税税额借记"应交税费——应交增值税（减免税款）"账户，贷记"营业外收入"账户。

11. 出口退税的核算

企业出口产品按规定退税的，按照应退税额，借记"其他应收款"账户；按照免抵税额，借记"应交税额——应交增值税（出口抵减内销产品应交税额）"账户；按照免抵退税额，贷记"应交税费——应交增值税（出口退税）"账户。

（四）小规模纳税人增值税的核算

小规模纳税人销售货物或提供应税劳务，实行简易办法计算应纳税额，按照销售额的 3% 计算增值税。小规模纳税人的销售额不包括其应纳税额。采用销售额和应纳税额合并定价方法的，按照下列公式还原为不含税销售额计算。

$$销售额 = 含税销售额 \div (1 + 征收率)$$

从会计核算角度看，首先，小规模纳税人购入货物无论是否具有增值税专用发票，其支付的增值税税额均不计入进项税额，不得抵扣销项税额，而计入购入货物的成本。相应来说，其他企业从小规模纳税人处购入货物或接受劳务支付的增值税税额，如果不能取得增值税专用发票，也不能作为进项税额抵扣，而应计入购入货物或应税劳务的成本。其次，小规模纳税人只需要在"应交税费"账户下设置"应交增值税"明细账账户，不需要在"应交增值税"明细账账户中设置专栏，"应交税费——应交增值税"账户贷方登记应缴纳的增值税，借方登记已缴纳的增值税，期末贷方余额为尚未缴纳的增值税，借方余额为多缴纳的增值税。

【业务 8-28】 某小规模纳税人购入材料一批，取得的增值税专用发票上注明的货款为 20 000 元，增值税税额为 2 600 元，款项以银行存款支付，材料已验收入库（该企业按实际成本计价核算）。

借：原材料   22 600

  贷：银行存款   22 600

【业务 8-29】某小规模纳税人销售产品一批，所开出的普通发票上注明的货款（含税）为 20 600 元，增值税征收率为 3%，款项已存入银行。

  不含税销售额＝含税销售额÷(1＋征收率)＝20 600÷(1＋3%)＝20 000（元）

  应交增值税＝不含税销售额×征收率＝20 000×3%＝600（元）

借：银行存款   20 600

  贷：主营业务收入   20 000

    应交税费——应交增值税   600

【业务 8-30】某小规模纳税人月末以银行存款缴纳增值税 2 200 元。

借：应交税费——应交增值税   2 200

  贷：银行存款   2 200

（五）增值税差额征税的账务处理

财政部、国家税务总局对部分行业或某些业务，规定了可以实行差额征税政策。差额征税是指营改增纳税人以取得的全部价款和价外费用扣除支付给规定范围纳税人的规定项目价款后的不含税余额为销售额进行征税的方法。

1. 一般纳税人差额征税的会计处理

企业应在"应交税费——应交增值税"账户下增设"销项税额抵减"专栏，用于记录该企业因按规定扣减销售额而减少的销项税额。企业接受应税服务时，按规定允许扣减销售额而减少的销项税额，借记"应交税费——应交增值税（销项税额抵减）"账户，按实际支付或应付的金额与上述增值税税额的差额，借记"主营业务成本"等账户，按实际支付或应付的金额，贷记"银行存款""应付账款"等账户。对于期末一次性进行账务处理的企业，期末，按规定当期允许扣减销售额而减少的销项税额，借记"应交税费——应交增值税（销项税额抵减）"账户，贷记"主营业务成本"等账户。

【业务 8-31】某一般纳税人旅游公司向旅游服务购买方共收取价款 1 060 000 元（含增值税），其中包括支付给其他单位或者个人的住宿费、餐饮费、交通费、签证费、门票费和支付给其他接团旅游企业的旅游费用共计 636 000 元，旅游服务企业增值税税率为 6%，款项均以银行存款收付，该企业选择差额征税方式计算缴纳增值税，不考虑其他因素。

  增值税销项税额＝[1 060 000÷(1＋6%)]×6%＝60 000（元）

借：银行存款   1 060 000

  贷：主营业务收入   1 000 000

    应交税费——应交增值税（销项税额）   60 000

借：主营业务成本   600 000

  应交税费——应交增值税（销项税额抵减）   36 000

  贷：银行存款   636 000

  抵减的销项税额＝[636 000÷(1＋6%)]×6%＝36 000（元）

2. 小规模纳税人差额征税的会计处理

小规模纳税人接受应税服务时，按规定允许扣减销售额而减少的应纳增值税，借记"应交税费——应交增值税"账户，按实际支付或应付的金额与上述增值税税额的差额，借记"主营业务成本"等账户，按实际支付或应付的金额，贷记"银行存款""应付账款"等账户。对于期末一次性进行账务处理的企业，期末，按规定当期允许扣减销售额而减少的应纳增值税，借记"应交税费——应交增值税"账户，贷记"主营业务成本"等账户。

（六）增值税税控系统专用设备费用抵减增值税的账务处理

按现行增值税制度规定，企业初次购买增值税税控系统专用设备支付的费用以及缴纳的技术维护费允许在增值税应纳税额中全额抵减的，按规定抵减的增值税应纳税额，借记"应交税费——应交增值税（减免税款）"账户（小规模纳税人应借记"应交税费——应交增值税"账户），贷记"管理费用"等账户。

【业务 8-32】丁公司为一般纳税人，初次购买一台增值税税控系统专用设备作为固定资产核算，取得的增值税专用发票上注明的价款为 15 000 元，增值税税额为 1 950 元，款项均已通过银行存款支付。丁公司业务处理如下：

借：固定资产 16 950
　　贷：银行存款 16 950
借：应交税费——应交增值税（减免税额） 16 950
　　贷：管理费用 16 950

二、消费税的核算

（一）消费税的基本规定

消费税是指在我国境内生产、委托加工和进口应税消费品的单位和个人，按其流转额缴纳的一种税。

为了正确引导消费方向，国家在普遍征收增值税的基础上，选择部分消费品再征收一道消费税。消费税的征收方法采取从价定率和从量定额两种方法。

实行从价定率办法计征的应纳税额的税基为销售额，如果企业应税消费品的销售额中未扣除增值税税款，或者因不能开具增值税专用发票而发生价款和增值税税款合并的，在计算消费税时，按公式"应税消费品的销售额=含增值税的销售额÷（1+增值税税率或征收率）"换算为不含增值税税款的销售额。

（二）应交消费税的核算

企业应在"应交税费"账户下设置"应交消费税"明细账账户，核算应交消费税的发生、缴纳情况。该账户贷方登记应缴纳的消费税，借方登记实际缴纳的消费税和待扣的消费税；期末贷方余额为尚未缴纳的消费税，借方余额为多缴纳或待扣的消费税。

1. 销售应税消费品

企业销售应税消费品应缴纳消费税时，借记"税金及附加"账户，贷记"应交税费——应交消费税"账户。

【业务 8-33】甲公司 2020 年 8 月份销售 100 辆摩托车，每辆销售价格为 8 000 元（不含增值税），款项尚未收到，摩托车每辆成本为 4 000 元。摩托车的增值税税率为 13%，消费税税率为 10%，产品已经发出，符合收入确认条件。

$$应向购买方收取的增值税 = 8\ 000 \times 100 \times 13\% = 104\ 000（元）$$
$$应缴纳的消费税 = 8\ 000 \times 100 \times 10\% = 80\ 000（元）$$

借：应收账款 904 000
　　贷：主营业务收入 800 000
　　　　应交税费——应交增值税（销项税额） 104 000
借：税金及附加 80 000
　　贷：应交税费——应交消费税 80 000
借：主营业务成本 400 000
　　贷：库存商品 400 000

2. 委托加工应税消费品的核算

按照税法规定，企业委托加工的应税消费品，由受托方在向委托方交货时代扣代缴税款（除受托加工或翻新改制金银首饰按规定由受托方缴纳消费税外）。

委托加工应税消费品收回后，直接用于销售或用于非消费税应税项目的，或虽用于连续生产应税消费品，但所纳税款按规定不准予抵扣的，应将受托方代收代缴的消费税计入委托加工物资的成本。委托加工物资收回后用于连续生产消费税应税产品，按规定准予抵扣的，应按已由受托方代收代缴的消费税，借记"应交税费——应交消费税"账户。

【业务 8-34】星光制造有限公司为小规模纳税人，主要生产并销售高尔夫球具，6 月 12 日，该公司发出铁锭，成本共计 20 740 元，委托南方加工有限公司加工成高尔夫球具（消费税产品）。6 月 30 日，星光制造有限公司支付加工费和税金（增值税和消费税）。收到的增值税普通发票上显示：加工费为 10 000 元，增值税税额为 1 300 元，代扣代收税款凭证显示应支付对方消费税税款 3 415.56 元。6 月 30 日，星光制造有限公司收回委托加工的高尔夫球具。南方加工有限公司相关账务处理如下：

借：银行存款 14 75.56
　　贷：主营业务收入 10 000
　　　　应交税费——应交增值税（销项税额） 1 300
　　　　　　——应交消费税 3 415.56

3. 进出口应税消费品的核算

需要缴纳消费税的进口消费品，其缴纳的消费税税额应计入该进口消费品的成本，借记"固定资产""材料采购"等账户，贷记"银行存款"等账户。

三、其他应交税费的核算

其他应交税费是指除上述应交税费以外的应交税费，包括应交资源税、应交城市维护建设税、应交土地增值税、应交所得税、应交房产税、应交土地使用税、应交车船税、应交教育费附加、应交矿产资源补偿费、应交环境保护税、应交个人所得税等。企业应当在"应交税费"账户下设置相应的明细账账户进行核算，贷方登记应缴纳的有关税费，借方登记已缴纳的有关税费，期末贷方余额表示尚未缴纳的有关税费。

企业缴纳的印花税、耕地占用税、契税、车辆购置税等不需要预计应缴纳数额的税金，不通过"应交税费"账户核算。

（一）应交城市维护建设税

企业按规定计算出应缴纳的城市维护建设税，借记"税金及附加"等账户，贷记"应交税费——应交城市维护建设税"账户；实际缴纳时，借记"应交税费——应交城市维护建设税"账户，贷记"银行存款"账户。

$$应纳税额=(应交增值税+应交消费税)×适用税率$$

【业务 8-35】丙公司本期实际应缴纳增值税 60 000 元，消费税 23 000 元。该企业适用的城市维护建设税税率为 7%。计算城市维护建设税的账务处理如下：

$$应交城市维护建设税=(60\ 000+23\ 000)×7\%=5\ 810（元）$$

借：税金及附加　　　　　　　　　　　　　　　　　　　　　5 810
　　贷：应交税费——应交城市维护建设税　　　　　　　　　　　　　5 810

（二）应交教育费附加的核算

教育费附加是为了发展教育事业而向企业征收的附加费用，企业按应交增值税、消费税的一定比例计算缴纳。企业的应交教育费附加，借记"税金及附加"等账户，贷记"应交税费——应交教育费附加"账户；实际缴纳时，借记"应交税费——应交教育费附加"账户，贷记"银行存款"账户。

（三）应交资源税的核算

企业按规定应缴纳的资源税，在"应交税费"账户下设置"应交资源税"明细账账户核算。"应交资源税"明细账账户的借方发生额，反映企业已缴纳的或按规定允许抵扣的资源税；贷方发生额，反映应缴纳的资源税；期末借方余额反映多缴纳或尚未抵扣的资源税；期末贷方余额反映尚未缴纳的资源税。

对外销售应税产品应缴纳的资源税，借记"税金及附加"账户，贷记"应交税费——应交资源税"账户；自产自用应税产品应缴纳的资源税，借记"生产成本""制造费用"等账户，贷记"应交税费——应交资源税"账户。

按照《中华人民共和国资源税暂行条例》的规定，收购未税矿产品的单位为资源税的扣缴义务人。企业按收购未税矿产品实际支付的收购款以及代扣代缴的资源税，作为收购矿产品的成本，将代扣代缴的资源税，计入"应交税费——应交资源税"账户。

（四）应交土地增值税的核算

土地增值税是指在我国境内有偿转让土地使用权及地上建筑物和其他附着物产权的单位和个人，就其土地增值额征收的一种税。土地增值额是指转让收入减去规定扣除项目金额后的余额。转让收入包括货币收入、实物收入和其他收入。扣除项目主要包括取得土地使用权所支付的金额、开发土地的费用、新建及配套设施的成本、旧房及建筑物的评估价格、与转让房地产有关的税金等。

企业应缴纳的土地增值税视情况计入不同账户：企业转让的土地使用权连同地上建筑

物及其附着物一并在"固定资产"等账户核算的，转让时应缴纳的土地增值税，借记"固定资产清理"等账户，贷记"应交税费——应交土地增值税"账户。土地使用权在"无形资产"账户核算的，按实际收到的金额借记"银行存款"；按摊销的无形资产金额，借记"累计摊销""无形资产减值准备"账户；贷记"无形资产"账户；按应缴纳的土地增值税，贷记"应交税费——应交土地增值税"账户；按其差额，借记或贷记"资产处置损益"账户。房地产开发企业土地增值税应借记"税金及附加"账户。

（五）应交房产税、土地使用税、车船税和印花税的核算

企业按规定计算出应缴纳的房产税、土地使用税、车船税，借记"税金及附加"账户；贷记"应交税费——应交房产税（或应交土地使用税、应交车船使用税）"账户。

企业缴纳的印花税不需要通过"应交税费"核算，企业购买印花税票时，直接借记"税金及附加"账户，贷记"银行存款"账户。

（六）应交个人所得税的核算

企业按规定计算的代扣代缴的职工个人所得税，借记"应付职工薪酬"账户，贷记"应交税费——应交个人所得税"账户；企业缴纳个人所得税时，借记"应交税费——应交个人所得税"账户，贷记"银行存款"账户。

第五节　其他流动负债

一、应付利息的核算

应付利息是指企业按照合同约定应支付的利息，包括分期付息到期还本的长期借款、企业债券等应支付的利息。

资产负债表日，应按摊余成本和实际利率计算确定的利息费用，借记"财务费用""在建工程""制造费用""研发支出"等账户；按合同利率计算确定的应付未付利息，贷记"应付利息"账户；按借贷双方之间的差额，借记或贷记"长期借款——利息调整"等账户。实际支付利息时，借记"应付利息"账户，贷记"银行存款"等账户。"应付利息"账户期末贷方余额反映企业应付未付的利息。"应付利息"账户可按存款人或债权人进行明细核算。

二、应付股利（利润）的核算

应付股利（利润）是指企业根据股东大会或类似机构审议批准的利润分配方案确定分配给投资者的现金股利或利润，该现金股利或利润，在实际支付前，形成企业的负债。企业通过"应付股利（利润）"账户，核算企业确定或宣告支付但尚未实际支付的现金股利或利润。该账户贷方登记应支付的现金股利或利润，借方登记实际支付的现金股利或利润，期末贷方余额反映企业应付未付的现金股利或利润。该账户应按照投资者设置明细账账户。

企业根据股东大会或类似机构审议批准的利润分配方案，确认应付给投资者的现金股利或利润时，借记"利润分配——应付现金股利或利润"账户，贷记"应付股利（利润）"账户；向投资者实际支付现金股利或利润时，借记"应付股利（利润）"账户，贷记"银行存款"等账户。

注意：企业董事会或类似机构通过的利润分配方案中拟分配的现金股利或利润，不进行账务处理，不作为应付股利核算，但应在附注中披露。

三、其他应付款的核算

其他应付款是指除应付账款、应付票据、预收账款、应付职工薪酬、应交税费、应付股利等以外的其他应付、暂收款项，如应付租入包装物租金、存入保证金等。企业应通过"其他应付款"账户核算其他应付款的增减变动及其结存情况，并按照其他应付款的项目和对方单位（或个人）设置明细账账户进行明细核算。该账户贷方登记发生的各种应付、暂收款项，借方登记偿还或转销的各种应付、暂收款项；该账户期末贷方余额反映企业应付未付的其他应付款。

企业发生其他各种应付、暂收款项时，借记"管理费用"等账户，贷记"其他应付款"账户；支付或退回其他各种应付、暂收款项时，借记"其他应付款"账户，贷记"银行存款"等账户。

【业务 8-36】甲公司 2020 年 10 月 1 日，以经营租赁方式租入管理用办公设备一批，租期 1 个月，租金为 4 000 元，月底甲公司以银行存款支付租金。甲公司业务处理如下：

借：管理费用　　　　　　　　　　　　　　　　　　　　　4 000
　　贷：其他应付款　　　　　　　　　　　　　　　　　　　　　4 000
借：其他应付款　　　　　　　　　　　　　　　　　　　　4 000
　　贷：银行存款　　　　　　　　　　　　　　　　　　　　　　4 000

第九章

非流动负债

非流动负债是流动负债以外的负债，通常是指偿还期限在 1 年以上的债务。与流动负债相比，非流动负债具有偿还期限较长、金额较大的特点。

由于非流动负债的偿还期限较长且金额较大，未来的现金流出量（未来支付的利息与本金）与其现值之间的差额较大，因而从理论上讲，非流动负债宜按其现值入账，而不宜按其未来应偿付金额入账。由于非流动负债的利息额往往较大，因而利息的确认与计量，对于如实反映企业的财务状况与经营成果，便显得十分重要。此外，非流动负债的利息既可能是分期支付，也可能于到期还本时一次支付。因而，非流动负债的应付未付利息本身既可能是流动负债，也可能是非流动负债。

常见的非流动负债主要有长期借款、应付债券、长期应付款等。

第一节 借款费用

一、借款费用的概念

借款费用是指企业因借入资金所付出的代价，包括借款利息、折价或溢价的摊销、辅助费用以及因外币借款而发生的汇兑差额等。

（一）因借款而发生的利息

因借款而发生的利息包括企业从银行或其他金融机构等借入资金而发生的利息、发行企业债券发生的利息，以及为购建或生产符合资本化条件的资产而发生的带息债务所应承担的利息等。

（二）因借款而发生的折价或溢价的摊销

因借款而发生的折价或溢价摊销，其实质是对债券票面利息的调整，即将票面利率调整为实际利率，折价摊销将票面利息调整增加为实际利息，溢价摊销将票面利息调整减少为实际利息。

（三）因借款而发生的辅助费用

因借款而发生的辅助费用是指企业在借款过程中发生的诸如手续费、佣金、印刷费、承销费等。这些费用是因为安排借款而发生的，属于借入资金所付出的代价，是借款费用的构成部分。

（四）因外币借款而发生的汇兑差额

企业因外币借款而发生的汇兑差额是指汇率变动导致市场汇率与账面汇率出现差异，从而对外币借款本金及其利息折算为记账本位币金额所产生的影响金额。

企业发生的权益性融资费用，不属于借款费用的范畴，如企业发行公司股票，其发行费用不是借款费用而是筹资费用。

二、借款费用的确认

企业发生的借款费用，应根据不同情况分别确认为资本化的借款费用和费用化的借款费用两种。可直接归属于符合资本化条件的资产的购建或生产的，应当予以资本化，计入相关资产成本；其他借款费用应当在发生当期确认为费用，计入当期损益。符合资本化条件的资产是指需要经过相当长时间的购建或生产活动才能达到预定可使用或者可销售状态的固定资产、投资性房地产和存货等资产。建造合同成本、无形资产研发支出等在符合条件的情况下也可以认定为符合资本化条件的资产。

（一）予以资本化的借款范围

能够予以资本化的借款费用，其借款范围包括专门借款，也包括一般借款。专门借款是指为购建或者生产符合资本化条件的资产而专门借入的款项，通常在借款合同上写明了借款用途；一般借款是指除专门借款以外的借款，一般借款的借款合同通常没有特指用途，只有在建或者生产某项符合资本化条件的资产占用了一般借款时，才能将该部分一般借款的借款费用予以资本化。

（二）予以资本化的时间范围

借款费用应予资本化的时间是指从借款费用开始资本化到停止资本化，扣除借款费用暂停的期间。

1. 借款费用开始资本化

借款费用开始资本化必须同时满足三个条件：

（1）资产支出已经发生。

（2）借款费用已经发生。

（3）为使资产达到预定可使用或可销售状态所必要的购建或者生产活动已经开始。

以上三个条件同时具备时，因借款而发生的利息折价或溢价摊销和汇兑差额应当开始资本化，否则，借款费用不能资本化，而应计入当期损益。

2. 借款费用暂停资本化

符合资本化条件的资产在购建或者生产过程中发生非正常中断，且中断时间连续超过3个月的，应当暂停借款费用的资本化；中断期间发生的借款费用应当确认为期间费用，计入当期损益，直至资产的购建或者生产活动重新开始。

非正常中断通常是企业管理决策或其他不可预见的因素等所导致的中断，如由于劳资纠纷、工程质量不符合要求、发生安全事故等发生的中断。如果中断是所购建或者生产的符合资本化条件的资产达到预定可使用或可销售状态必要的程序，那么借款费用的资本化应当继续进行。

3. 借款费用停止资本化

购建或者生产符合资本化条件的资产达到预定可使用或可销售状态时，借款费用应当停止资本化，之后发生的借款费用应确认为费用，计入当期损益。判断购建或者生产符合条件资本化的资产是否达到预定可使用或销售状态，可以从以下几个方面进行：

（1）符合资本化条件的资产的实体建造（包括安装）或者生产工作已经全部完成或者实质上完成。

（2）所购建或者生产的符合资本化条件的资产与设计要求、合同规定或者生产要求相符或基本相符，即使有极个别与设计、合同规定或者生产要求不相符的地方，也不影响其正常使用或销售。

（3）继续发生在所购建或生产的符合资本化条件的资产上的支出金额很少或几乎不再发生。

借款费用停止资本化时间的确定还要注意两点：第一，若购建或者生产符合资本化条件的资产需要试运行，在试运行表明资产能够正常运转或营业时，应当认为该资产已经达到预定可使用或者可销售状态；第二，若购建或者生产的符合资本化条件的资产的各部分分别完工，且每部分在其他部分继续建造过程中可供使用或者可对外销售，应当停止与该部分资产相关的借款费用的资本化。

三、借款费用的计量

借款费用的计量重点在于资本化借款费用的计量，在得出资本化借款费用金额后，其余借款费用均作为费用化借款费用入账。

企业发生的应予资本化的借款费用属于购建固定资产的，通过"在建工程"账户核算；属于符合资本化条件的存货的，通过"制造费用"账户核算；属于无形资产研发的，通过"研发支出"账户核算；企业发生的应予费用化的借款费用，在发生当期直接计入"财务费用"账户；属于筹建期间的，计入"管理费用——开办费"账户。

（一）专门借款费用的资本化

为购建或者生产符合资本化条件的资产而借入专门借款的，应当以专门借款当期实际发生的利息费用，减去将尚未动用的专门借款资金存入银行取得的利息收入或进行暂时性投资得到的投资收益后的金额确定。

专门借款发生的利息费用，在资本化期间内，应当全部计入符合资本化条件的资产成本，计算借款资本化率。专门借款应当有明确的专门用途，即为购建或者生产某种符合资本化条件的资产而专门借入的款项，通常签订有写明该借款用途的合同。

【业务 9-1】甲公司于 2020 年 1 月 1 日动工兴建一幢办公楼，工期为 1 年，工程采用出包方式分别于 2020 年 1 月 1 日、7 月 1 日和 10 月 1 日支付工程款 3 000 万元、6 000 万元和 2 000 万元。办公楼于当年 12 月 31 日完工，达到预定可使用状态。

公司为建造办公楼发生了两笔专门借款，分别为：2020 年 1 月 1 日专门借款 4 000 万元，借款期限为 3 年，年利率 8%，按年支付利息；2020 年 7 月 1 日专门借款 4 000 万元，借款期限为 5 年，年利率 10%，按年支付利息。

闲置专门借款资金均用于固定收益债券短期投资，假定该短期投资月收益率 0.5%。

计算 2020 年甲公司专门借款利息费用资本化金额，为简化计算，假定全年按 360 天计算。

专门借款利息费用资本化金额＝专门借款当期实际发生的利息费用－
　　　　　　将闲置借款金额短期投资取得的投资收益

$$=4\,000\times8\%+4\,000\times10\%\times\frac{180}{360}-1\,000\times0.5\%\times6=490（万元）$$

（二）一般借款利息费用的资本化

为购建或者生产符合资本化条件的资产而占用了一般借款的，企业应当根据累计资本支出超过专门借款部分的资本支出加权平均数乘以所占用一般借款的资本化率，计算确定一般借款利息费用资本化金额。

一般借款利息费用资本化金额的计算公式如下：

一般借款利息费用资本化金额＝累计资本支出超过专门借款部分的资本支出加权
　　　　　　　　平均数×所占用一般借款的资本化率

其中：

（1）累计资本支出超过专门借款部分的加权平均数计算公式如下：

累计资本支出超过专门借款部分的资本支出加权平均数＝
Σ（累计资本支出超过专门借款部分的资本支出金额×
该笔资本支出实际占用天数÷会计期间涵盖的天数）

（2）所占用一般借款的资本化率（即借款利率）。如果企业只借入一笔借款，该资本化率就是该项借款的利率；如果企业借入两笔以上的借款，该资本化率就是这些借款的加权平均利率。加权平均利率的计算公式如下：

所占用一般借款的资本化率（即所占用一般借款加权平均利率）＝
所占用一般借款当期实际发生的利息之和÷
所占用一般借款本金加权平均数×100%

上述公式中"所占用一般借款当期实际发生的利息之和"是指企业当期应负担的一般借款利息，根据当期每一笔借款本金、借款利率和借款占用时间计算。

所占用一般借款本金加权平均数＝
Σ（每一笔借款的本金×每一笔借款实际占用的天数÷会计期间涵盖的天数）

【业务 9-2】根据【业务 9-1】的资料，甲公司为建造办公楼支出总额 11 000（3 000+6 000+2 000）万元，超过了专门借款总额 8 000（4 000+4 000）万元，占用了一般借款 3 000 万元。假定所占用一般借款为两笔，分别如下：

第一笔：向 A 银行长期借款 4 000 万元，期限为 2020 年 1 月 1 日至 2023 年 1 月 1 日，年利率 6%，按年支付利息。

第二笔：发行公司债券 20 000 万元，于 2020 年 1 月 1 日发行，期限为 5 年，年利率 8%，按年支付利息。

计算一般借款利息费用资本化金额如下：

一般借款利息费用资本化金额＝累计资本支出超过专门借款部分的
　　　　　　　　资本支出加权平均数×所占用一般借款的资本化率

其中：

（1）当期累计资产支出超过专门借款部分的资产支出加权平均数计算如下：

$$(9\,000-8\,000)\times\frac{180}{360}+2\,000\times\frac{90}{360}=1\,000\,（万元）$$

（2）所占用一般借款的资本化率计算如下：

$$(4\,000\times6\%+20\,000\times8\%)\div(4\,000+20\,000)=7.67\%$$

$$一般借款利息费用资本化金额=1\,000\times7.67\%=7.67\,（万元）$$

综合上述【业务9-1】和【业务9-2】计算结果：

甲公司建造办公楼应予资本化的利息费用金额=

专门借款利息费用资本化金额+一般借款利息费用资本化金额=

490+76.70=566.70（万元）

（三）借款费用资本化的其他规定

（1）借款存在折价或溢价的，应当按照实际利率法确定每一会计期间应摊销的折价或者溢价金额，调整每期利息金额。

（2）在资本化期间内，每一会计期间的利息资本化金额不应当超过当期相关借款实际发生的利息金额。

按照借款费用准则的规定，允许借款费用资本化的借款范围不仅限于专门借款，还包括一般借款。企业在计算每期利息（包括折价或溢价的摊销）的资本化金额时，可能会出现所计算的利息的资本化金额超过当期相关借款实际发生的利息金额。在这种情况下，每期允许资本化的利息金额应当以当期实际发生的利息为限，即不得超过当期相关借款实际发生的利息金额。

（3）在资本化期间内，外币专门借款本金及利息的汇兑差额，应当予以资本化，计入符合资本化条件的资产的成本；在所购建或者生产的符合资本化条件的资产达到预定可使用或者可销售状态之后发生的，应当在发生时根据其发生额确认为费用，计入当期损益。

（4）因专门借款发生的辅助费用，在所购建或者生产的符合资本化条件的资产达到预定可使用或者可销售状态之前发生的，应当在发生时根据其发生额予以资本化，计入符合资本化条件的资产的成本；在所购建或者生产的符合资本化条件的资产达到预定可使用或者可销售状态之后发生的，应当在发生时根据其发生额确认为费用，计入当期损益。

（5）一般借款发生的辅助费用，应当在发生时根据其发生额确认为费用，计入当期损益。

第二节　长期借款

一、长期借款的含义

长期借款是指企业向银行或其他金融机构借入的、期限在1年以上（不含1年）的各种借款，一般用于固定资产的购建、改建或扩建工程、大修理工程、对外投资以及为了保持长期经营能力等方面。它是企业长期负债的重要组成部分，必须加强管理与核算。

由于长期借款的使用关系到企业的生产经营规模和效益，故企业除了要遵守有关贷款的规定，编制借款计划并要有不同形式的担保外，还应监督借款的使用、按期支付长期借款的利息以及按规定的期限归还借款本金等。因此，长期借款会计处理的基本要求是反映和监督企业长期借款的借入、借款利息的结算和借款本息的归还情况，促使企业遵守信贷纪律、提高信用等级，同时也要确保长期借款发挥效益。

二、会计账户设置

企业应通过"长期借款"账户，核算长期借款的借入、归还等情况。该账户可按照贷款单位和贷款种类设置明细账，分别按"本金""利息调整""应计利息"等进行明细核算。该账户的贷方登记长期借款本息的增加额，借方登记本息的减少额，贷方余额表示企业尚未偿还的长期借款。

三、长期借款的核算

（一）借入长期借款

企业借入长期借款，应按实际收到的金额，借记"银行存款"账户，按长期借款本金，贷记"长期借款——本金"账户；如存在差额，还应借记"长期借款——利息调整"账户。

（二）利息的计算

长期借款计算确定的利息费用，应当按以下原则计入有关成本、费用：属于筹建期间的，计入管理费用；属于生产经营期间的，计入财务费用。如果长期借款用于购建固定资产，在固定资产尚未达到预定可使用状态前，所发生的应当资本化的利息支出数，计入在建工程成本；固定资产达到预定可使用状态后发生的利息支出，以及按规定不予资本化的利息支出，计入财务费用。

在资产负债表日，企业应按长期借款的摊余成本和实际利率计算确定的长期借款的利息费用，借记"在建工程""财务费用""制造费用""研发支出"等账户；按借款本金和合同利率计算确定的应付未付息，贷记"应付利息"账户（对于一次还本付息的长期借款，贷记"长期借款——应计利息"账户）；按其差额，借记或贷记"长期借款——利息调整"账户。实际利率与合同利率相同或差异较小的，也可以采用合同利率计算确定利息费用。

（三）归还长期借款

企业归还长期借款，按归还的长期借款本金，借记"长期借款——本金"账户；按转销的利息调整金额，贷记"长期借款——利息调整"账户；按实际归还的款项（可能包括最后一次支付的利息），贷记"银行存款"账户；按借贷双方之间的差额，借记"在建工程""财务费用""制造费用""研发支出"等账户。

如果长期借款到期偿还本金前，利息已计提并全部支付，则按借款本金，借记"长期借款——本金"账户，贷记"银行存款"账户。

【业务 9-3】2020 年 1 月 1 日，甲公司向银行借款 1 000 000 元，用于建造厂房，借款期限为 2 年，年利率为 9%，每年 12 月 31 日付利息，期满后一次还清本金。2020 年年初，甲公司以银行存款支付工程款共计 600 000 元，2021 年年初，又以银行存款支付工程款400 000 元。该厂房于 2021 年 8 月底完工，达到预定可使用状态。假定不考虑闲置专门借款资金存款的利息收入或者投资收益。

（1）2020 年 1 月 1 日取得借款时：

借：银行存款   1 000 000

  贷：长期借款——本金   1 000 000

（2）2020 年年初，支付工程款时：

借：在建工程——建筑工程（厂房）   600 000

  贷：银行存款   600 000

（3）2020 年 12 月 31 日，计算 2020 年应计入工程成本的利息时：

$$借款利息 = 1\,000\,000 \times 9\% = 90\,000（元）$$

借：在建工程——建筑工程（厂房）   90 000

  贷：应付利息   90 000

（4）2020 年 12 月 31 日支付借款利息时：

借：应付利息   90 000

  贷：银行存款   90 000

（5）2021 年年初支付工程款时：

借：在建工程——建筑工程（厂房）   400 000

  贷：银行存款   400 000

（6）2021 年 8 月底，厂房达到预定可使用状态：

$$当期应计入工程成本的利息 = (1\,000\,000 \times 9\% \div 12) \times 8 = 60\,000（元）$$

借：在建工程——建筑工程（厂房）   60 000

  贷：应付利息   60 000

同时：

借：固定资产   1 150 000

  贷：在建工程——建筑工程（厂房）   1 150 000

（7）2021 年 12 月 31 日：

$$应计入财务费用的利息 = (1\,000\,000 \times 9\% \div 12) \times 4 = 30\,000（元）$$

借：财务费用——利息支出   30 000

  贷：应付利息   30 000

（8）2021 年 12 月 31 日支付利息时：

借：应付利息   90 000

  贷：银行存款   90 000

（9）2022 年 1 月 1 日归还本金：

借：长期借款——本金   1 000 000

  贷：银行存款   1 000 000

【业务 9-4】2020 年 1 月 1 日，丙企业由银行借入 3 年期长期借款 500 000 元，合同名义利率 6%，实际利率为 12%，按年计息。银行扣除各种相关费用 72 046 元，其余款项转入本企业银行存款户。

该企业编制有关会计分录如下：

（1）2020 年 1 月 1 日，取得借款时：

借：银行存款 427 954

　　长期借款——利息调整 72 046

　　贷：长期借款——本金 500 000

（2）2020 年 12 月 31 日，计算有关利息，计算结果见表 9-1（计算结果四舍五入保留整数）。

表 9-1　实际利息费用计算表　　　　　　　　　　　　单位：元

日期	年支付利息 ①	实际利息费用 ②=上一期④×12%	利息调整摊销 ③=②-①	④ 长期借款余额 期末④=期初④+③
2020.1.1				427 954
2020.12.31	30 000	51 354	21 354	449 308
2021.12.31	30 000	53 917	23 917	473 225
2022.12.31	30 000	56 775（30 000＋26 775）	26 775（500 000－30 000）	500 000
合计	90 000	162 046	72 046	0

借：财务费用——利息支出 51 354

　　贷：应付利息 30 000

　　　　长期借款——利息调整 21 354

实际支付利息时：

借：应付利息 30 000

　　贷：银行存款 30 000

（3）2021 年、2022 年年末计提利息以及支付利息的分录略。

（4）到期归还长期借款本金：

借：长期借款——本金 500 000

　　贷：银行存款 500 000

第三节　应 付 债 券

一、应付债券概述

（一）应付债券的性质

债券是指企业按照法定程序发行，约定在一定期限内还本付息的一种有价证券。应付债券是指企业为筹集（长期）资金发行债券形成的一项非流动负债。企业发行债券通常经董事会及股东会正式批准，向社会公众公开发行的债券必须经有关证券管理机构批准。

企业发行的债券，其票面一般必须载明企业名称、债券面值、票面利率、还本期限和方式、付息方式、债券发行日期等内容。

（二）应付债券的分类

应付债券可按不同标准进行分类，不同种类的债券，其管理要求和会计处理方式也不相同。

（1）债券按是否记名可分为记名债券和无记名债券两类。记名债券是指发行人登记债券持有人的地址和姓名并据以支付债券本金和利息的一种债券。无记名债券是指发行人未对债券持有人的地址和姓名进行登记的一种债券。

（2）债券按有无担保可分为抵押债券和信用债券两类。抵押债券是指发行企业以特定资产作为抵押而发行的债券，又称有担保债券。信用债券是指企业没有特定资产作为抵押，仅凭借企业的良好信誉而发行的债券，又称无担保债券。

（3）债券按还本方式可分为一次还本债券和分期还本债券两类。一次还本债券是指在固定的到期日偿还全部本金的债券，分期还本债券是指按不同的到期日分期偿还本金的债券。

（4）债券按付息方式可分为一次付息债券和分期付息债券两类。一次付息债券是指在债券到期日支付全部利息的债券。分期付息债券是指每隔一段时间支付一次利息的债券。

（5）债券按是否可转换为股票，分为可转换债券和不可转换债券两类。可转换债券是指可按一定条件转换为发行企业普通股股票的债券。不可转换债券是指不能转换为发行企业普通股股票的债券。

二、债券发行价格的确定

债券的发行价格是指债券发行企业在发行债券时向债券投资者收取的全部现金或现金等价物。债券发行价格的确定受多种因素的影响，这些因素有债券面值、票面利率、债券到期日与付息日、本金偿还方式、发行企业信用与资本结构、实际利率或市场利率、资本市场供求状况等。其中，债券面值、票面利率和实际利率是影响债券发行价格的主要因素。债券面值又称债券的到期值，即债券到期时应偿还的本金。实际利率即债券发行时的市场利率，是债券发行人和投资人双方都能接受的利率。票面利率一般用年利率表示，是在债券发行前根据当时的市场利率确定的。

若债券发行时的实际利率已知，则债券的发行价格为：到期偿还债券面值按债券发行时的实际利率计算的现值＋债券票面利息按债券发行时的实际利率计算的现值。用公式表示如下：

债券发行价格＝债券面值的现值＋债券利息的现值

债券面值的现值＝债券面值×每期实际利率和总期数的复利现值系数

债券利息的现值＝每期利息×每期实际利率和总期数的年金现值系数

如果债券的票面利率等于实际发行时的市场利率，则债券应按平价发行（发行价格等于债券面值）；如果票面利率高于实际发行时的市场利率，则债券应按溢价发行（发行价格高于债券面值），溢价部分作为对发行人将来按票面利率计算比按市场利率计算多付利息的一种补偿；如果票面利率低于实际发行时的市场利率，则债券应按折价发行（发行价格低于债券面值），折价部分作为发行人将来按票面利率计算比按市场利率计算少付利息而预先付出的代价。

【业务 9-5】甲公司 2020 年 1 月 1 日发行 3 年期债券，面值为 200 000 元，票面利率为 6%，每半年计息一次，到期一次还本付息。若发行时市场利率分别为 6%、4%、8%，计算债券的发行价格。

（1）若债券发行时市场利率为 6%。

债券面值的现值＝200 000×(P/F,3%,6)＝200 000×0.837 5＝167 500（元）

债券利息的现值＝200 000×6%÷2×(P/A,3%,6)＝6 000×5.413 2＝32 500（元）

债券发行价格＝167 500＋32 500＝200 000（元）

（2）若债券发行时市场利率为4%。

债券面值的现值＝200 000×(P/F,2%,6)＝200 000×0.888 0＝177 600（元）

债券利息的现值＝200 000×6%÷2×(P/A, 2%, 6)＝6 000×5.601 4＝33 608（元）

债券发行价格＝177 600＋33 608＝211 208（元）

即该公司按照211 208元溢价发行债券，溢价的金额为11 208元。

（3）若债券发行时市场利率为8%。

债券面值的现值＝200 000×(P/F,4%,6)＝200 000×0.790 3＝158 060（元）

债券利息的现值＝200 000×6%÷2×(P/A,4%,6)＝6 000×5.242 1＝31 452（元）

债券发行价格＝158 060＋31 452＝189 512（元）

即该公司按照189 512元折价发行债券，折价的金额为10 488元。

三、应付债券的核算

企业应通过"应付债券"账户核算公司债券的发行、归还等情况。该账户可分别按"面值""利息调整""应计利息"等进行明细核算。该账户的贷方登记应付债券本息的增加额，借方登记本息的减少额，贷方余额表示企业尚未偿还的应付债券。若为分期付息到期还本的债券，应设置"应付利息"账户，反映已到付息期但尚未支付的债券利息。

企业应当设置"企业债券备查簿"，详细登记每一企业债券的票面金额、债券票面利率、还本付息期限与方式、发行总额、发行日期和编号、委托代售单位、转换股份等资料。企业债券到期结清时，应当在备查簿内逐笔注销。

（一）发行债券的核算

无论是按面值发行，还是溢价发行或折价发行，均按债券面值计入"应付债券"账户的"面值"明细账账户，实际收到的款项与面值的差额，计入"利息调整"明细账账户。

企业发行债券时，按实际收到的款项（债券的发行价格加上债券发行期间冻结资金所产生的利息收入减去债券发行费用），借记"银行存款"等账户；按债券票面价值，贷记"应付债券——面值"账户；按实际收到的款项与票面价值之间的差额，贷记或借记"应付债券——利息调整"账户。

1. 应付债券的折价发行

【业务9-6】甲公司于2020年7月1日发行总面值为1 000 000元的公司债券，扣除手续费后共收到债券款950 000元。该债券票面利率为10%，期限5年，每半年付息一次，到期偿还本金和最后一期利息。发行债券的资金全部用于补充企业流动资金。甲公司账务处理如下：

借：银行存款 950 000

应付债券——利息调整 50 000

贷：应付债券——面值 1 000 000

2. 应付债券的溢价发行

【业务9-7】乙公司于2020年8月1日发行总面值为1 000 000元的公司债券，共收到债券款1 200 000元。该债券票面利率为10%，期限5年，每半年计息一次，到期一次还本付息。发行债券的资金全部用于补充企业流动资金。乙公司账务处理如下：

借：银行存款　　　　　　　　　　　　　　　　　　　　　1 200 000
　　贷：应付债券——面值　　　　　　　　　　　　　　　　　　1 000 000
　　　　　　　　——利息调整　　　　　　　　　　　　　　　　　 200 000

（二）债券存续期间利息费用的核算

债券发行时发生的利息调整应在债券存续期间内采用实际利率法进行摊销。实际利率法是指按应付债券的实际利率计算其摊余成本及各期利息费用的方法；实际利率是指将应付债券在债券存续期间的未来现金流量，折现为该债券当前账面价值所使用的利率。

资产负债表日，对于分期付息、一次还本的债券，企业应按应付债券的摊余成本和实际利率计算确定的债券利息费用，借记"在建工程""制造费用""财务费用""研发支出"等账户；按应付债券的面值和票面利率计算确定的应付未付利息，贷记"应付利息"账户；对于一次还本付息的债券，按应付债券的面值和票面利率计算确定的应付未付利息，贷记"应付债券——应计利息"账户；按其差额，借记或贷记"应付债券——利息调整"账户。在每期支付利息时，借记"应付利息"账户，贷记"银行存款"账户。

实际利率与票面利率差异较小的，也可以采用票面利率计算确定利息费用。

【业务 9-8】2020 年 1 月 1 日，甲公司经批准委托证券公司发行 5 年期一次还本、分期付息的公司债券 10 000 000 元，债券利息在每年 12 月 31 日支付，票面利率为年利率 6%，即每年支付利息 600 000 元，债券资金用于弥补日常资金的不足。假定债券发行时的市场利率为 5%。支付的发行费用与发行期间冻结资金产生的利息收入相等。

（1）甲公司该批债券实际发行价格为：

$$10\ 000\ 000 \times (P/F,5\%,5) + 600\ 000 \times (P/A,5\%,5) = 10\ 432\ 700（元）$$

甲公司 2020 年 1 月 1 日发行债券时账务处理为：

借：银行存款　　　　　　　　　　　　　　　　　　　　 10 432 700
　　贷：应付债券——面值　　　　　　　　　　　　　　　　 10 000 000
　　　　　　　　——利息调整　　　　　　　　　　　　　　　　 432 700

（2）2020 年至 2024 年利息计算如表 9-2 所示。

表 9-2　应付债券利息费用计算表　　　　　　　　单位：元

日期	应付利息 ①=面值×6%	实际利息 ②=上一期④×5%	利息调整 ③=①-②	期末摊余成本 ④=上一期 ④-③
2020.1.1				10 432 700
2020.12.31	600 000	521 635	78 365	10 354 335
2021.12.31	600 000	517 717	82 283	10 272 052
2022.12.31	600 000	513 603	86 397	10 185 655
2023.12.31	600 000	509 283	90 717	10 094 938
2024.12.31	600 000	505 062（600 000-94 938）	94 938（10 094 938-10 000 000）	10 000 000
合计	3 000 000	2 567 300	432 700	10 000 000

注：计算结果四舍五入后保留整数，最后一期进行相应的调整。

（3）2020 年 12 月 31 日计算确认利息费用时：

借：财务费用　　　　　　　　　　　　　　　　　　521 635

　　应付债券——利息调整　　　　　　　　　　　　　78 365

　　　贷：应付利息　　　　　　　　　　　　　　　　　　　600 000

（4）支付 2020 年债券利息时：

借：应付利息　　　　　　　　　　　　　　　　　　600 000

　　　贷：银行存款　　　　　　　　　　　　　　　　　　　600 000

2021 年至 2023 年确认利息费用及支付利息的账务处理比照 2020 年。

（三）应付债券偿还的核算

1. 到期偿还债券

采用一次还本付息方式的，企业应于债券到期支付债券本息时，借记"应付债券——面值、应计利息"账户，贷记"银行存款"账户，采用一次还本、分期付息方式的，债券到期偿还本金并支付最后一期利息时，借记"应付债券——面值""在建工程""财务费用""制造费用"等账户，贷记"银行存款"账户；按借贷双方之间的差额，借记或贷记"应付债券——利息调整"账户。

如果采用一次还本、分期付息方式，债券到期偿还本金前，利息已计提并全部支付，则按债券面值，借记"应付债券——面值"账户，贷记"银行存款"账户。

承接【业务 9-8】资料，2024 年年底，甲公司偿还债券本金和最后一期利息。

（1）2024 年 12 月 31 日计算确认利息费用时：

借：财务费用等　　　　　　　　　　　　　　　　　505 062

　　应付债券——利息调整　　　　　　　　　　　　　94 938

　　　贷：应付利息　　　　　　　　　　　　　　　　　　　600 000

（2）归还借款本金和支付最后一期利息时：

借：应付利息　　　　　　　　　　　　　　　　　　600 000

　　应付债券——面值　　　　　　　　　　　　　　10 000 000

　　　贷：银行存款　　　　　　　　　　　　　　　　　10 600 000

2. 提前偿还债券

提前偿还主要有两种情况：一是企业在债券发行协议中已规定企业有权提前收回债券；二是对上市交易的债券，当企业资金充裕时可选择市价有利时在证券市场上陆续购回发行在外的债券。

企业提前偿付债券时，应先计提应付债券的利息，借记"财务费用"等账户，贷记"应付利息"等账户；按提前偿还部分债券的面值，借记"应付债券——面值"账户；按尚未摊销的利息调整，借记或贷记"应付债券——利息调整"账户；按实际支付的款项，贷记"银行存款"账户，若提前偿付或回购时实际支付的款项高于债券的账面价值和应付利息，应将多支付的款项计入"财务费用"等账户。

第四节　长期应付款

长期应付款是指企业除长期借款和应付债券以外的其他各种长期应付款项，包括应付融资租入固定资产的租赁费、购入有关资产超过正常信用条件延期支付价款等。长期应付款是企业筹集长期资金的理想方式。

长期应付款除具有非流动负债的一般特点外，还表现为在规定的期限内分期付清欠款，如融资租入固定资产的租赁费是在整个租赁期内分期偿还的。

企业应设置"长期应付款"账户核算其增加和偿还情况。发生长期应付款时记贷方，偿还长期应付款时记借方，期末余额在贷方，反映尚未偿还的长期应付款的数额。该账户应按长期应付款的种类和债权人设置明细账进行明细核算。

一、应付融资租入固定资产的租赁费的核算

融资租赁是指在实质上转移了与资产所有权有关的全部风险和报酬的租赁方式。企业采用融资租赁方式租入固定资产，从法律形式上看，承租企业只享有使用租入固定资产的权利，固定资产的所有权在租赁期间仍属于出租人。从租赁交易的实质看，固定资产租赁期基本上包括了其有效使用年限，承租企业实质上获得了租赁固定资产所提供的主要经济利益，同时也承担了与固定资产所有权相关的风险。承租期满后，承租企业有低价购买所租赁固定资产的权利。

（一）融资租赁固定资产和负债入账价值的确定及核算

按照《企业会计准则第21号——租赁》的规定，对融资租入固定资产的价值及其相应负债的金额应按下列方法确定：

在租赁期开始日，承租人应当将租赁开始日租赁资产公允价值与最低租赁付款额现值两者中较低者作为租入资产的入账价值，将最低租赁付款额作为长期应付款的入账价值，其差额作为未确认融资费用。在租赁谈判和签订租赁合同过程中发生的可直接归属于租赁项目的初始直接费用，如印花税、佣金、律师费、差旅费等，应当计入租入资产价值。

最低租赁付款额是指在租赁期内，承租企业应支付或可能被要求支付的各种款项（不包括或有租金和履约成本），加上由承租企业或其他有关的第三方担保的资产余值（指租赁开始日估计的租赁期满时租赁资产的公允价值）。如果承租企业有购买租赁资产的选择权，其购价预计将远低于行使选择权时租赁资产的公允价值，因此在租赁开始日就可以合理确定承租企业将会行使这种选择权，则购买价格也应包括在内。

最低租赁付款额的现值＝每期支付的租赁费×年金现值系数＋
购买选择权支付的金额×复利现值系数

企业融资租入的固定资产应在"固定资产"总账账户下设置"融资租入固定资产"明细账账户进行核算，以区别于企业其他自有固定资产。同时，应设置"未确认融资费用"账户，用以核算企业融资租入固定资产所发生的未实现融资费用。该账户借方登记发生的未实现融资费用，贷方登记分摊的未实现融资费用，期末借方余额表示企业未实现融资费用的摊余价值。

"未确认融资费用"账户实质上是"长期应付款——应付融资租赁款"账户的备抵账户。因此，将这两个账户综合起来看，应付融资租赁款是以租赁开始日租赁资产的公允价值与最低租赁付款额的现值中较低者作为入账价值的。

（二）融资租入固定资产计提折旧的规定

企业融资租入的固定资产应视同自有固定资产，与自有固定资产一并计提折旧。如果能够合理确定租赁期满时将会取得租赁固定资产所有权，应在租入固定资产预计使用年限内计提折旧，否则应在固定资产租赁期与租入固定资产预计使用年限两者中较短的时间内计提折旧。

（三）固定资产租赁期满后的处理

融资租入固定资产租赁期满后通常有三种处理方式：一是按租赁协议由承租企业以较低的价格购买，并将租入固定资产从"融资租入固定资产"明细账账户转入有关明细账账户，以反映固定资产所有权已转归承租企业；二是重新续租，按租赁固定资产重新进行处理；三是将固定资产退还出租企业，冲减固定资产的账面价值。

【业务 9-9】甲公司于 2020 年 1 月 1 日从乙公司以融资租赁的方式租入一套设备，租赁公司购置设备的成本为 1 000 000 元，公允价值为 1 000 000 元，租赁期为 5 年，每年年末支付租金 237 416 元，期满设备归甲公司所有，出租人的内含利率为 6%，同期银行贷款利率为 8%，设备寿命期为 5 年，预计净残值率为 5%，设备采用直线法计提折旧。

租赁开始日最低租赁付款额的现值 = 237 416 × (P/A,6%,5) = 1 000 000（元）

最低租赁付款额的现值与公允价值相等，因此租赁资产的入账价值为 1 000 000 元。

最低租赁付款额 = 237 416 × 5 = 1 187 080（元）

（1）2020 年 1 月 1 日租入设备时：

借：固定资产——融资租入固定资产　　　　　　　　　　　　　　1 000 000
　　未确认融资费用　　　　　　　　　　　　　　　　　　　　　187 080
　　　贷：长期应付款——应付融资租赁款　　　　　　　　　　　　　1 187 080

（2）每年年末支付租赁费：

借：长期应付款——应付融资租赁款　　　　　　　　　　　　　　237 416
　　　贷：银行存款　　　　　　　　　　　　　　　　　　　　　237 416

（3）每年年末分摊为确认融资费用（实际利率法）。

由于出租人的内含利率为 6%，因此甲公司以 6% 作为融资费用的折现率。未确认融资费用摊销如表 9-3 所示。

表 9-3　未确认融资费用摊销表　　　　　　　　　　　　单位：元

日期	年租金 ①	实际利息费用 ②=④×6%	本金归还 ③=①-②	④本金余额 期末④=期初④-③
2020.1.1				1 000 000
2020.12.31	237 416	60 000	177 416	822 584
2021.12.31	237 416	49 355	188 061	634 523

续表

日期	年租金	实际利息费用	本金归还	④本金余额
	①	②=④×6%	③=①－②	期末④=期初④－③
2022.12.31	237 416	38 071	199 345	435 178
2023.12.31	237 416	26 111	211 305	223 873
2024.12.31	237 416	13 543（237 416－223 873）	223 873（等于上一年本金余额）	0
合计	1 187 080	187 080	1 000 000	0

2020 年 12 月 31 日：

借：财务费用   60 000

  贷：未确认融资费用   60 000

2021—2024 年按表 9-3 计算的金额编制相同的会计分录。

（4）每年计提折旧：

借：制造费用   190 000

  贷：累计折旧   190 000

（5）租赁期满，设备转为自有资产：

借：固定资产——专用设备   1 000 000

  贷：固定资产——融资租入固定资产   1 000 000

二、具有融资性质的延期付款购买资产的核算

企业购买资产有可能延期支付有关价款。如果延期支付的购买价款超过正常信用条件，实际上具有融资性质，则所购资产的成本应当以延期支付购买价款的现值为基础确定。实际支付的价款与购买价款的现值之间的差额，应当在信用期间内采用实际利率法进行摊销，计入相关资产成本或当期损益。

具体来说，企业购入资产超过正常信用条件，延期付款实质上具有融资性质时，应按购买价款的现值，借记"固定资产""在建工程""无形资产"等账户；按应支付的价款总额，贷记"长期应付款"账户；按其差额，借记"未确认融资费用"账户。

【业务 9-10】丙公司于 2020 年年初购入一台生产用设备，总价款为 10 000 000 元，分 3 次付款，2020 年年末支付 4 000 000 元，2021 年年末支付 3 000 000 元，2022 年年末支付 3 000 000 元。税法规定，增值税在约定的付款时间按约定的付款额计算缴纳。假定资本市场利率为 10%，无其他相关税费。丙公司业务处理如下：

（1）计算固定资产的入账成本：

设备的成本$=4\,000\,000\div(1+10\%)+3\,000\,000\div(1+10\%)^2+3\,000\,000\div(1+10\%)^3$

    $=8\,367\,800$（元）

（2）2020 年年初购入该设备时：

借：固定资产   8 367 800

  未确认融资费用   1 632 200

  贷：长期应付款   10 000 000

（3）2020—2022 年利息计算如表 9-4 所示。

表 9-4　每年利息费用计算表

单位：元

日期	年初本金	当年利息费用	当年还款额	当年还本额
2020 年	8 367 800	836 800	4 000 000	3 163 200
2021 年	5 204 600	520 500	3 000 000	2 479 500
2022 年	2 725 100	274 900（1 932 200－836 700－520 500）	3 000 000	2 725 100（8 367 700－3 163 200－2 479 500）

（4）2020 年年末支付设备款及增值税并认定利息费用时：

① 借：财务费用　　　　　　　　　　　　　　　　　　　　　836 800
　　　贷：未确认融资费用　　　　　　　　　　　　　　　　　　　836 800

【备注】如果此设备需要安装，且 2020 年全年处于安装期，则此分录应进行如下调整：

借：在建工程　　　　　　　　　　　　　　　　　　　　　　836 800
　　贷：未确认融资费用　　　　　　　　　　　　　　　　　　　836 800

② 借：长期应付款　　　　　　　　　　　　　　　　　　　4 000 000
　　　贷：银行存款　　　　　　　　　　　　　　　　　　　　4 000 000

③ 借：应交税费——应交增值税（进项税额）　　　　　　　520 000
　　　贷：银行存款　　　　　　　　　　　　　　　　　　　　520 000

（5）2021 年年末支付设备款及增值税并认定利息费用时：

① 借：财务费用　　　　　　　　　　　　　　　　　　　　　520 500
　　　贷：未确认融资费用　　　　　　　　　　　　　　　　　　　520 500

② 借：长期应付款　　　　　　　　　　　　　　　　　　　3 000 000
　　　贷：银行存款　　　　　　　　　　　　　　　　　　　　3 000 000

③ 借：应交税费——应交增值税（进项税额）　　　　　　　390 000
　　　贷：银行存款　　　　　　　　　　　　　　　　　　　　390 000

（6）2022 年年末支付设备款及增值税并认定利息费用时：

① 借：财务费用　　　　　　　　　　　　　　　　　　　　　274 900
　　　贷：未确认融资费用　　　　　　　　　　　　　　　　　　　274 900

② 借：长期应付款　　　　　　　　　　　　　　　　　　　3 000 000
　　　贷：银行存款　　　　　　　　　　　　　　　　　　　　3 000 000

③ 借：应交税费——应交增值税（进项税额）　　　　　　　390 000
　　　贷：银行存款　　　　　　　　　　　　　　　　　　　　390 000

第十章

所有者权益

第一节　所有者权益概述

一、所有者权益的性质

（一）所有者权益的概念

所有者权益是指企业资产扣除负债后由所有者享有的剩余权益。公司的所有者权益又称为股东权益，所有者权益的来源包括所有者投入企业的资本、直接计入所有者权益的利得和损失、留存收益等。所有者权益是企业投资者对企业净资产的要求权，其计量主要依赖于资产和负债的计量。

（二）所有者权益的特征

所有者权益是企业的"永久性"权益，在企业的存续期间没有归还的义务；所有者权益是企业清偿债务的物质基础，是企业亏损的承担者；所有者权益可以依法参与企业税后利润的分配，所有者权益与企业的具体资产项目没有直接的对应关系，一旦投资进入企业就成为企业这个特定会计主体的资产，不再是投资人的资产。

（三）所有者权益与负债的区别

企业的所有者和债权人均是企业资金的提供者，因而所有者权益和负债（债权人权益）二者均是对企业资产的要求权，但二者之间又存在着明显的区别。主要的区别有：

（1）性质不同。负债是企业对债权人负担的经济责任，在企业清算时债权人对企业的资产有优先要求权；所有者权益则是所有者对剩余资产的要求权，这种要求权在顺序上置于债权人的要求权之后。

（2）权利不同。债权人只有获取企业用以清偿债务的资产的要求权，而没有经营决策参与权和收益分配权；所有者则可以参与企业的经营决策及收益分配。

（3）偿还期限不同。企业的负债通常都有约定的偿还日期；所有者权益在企业的存续期内一般不存在抽回问题，即不存在约定的偿还日期，是企业的一项可以长期使用的资金，只有在企业清算时才予以偿还。

（4）风险不同。债权人获取的利息一般是按照一定利率计算的，企业不论盈利与否都应按期付息，债权人的风险较小；所有者获得多少收益，和企业的盈利水平和经营政策相关，风险较大。风险越大，所要求的投资报酬率越高。

二、所有者权益的内容

所有者权益可以分为投入资本、其他综合收益和留存收益三大类。投入资本是指所有者投资形成的权益，包括实收资本（股本）、其他权益工具和资本公积；其他综合收益反映企业直接计入所有者权益的利得和损失，如其他权益工具投资的增值和减值；留存收益是企业通过经营活动增加的所有者权益，包括盈余公积和未分配利润。

（一）实收资本

实收资本是指所有者在企业注册资本的范围内实际投入的资本。所谓注册资本，是指企业在设立时向工商行政管理部门登记的资本总额，也就是全部出资者设定的出资额之和。企业对资本的筹集，应该按照法律、法规、合同和章程的规定及时进行。如果是一次筹集的，实收资本应等于注册资本；如果是分期筹集的，在所有者最后一次缴入资本以后，实收资本应等于注册资本。注册资本是企业的法定资本，是企业承担民事责任的财力保证。

在不同类型的企业中，实收资本的表现形式有所不同。在股份有限公司，实收资本表现为实际发行股票的面值，也称为股本；在其他企业，实收资本表现为所有者在注册资本范围内的实际出资额，也称为实收资本。

（二）其他权益工具

其他权益工具主要是指企业发行的除普通股以外的归类为权益工具的各种金融工具，比如优先股、永续债等。

优先股是股份有限公司为了筹集资金而发行的给予投资者某些优先权的股票。这种优先权主要表现在两个方面：一是优先股有固定的股息，不随公司业绩好坏而波动，并且可以优先于普通股股东领取股息；二是当公司破产清算时，优先股股东对公司剩余财产具有优先于普通股股东的要求权。但是优先股一般不参与公司的红利分配，持股人无投票表决权，不能借助表决权参加公司的经营管理。优先股是一种没有期限的股权凭证。

永续债是指非金融企业在银行间债券市场注册发行的无固定期限、内含发行人赎回权的债券。永续债是一种没有期限的债权凭证，特点为：没有规定到期时限，持有人不能要求清偿本金，可以按期取得利息。

（三）资本公积

资本公积是指所有者投入的尚未确认为实收资本（或股本）的其他资本，主要包括资本或股本溢价和其他资本公积，如权益法下被投资单位除了实现净损益、分配现金股利、发生其他综合收益以外其他因素导致所有者权益变动的，投资单位确认其他资本公积。

（四）其他综合收益

其他综合收益是指企业经营活动中形成的计入所有者的利得或损失，主要包括：企业的债权投资、其他债券投资、其他权益工具投资的公允价值变动；权益法下被投资单位所有者权益其他变动以及非投资性房地产转换为投资性房地产转换日公允价值高于账面价值差额等形成的利得或损失。

（五）留存收益

留存收益是指归所有者所共有的、由利润转化而形成的所有者权益，主要包括法定盈余公积、任意盈余公积和未分配利润。

第二节　实收资本（股本）

一、实收资本（或股本）取得的核算

企业应当设置"实收资本"账户，核算企业接受投资者投入的实收资本。该账户按投资者进行明细核算，贷方登记实收资本的增加，借方登记实收资本的减少，期末贷方余额反映投资企业实收资本的总额。股份有限公司应将该账户改为"股本"账户。

（一）接受投资者投入现金

股份有限公司以外的企业收到投资人投入的货币资金，应在实际收到或者存入企业开户银行时，按实际收到的金额，借记"银行存款"等账户；按投入资本在注册资本中所占份额，贷记"实收资本"账户；按其差额，贷记"资本公积——资本溢价"账户。

企业收到投资者以外币现金投入的资本时，应把实际收到的外币金额按交易日即期汇率折合为记账本位币，借记"银行存款"等账户，贷记"实收资本"账户。

【业务10-1】甲、乙共同出资设立 A 有限责任公司，公司注册资本为 2 000 000 元，甲、乙各出资 1 000 000 元。A 公司如期收到投资者一次性缴足的款项。

借：银行存款　　　　　　　　　　　　　　　　　　　　　　　　2 000 000
　　贷：实收资本——甲　　　　　　　　　　　　　　　　　　　　1 000 000
　　　　　　——乙　　　　　　　　　　　　　　　　　　　　　　1 000 000

（二）发行股票筹集资金

股份有限公司与其他企业相比较，最显著的特点就是将企业全部资本划分为等额股份，并通过发行股票的方式来筹集资本。股东以其所认购股份对公司承担有限责任，股份是很重要的指标。股票的面值与股份总数的乘积为股本，股本应等于企业的注册资本。

股份有限公司应设置"股本"账户，核算股东投入股份有限公司的股本，企业应将核定的股本总额、股份总数、每股面值在股本账户中进行备查记录。为提供企业股份的构成情况，企业可在"股本"账户下按股东单位或姓名设置明细账。企业发行股票取得的收入与股本总额往往不一致，公司发行股票取得的收入大于股本总额的，称为溢价发行；小于股本总额的，称为折价发行；等于股本总额的，为面值发行。我国不允许企业折价发行股票。

企业按收到投资人投入的货币资金，借记"银行存款"等账户；按投入资本在股本所占份额（发行股票的面值总额，即按股票面值和核定的已发行股份总数的乘积计算的金额），贷记"股本"账户；按其差额，贷记"资本公积——股本溢价"账户。

企业在股票发行之前或发行过程中发生各项发行费支出，如手续费和佣金等。在公司

溢价发行股票的情况下，各项发行费支出减去发行股票冻结期间所产生的利息收入的差额，应先抵减溢价收入。溢价收入扣除发行费净支出后的余额，应作为股本溢价，计入资本公积。

【业务 10-2】甲股份有限公司委托证券公司代理发行普通股 10 000 000 股，每股面值为 1 元，发行价为 1.5 元。证券公司按发行收入的 1%收取手续费 150 000 元，从溢价收入中扣除。发行股票资金冻结期间所产生的利息收入为 5 000 元。股款已全部收到并存入银行。

$$公司实收价款=1.5×10\,000\,000-(150\,000-5\,000)=14\,855\,000（元）$$

$$普通股股本=10\,000\,000（元）$$

$$股本溢价=14\,855\,000-10\,000\,000=4\,855\,000（元）$$

借：银行存款 14 855 000
　　贷：股本——普通股 10 000 000
　　　　资本公积——股本溢价 4 855 000

（三）接受非现金资产投资

根据《中华人民共和国公司法》和《企业财务通则》的规定，股东可以用货币出资，也可以用实物、知识产权、土地使用权、股权、特定债券等可以用货币估价并可以依法转让的财产作价出资，但是，法律、行政法规规定不得作为出资的财产除外，其中，特定债券是指企业依法发行的可转换债券，符合有关规定转作股权的债券等。对作为出资的非货币财产应当评估作价，核实财产，不得高估或者低估作价。法律、行政法规对评估作价有相关规定的，应遵守相关的规定。企业接受投资者商标权、著作权、专利权及其他专有技术等无形资产出资的，应当符合法律、行政法规规定的比例。全体股东的货币金额不得低于有限责任公司注册资本的 30%。不论以何种方式出资，投资者如果在投资过程中违反投资合约，不按规定如期缴足出资额，企业均可以依法追究投资者的违约责任。

企业接受非现金资产投资时，应按投资合同或协议约定价值确定非现金资产的价值（但投资合同或协议约定价值不公允的除外），借记"固定资产""原材料""无形资产"等资产账户，根据取得的增值税专用发票上注明的增值税税额，借记"应交税费——应交增值税（进项税额）"账户，按投资人在注册资本或股票中所占份额，贷记"实收资本"或"股本"账户；按其差额，贷记"资本公积——资本溢价"或"资本公积——股本溢价"等账户。

【业务 10-3】A 有限责任公司于设立时收到 B 公司拟作为资本投入的原材料一批，该批原材料投资合同或协议约定价值（不含可抵扣的增值税进项税额部分）为 100 000 元，增值税进项税额为 13 000 元。B 公司已开具了增值税专用发票。假设合同约定的价值与公允价值相符，该进项税允许抵扣，不考虑其他因素。

借：原材料 100 000
　　应交税费——应交增值税（进项税额） 13 000
　　贷：实收资本——B 公司 113 000

【业务 10-4】甲有限责任公司于设立时收到乙公司作为资本投入的不需要安装的机器设备一台，合同约定该机器设备的价值为 2 000 000 元，收到的增值税专用发票上的增值税税额为 260 000 元。合同约定的固定资产价值与公允价值相符，不考虑其他因素。

借：固定资产   2 000 000

    应交税费——应交增值税（进项税额）   260 000

    贷：实收资本——乙公司   2 260 000

二、实收资本（或股本）增减变动的核算

一般情况下，企业的实收资本应相对固定不变，但在某些特定情况下，实收资本也可能发生增减变动。《中华人民共和国企业法人登记管理条例》中规定，除国家另有规定外，企业的注册资金应当与实收资本一致，当实收资本比原来注册资金增加或减少的幅度超过20%时，应持资金信用证明或者验资证明，向原登记主管机关申请变更记录。如擅自改变注册资本或抽逃资金，要受到工商行政管理局部门的惩处。

（一）实收资本（或股本）的增加

1. 企业增加资本的一般途径

企业增加资本的途径一般有三条：一是将资本公积转为实收资本或者股本。会计上应借记"资本公积——资本溢价"或"资本公积——股本溢价"账户，贷记"实收资本"或"股本"账户。二是将盈余公积转为实收资本。会计上借记"盈余公积"账户，贷记"实收资本"或"股本"账户。这里要注意的是，资本公积和盈余公积均属所有者权益，转为实收资本或者股本时，企业如为独资企业，核算比较简单，直接结算即可；如为股份有限公司或有限责任公司，应按原投资者所持股份同比例增加各股东的股权。三是所有者（包括原企业所有者和新投资者）投入。企业接受投资者投入的资本，借记"银行存款""固定资产""无形资产""长期股权投资"等账户，贷记"实收资本"或"股本"等账户。

【业务10-5】甲、乙、丙共同投资设立 A 有限公司，原注册资本为 4 000 000 元，甲、乙、丙分别出资 500 000 元、2 000 000 元和 1 500 000 元。为扩大经营规模，经批准，A 公司注册资本扩大为 5 000 000 元，甲、乙、丙按照原出资比例分别追加投资 125 000 元、500 000元和 357 000 元。A 公司如期收到甲、乙、丙追加的现金投资。

借：银行存款   1 000 000

    贷：实收资本——甲   125 000

        ——乙   500 000

        ——丙   375 000

【业务10-6】承接【业务10-5】资料，因扩大经营规模需要，经批准，A 公司按原出资比例将资本公积 1 000 000 元和盈余公积 1 000 000 元均转增资本。

借：资本公积   1 000 000

    盈余公积   1 000 000

    贷：实收资本——甲   250 000

        ——乙   1 000 000

        ——丙   750 000

2. 股份有限公司发放股票的股利

股份有限公司采用发放股票股利实现增资的，在发放股票股利时，按照股东原来持有

的股数分配。股东大会批准的利润分配方案中分配的股票股利，应在办理增资手续后，借记"利润分配"账户，贷记"股本"账户。

（二）实收资本（或股本）的减少

企业实收资本减少的原因主要有：资本过剩、企业发生重大亏损、回购股份用于奖励职工等。

公司减少（或增加）注册资本，必须由董事会确定减资（或增资）方案，经过股东大会决议通过。公司减资后的注册资本不得低于法定的最低限额。公司减少注册资本，必须依法向公司登记机关办理变更登记。

1. 有限责任公司和一般企业

有限责任公司和一般企业发还投资的会计处理比较简单，按法定程序报经批准减少注册资本的，借记"实收资本"账户，贷记"银行存款"等账户。

2. 股份有限公司

股份有限公司发行的是股票，在减资时需要回购股票，并设置"库存股"账户核算企业收购或注销的本公司的股份数额。库存股票是指公司收回发行在外，但尚未注销的本公司股票。公司所持有的其他公司的股票、本公司尚未发行的股票等均不属于库存股。

股份有限公司因减少注册资本而回购本公司股份的，应按实际支付的金额，借记"库存股"账户，贷记"银行存款"账户。注销库存股时，应按股票面值和注销股数计算的股票面值总额，借记"股本"账户；按注销库存股的账面余额，贷记"库存股"账户；按其差额，冲减股票发行时原计入资本公积的溢价部分，借记"资本公积——股本溢价"账户。回购价格超过上述冲减"股本"及"资本公积——股本溢价"账户的部分，应依次借记"盈余公积""利润分配——未分配利润"等账户；如果回购价格低于回购股份所对应的股本，则作为增加股本溢价，贷记"资本公积——股本溢价"账户。

【业务10-7】 B公司资产负债表日的股本为100 000 000股，面值为1元，资本公积（股本溢价）为30 000 000元，盈余公积为40 000 000元。经股东大会批准，A公司以现金回购本公司股票20 000 000股并注销。假定H公司按每股3元回购股票，不考虑其他因素。

（1）回购本公司股票时：

借：库存股	60 000 000
贷：银行存款	60 000 000

（2）注销本公司股票时：

借：股本	20 000 000
资本公积——股本溢价	30 000 000
盈余公积	10 000 000
贷：库存股	60 000 000

【业务10-8】 承接【业务10-7】资料，假定H公司按每股0.9元回购股票，其他条件不变。

（1）回购本公司股票时：

借：库存股   18 000 000

   贷：银行存款   18 000 000

（2）注销本公司股票时：

借：股本   20 000 000

   贷：库存股   18 000 000

     资本公积——股本溢价   2 000 000

第三节　资本公积和其他综合收益

一、资本公积

（一）资本公积概述

资本公积是所有者权益的组成部分，是企业收到投资者的超出其在企业注册资本（或股本）中所占份额的投资以及直接接入所有者权益的利得和损失。在我国，资本公积的内容包括：资本溢价或股本溢价和直接计入所有者权益的利得和损失等。

根据《中华人民共和国公司法》等法律的规定，资本公积的用途主要是用来转增资本（或股本）。但对于其他资本公积项目，在相关资产处置之前，不能用于转增资本或股本。

（二）资本公积的核算

企业应该设置"资本公积"账户，用以反映资本公积的增减变动情况。增加资本公积贷记该账户；减少资本公积借记该账户，该账户余额在贷方，反映企业实有的资本公积。该账户应按资本公积的类别设置明细账，进行明细核算。资本公积一般应设置"资本（或股本）溢价""其他资本公积"等明细账账户。

1. 资本溢价

投资者经营的企业（不含股份有限公司），在企业创立时，出资者认缴的出资额全部计入"实收资本"账户。在企业重组并有新的投资者加入时，为了维护原有投资者的权益，新加入的投资者的出资额，并不一定全部作为实收资本处理。这是因为，在企业正常经营过程中投入的资金与企业创立时投入的资金虽然在金额上一致，但其获利能力不一致。企业创立时资本利润率很低，而企业进行正常生产经营后，在正常情况下，资本利润率会有所提高，说明企业的原有资本已经增值。因而新加入的投资者要付出大于原有投资者的出资额，才能取得与原有投资者相同的投资比例。另外，企业经营过程中实现利润的一部分留在了企业，形成留存收益，而留存收益也属于投资者权益，但其未转入实收资本。新加入的投资者可以与原投资者共享这部分留存权益，也要求其付出大于原有投资者的出资额，才能取得与原有投资者相同的投资比例。投资者投入的资本中按其投资比例计算的出资额部分，应计入"实收资本"账户，大于的部分应计入"资本公积"账户。

【业务10-9】承接【业务10-1】资料，1年后，为扩大经营规模，经批准，A有限责任公司注册资本增加到3 000 000元，并引入第3位投资者丙。按照投资协议，新投资者需缴入现金1 100 000元，同时享有该公司1/3的股份。A有限责任公司已收到该现金投资。

假定不考虑其他因素。

借：银行存款 1 100 000

贷：实收资本——丙 1 000 000

资本公积——资本溢价 100 000

2. 股本溢价

股份有限公司在成立时可能会溢价发行股票，因而在成立之初，就可能会产生股本溢价。股本溢价的数额等于股份有限公司发行股票时实际收到的款项超过股票面值总额的部分。

在按面值发行股票的情况下，企业发行股票取得的收入，应全部作为股本处理；在溢价发行股票的情况下，企业发行股票取得的收入，等于股票面值部分作为股本处理，超过股票面值的溢价收入作为股本溢价处理。

发行股票相关的手续费、佣金等交易费用，如果是溢价发行的股票，应从溢价中抵扣，冲减资本公积（股本溢价）；无溢价发行股票或溢价金额不足以抵扣的，应将不足以抵扣的部分冲减盈余公积和未分配利润。

【业务10-10】A 公司委托 B 证券公司代理发行普通股 2 000 000 股，每股面值为 1 元，按每股 1.2 元的价格发行。公司与受托单位约定，按发行收入的 3%收取手续费，从发行收入中扣除。假设收到的股款已存入银行。

公司收到受托发行单位交来的现金＝2 000 000×1.2×(1−3%)＝2 328 000（元）

借：银行存款 2 328 000

贷：股本 2 000 000

资本公积——股本溢价 328 000

（三）其他资本公积的核算

其他资本公积，是指除资本溢价（或股本溢价）项目以外所形成的资本公积，其中主要包括直接计入所有者权益的利得和损失。

直接计入所有者权益的利得和损失主要由以下交易或事项引起：

1. 采用权益法核算的长期股权投资

长期股权投资采用权益法核算的，在持股比例不变的情况下，被投资单位发生除净损益、利润分配以及其他综合收益外的所有者权益的其他变动时，企业按持股比例计算应享有的份额，如果是利得，应当增加长期股权投资的账面价值，同时增加资本公积（其他资本公积）；如果是损失，应当做相反的会计分录。当处置采用权益法核算的长期股权投资时，应当将原计入资本公积的相关金额转入投资收益。被投资方其他所有者权益变动的内容包括：

（1）被投资单位接受其他股东的资本性投入；

（2）被投资单位发行可分离交易的可转债中包含的权益成分；

（3）以权益结算的股份支付；

（4）其他股东对被投资单位增资导致投资方持股比例变化等。

【业务10-11】甲公司于 2020 年 1 月 1 日向乙公司投资 8 000 000 元，拥有该公司 20%

的股份，并对该公司有重大影响，对乙公司的长期股权投资采用权益法核算。2020 年 12 月 31 日，乙公司除净损益、其他综合收益和利润分配之外的所有者权益增加 1 000 000 元。假定除此之外，乙公司的所有者权益没有变化，甲公司的持股比例没有变化，乙公司资产的账面价值与公允价值一致，不考虑其他因素。甲公司应做如下账务处理：

借：长期股权投资——乙公司（其他权益变动）   200 000

    贷：资本公积——其他资本公积   200 000

2. 以权益结算的股份支付

以权益结算的股份支付换取职工或其他方提供服务的，应按照确定的金额，计入"管理费用"等账户，同时增加资本公积（其他资本公积）。在行权日，应按实际行权的权益工具数量计算确定的金额，借记"资本公积——其他资本公积"账户；按计入实收资本或股本的金额，贷记"实收资本"或"股本"账户；将差额计入"资本公积——资本溢价"或"资本公积——股本溢价"账户。

（四）资本公积转增资本的核算

按照《中华人民共和国公司法》的规定，法定公积金（资本公积和盈余公积）转为资本时，所留存的该项公积金不得少于转增前公司注册资本的 25%。经股东大会或类似机构决议，用资本公积转增资本时，应冲减资本公积，同时按照转增前的实收资本（或股本）的结构或比例，将转增的金额计入"实收资本"或"股本"账户下各所有者的明细分类账。

二、其他综合收益

（一）其他综合收益的分类

其他综合收益，是指企业根据《企业会计准则》规定未在当期损益中确认的各项利得和损失。其他综合收益分为下列两类。

1. 不能重分类进损益的其他综合收益

（1）重新计量设定受益计划变动额。

（2）权益法下不能转损益的其他综合收益。

（3）其他权益工具投资公允价值变动。

（4）企业自身信用风险公允价值变动等。

2. 能重分类进损益的其他综合收益

（1）权益法下可转损益的其他综合收益。

（2）其他债权投资公允价值变动。

（3）金融资产重分类进入其他综合收益的金额。

（4）其他债权投资信用减值准备。

（5）现金流量套期储备。

（6）外币报表折算差额。

（二）其他综合收益的核算

1. 不能重分类进损益的其他综合收益

不能重分类进损益的其他综合收益是指对相关业务产生的其他综合收益，最终不能结转到有关会计期间收益的其他综合收益。按规定应将该项其他综合收益结转到所有者权益的有关项目。

例如，企业处置其他权益工具投资时，按实际收到的处置价款，借记"银行存款"账户，按取得其他权益工具投资时确认的初始金额，贷记"其他权益工具投资——成本"账户，按公允价值的累计变动金额，借记或贷记"其他权益工具投资——公允价值变动"账户，按其差额，贷记或借记"盈余公积""利润分配——未分配利润"等留存收益账户。

同时将原直接计入其他综合收益的公允价值累计变动额对应处置部分的金额转出，借记或贷记"其他综合收益"账户，贷记或借记"盈余公积""利润分配——未分配利润"等留存收益账户。

具体举例见【业务 5-12】。

2. 能重分类进损益的其他综合收益

能重分类进损益的其他综合收益是指对相关业务产生的其他综合收益，最终结转到有关会计期间收益（投资收益）的其他综合收益。按规定应将该项其他综合收益结转到所有者权益的有关项目。

例如，企业处置其他债权投资时，按照实际收到的处置价款，借记"银行存款"等账户，按照处置其他债权投资的面值，贷记"其他债权投资——成本"账户，按照其他债权投资的利息调整余额和公允价值变动余额，借记或贷记"其他债权投资——利息调整""其他债权投资——公允价值变动"账户，按照差额，借记或贷记"投资收益"账户。

同时，将原直接计入其他综合收益的公允价值累计变动额对应处置部分的金额转出，借记或贷记"其他综合收益"账户，贷记或借记"投资收益"账户。具体举例见【业务 5-8】。

第四节 留 存 收 益

留存收益是指企业从历年实现的利润中提取或形成的留存于企业的内部积累，包括盈余公积和未分配利润两类。

一、盈余公积

（一）盈余公积概述

1. 盈余公积的种类

盈余公积是指企业按照有关规定从净利润中提取的积累资金，包括法定盈余公积和任意盈余公积。

法定盈余公积是指企业按照规定的比例从净利润中提取的盈余公积，公司制企业的提取比例为 10%（非公司制企业的提取比例可超过 10%），在计算法定盈余公积的计提基数时，如果以前年度未分配利润有盈余（即年初未分配利润余额为正数），在计算提取法定盈余公积的基数时，不应包括企业年初未分配利润；如果以前年度有亏损（即年初未分配利润余额为负数），应先弥补以前年度亏损再提取盈余公积。当企业法定盈余公积累计额达到注册资本的50%以上时，可以不再提取法定盈余公积。

任意盈余公积是指企业提取法定盈余公积后，按照股东会或股东大会决议从净利润中提取的盈余公积。非公司制企业经类似权力机构批准，也可提取任意盈余公积。

法定盈余公积和任意盈余公积的区别在于其各自计提的依据不同，前者以国家的法律法规为依据，后者由企业的权力机构自行决定。

2. 盈余公积的用途

企业提取的盈余公积可用于弥补亏损、转增资本、分配股利等。

（1）用于弥补亏损。企业发生亏损时，应由企业自行弥补。弥补亏损的渠道主要有三条：一是用以后年度税前利润弥补。按照现行制度规定，企业发生亏损时可以用以后5年内实现的税前利润弥补，即税前利润弥补亏损的期间为5年。二是用以后年度税后利润弥补。企业发生的亏损经过5年税前利润未弥补足额的，尚未弥补的亏损应用所得的税后利润弥补。三是以盈余公积弥补亏损。企业以提取的盈余公积弥补亏损时，应当由公司董事会提议，并经股东大会批准。

（2）转增资本。企业将盈余公积转增资本时，必须经股东大会决议批准。在实际将盈余公积转增资本时，要按股东原有持股比例结转。盈余公积转增资本时，转增后留存的盈余公积的数额不得少于转增前注册资本的25%。

（3）分配股利。原则上企业当年没有利润，不得分配股利，如为了维护企业信誉，用盈余公积分配股利，必须符合下列条件：① 用盈余公积弥补亏损后，该项公积金仍有结余；② 分配股利时，股利率不能太高，不得超过股票面值的 6%；③ 分配股利后，法定盈余公积金不得低于注册资本的25%。盈余公积的提取实际上是企业当期实现的净利润向投资者分配利润的一种限制。

企业提取的盈余公积，无论是用于弥补亏损，还是用于转增资本，都只不过是在企业所有者权益内部结构的转换。

（二）盈余公积的核算

为了反映盈余公积的提取、使用及结存情况，企业应当设置"盈余公积"账户。该账户贷方登记盈余公积的增加额，借方登记减少额，期末贷方余额反映企业盈余公积的结存额。该账户应当分别设置"法定盈余公积""任意盈余公积"进行明细核算；外商投资企业还应分别对"设备基金""企业发展基金"进行明细核算；中外合作经营企业在合作期间归还投资者的投资，应在本账户设置"利润归还投资"明细账账户进行核算。

1. 提取盈余公积

企业按规定提取的法定盈余公积，借记"利润分配——提取法定盈余公积"账户，贷记"盈余公积——法定盈余公积"账户。

企业按规定提取的任意盈余公积，借记"利润分配——提取任意盈余公积"账户，贷记"盈余公积——任意盈余公积"账户。

外商投资企业按规定提取的储蓄基金、职工奖励及福利基金，借记"利润分配——提取储蓄基金""利润分配——提取企业发展基金""利润分配——提取职工奖励及福利基金"账户，贷记"盈余公积——储蓄基金""盈余公积——企业发展基金""应付职工薪酬"账户。

2. 盈余公积补亏

企业用盈余公积弥补亏损时，借记"盈余公积——法定盈余公积"账户，贷记"利润分配——盈余公积补亏"账户。

3. 盈余公积转增资本

经股东大会或类似机构决议，企业用盈余公积转增资本，借记"盈余公积——法定盈余公积"等账户，贷记"实收资本"或"股本"账户。

4. 盈余公积发放股利或利润

企业按动用盈余公积分配的现金股利或利润借记"盈余公积——法定盈余公积"等账户，贷记"应付股利"账户；企业按派送新股计算的金额，借记"盈余公积——法定盈余公积"等账户；按股票面值和派送新股总数计算的股票面值总额，贷记"股本"账户。

二、未分配利润

（一）未分配利润概述

未分配利润是指企业实现的净利润经过弥补亏损、提取盈余公积和向投资者分配利润后留存在企业的、历年结存的利润。相对于所有者权益的其他部分来说，企业对于未分配利润的使用分配有较大的自主权。从数量上来讲，未分配利润是期初未分配利润，加上本期实现的净利润，减去提取的各种盈余公积和分配利润后的余额。

（二）利润分配的核算

在会计处理上，未分配利润及其分配是通过"利润分配"账户进行核算的。"利润分配"账户反映企业的未分配利润（或未弥补亏损）。本账户应当分别按照"提取法定盈余公积""提取任意盈余公积""应付现金股利或应付利润""转作股本的股利""盈余公积补亏""未分配利润"等进行明细核算。年度终了，企业应将本年实现的净利润，自"本年利润"账户转入本账户，借记"本年利润"账户，贷记"利润分配——未分配利润"，如果是净亏损的做相反的会计分录；同时，将"利润分配"账户所属其他明细账账户的余额转入本账户"未分配利润"明细账账户。结转后，本账户除"未分配利润"明细账账户外，其他明细账账户应无余额。

1. 向投资者分配利润或股利

经股东大会或类似机构决议，分配给股东或投资者的现金股利或利润，借记"利润分配——应付现金股利或利润"账户，贷记"应付股利"账户；经股东大会或类似机构决议，分配给股东的股票股利，应在办理增资手续后，借记"利润分配——转作本的股利"账户，贷记"股本"账户。

2. 期末结转

企业期末结转利润时，应将损益类账户的余额转入"本年利润"账户；结转后"本年利润"的贷方余额为当期实现的净利润，借方余额为当期发生的净亏损。年度终了，应将本年收入和支出相抵后结出的本年实现的净利润或净亏损转入"利润分配——未分配利润"账户。利润分配完成后，应将"利润分配"账户所属的其他明细账账户的余额转入"利润分配——未分配利润"账户。结转后"利润分配——未分配利润"账户的贷方余额就是未分配利润的金额；如出现借方余额，则表示未弥补亏损的金额。"利润分配"账户所属的其他明细账账户应无余额。

3. 弥补亏损

由于未弥补亏损形成的时间长短不同等，以前年度未弥补亏损有的可以用当年实现的税前利润弥补，有的则必须用税后利润弥补。以当年实现的利润弥补以前年度的未弥补亏损，不需要进行专门的财务处理。企业应将当年实现的利润自"本年利润"账户的借方，转入"利润分配——未分配利润"账户的贷方，"利润分配——未分配利润"账户贷方发生额与"利润分配——未分配利润"的借方余额自然抵补。无论是以税前还是税后利润弥补亏损，其会计处理方法均相同。但是，两者在计算缴纳所得税时的处理是不同的。在以税前利润弥补亏损的情况下，其弥补的数额可以抵减当期企业应纳税所得额，而以税后利润弥补的数额，不能作为纳税所得抵扣处理。

第十一章

收入和费用

第一节 收入概述

一、收入的概念和特点

（一）收入的概念

收入是指企业在日常活动中形成的、会导致所有者权益增加的、与所有者投入资本无关的经济利益的总流入。

（二）收入的特点

1. 收入是企业在日常活动中形成的

日常活动是指企业为完成其经营目标所从事的经常性活动以及与之相关的活动。明确界定日常活动是为了将收入与利得相区分，日常活动是确认收入的重要判断标准，凡是日常活动所形成的经济利益的流入均应当确认为收入。比如，工业企业制造并销售产品、商品流通企业销售商品、保险公司签发保单、咨询公司提供咨询服务、软件企业为客户开发软件、安装公司提供安装服务、商业银行对外贷款、租赁公司出租资产等，均属于企业为完成其经营目标所从事的经常性活动，由此产生的经济利益的总流入构成收入。有些交易或事项也能为企业带来经济利益，但不属于企业的日常经营活动，其流入的经济利益是利得而不是收入，如出售固定资产业务所取得的收益。非日常活动所形成的经济利益的流入不能确认为收入，而应当计入利得（即"营业外收入"）。

2. 收入会导致所有者权益的增加

收入取得后可能表现为资产增加，如增加银行存款或应收账款等；也可能表现为负债减少，如以商品或劳务抵偿债务；或两者兼而有之。因此，根据"资产＝负债＋所有者权益"的等式，企业所取得的收入一定能增加所有者权益。因此，与收入相关的经济利益的流入应当会导致所有者权益的增加，不会导致所有者权益增加的经济利益的流入不符合收入的定义，不应确认为收入。

3. 收入的取得与所有者投入的资本无关

收入应当会导致经济利益的流入，从而导致资产的增加。但在实务中，经济利益的流入有时是所有者投入资本的增加导致的，所有者投入资本的增加不应当确认为收入，而应当直接确认为所有者权益。

4. 收入只包括本企业经济利益的流入

收入只包括本企业经济利益的流入而不包括为第三方或客户代收的款项，如增值税、代收利息等。

二、收入的确认

（一）收入确认的原则

企业确认收入的方式应当反映其向客户转让商品或提供服务的模式，收入的金额应当反映企业因转让这些商品或提供服务而预期有权收取的对价金额。收入确认和计量能进一步如实反映企业的生产经营成果，准确核算企业实现的损益。

企业应当在履行了合同中的履约义务，即在客户取得相关商品控制权时确认收入。取得相关商品控制权，是指能够主导该商品的使用并从中获得几乎全部的经济利益，也包括有能力阻止其他方主导该商品的使用并从中获得经济利益。取得商品控制权同时包括下列三要素：

一是能力，即客户必须拥有现时权利，能够主导该商品的使用并从中获得几乎全部经济利益。

二是主导该商品的使用。客户有能力主导该商品的使用，是指客户有权使用该商品，或者能够允许或阻止其他方使用该商品。

三是能够获得几乎全部的经济利益。商品的经济利益，是指该商品的潜在现金流量，既包括现金流入的增加，也包括现金流出的减少。

本章所称客户，是指与企业订立合同以向该企业购买其日常活动产出的商品并支付对价的一方。如果合同对方与企业订立合同的目的是共同参与一项活动（如合作开发一项资产），合同对方和企业一起分担或分享该活动产生的风险或收益，而不是获取企业日常活动产出的商品，则该合同对方不是企业的客户。

企业收入的会计处理是以企业与客户之间的单个合同为基础，但是，为便于实务操作，当企业能够合理预计，将收入的会计处理应用于具有类似特征的合同（或履约义务）组合或应用于该组合中的每一个合同（或履约义务），将不会对企业的财务报表产生显著不同的影响时，企业可以在合同组合层面对收入进行会计处理。

【业务 11-1】2020 年 5 月 10 日，甲公司与乙公司签订了一份销售合同，销售 1 000 台产品给乙公司，总价 200 000 元。2020 年 5 月 15 日，甲公司将全部机器交付某物流公司负责运输至乙公司。

甲公司尽管 5 月 15 日已经将产品发运，但是乙公司并没有对该批产品拥有实际控制权，不能主导产品的使用，更不能从中获得经济利益，此时，甲公司不能确认收入。

（二）收入确认的条件

1. 确认条件的具体内容

企业与客户之间订立的合同同时满足下列条件时，企业应当在客户取得相关商品控制权时确认收入：

（1）合同各方已批准该合同并承诺将履行各自义务。

（2）该合同明确了合同各方与所转让商品或提供劳务相关的权利和义务。

（3）该合同有明确的与所转让商品相关的支付条款。

（4）该合同具有商业实质，即履行该合同将改变企业未来现金流量的风险、时间分布或金额。

（5）企业因向客户转让商品而有权取得的对价很可能收回。

2. 注意事项

对上述条件进行判断时需要注意以下三点：

（1）合同约定的权利和义务是否具有法律约束力。该点需要企业根据所处的法律环境和实务操作进行判断，包括合同订立方式、程序、具有法律约束力的权利和义务的时间等。对于合同任何一方均有权单方面终止完全未执行的合同，并无须对合同其他方给予补偿的合同，企业应视为该合同不存在。

（2）合同具有商业实质。履行该合同将改变企业未来现金流量的风险、时间分布和金额。没有商业实质的非货币性资产交换，无论何时均不得确认收入。

（3）能否收回转让商品对价仅考虑客户的信用风险。企业在评估其因向客户转让商品而有权取得的对价是否能够收回时，仅考虑客户到期支付对价的能力和意图（客户的信用风险）。企业在进行判断时，应考虑是否存在价格折让，存在价格折让的，估计交易价格时进行考虑。企业预期可能无法收回全部合同对价时，应分析其原因是客户的信用风险还是企业提供了价格折让。

3. 条件的具体运用

企业在运用收入的确认条件时，应区别下列不同情况进行处理：

（1）在合同开始日（通常指合同生效日）就满足上述条件的合同，即可按规定确认收入，在后续期间无须对其进行重新评估，除非有迹象表明相关事实和情况发生重大变化。

（2）合同开始日不符合上述条件的合同，企业应当对其进行持续评估，直到满足收入确认条件时再按规定确认收入。

（3）对于不符合上述条件的合同，企业只有在不再负有向客户转让商品的剩余义务（如合同已完成或取消），且已向客户收取的对价（全部或部分）无须退回时，才能将已收取的对价确认为收入；否则，应将已收取的对价作为负债。

（4）企业存在一组类似的合同，企业在对该组合同中的每一份合同进行评估时，均认为其合同对价很可能收回。但根据历史经验，企业预计可能无法收回该组合同的全部对价。在这种情况下，企业应当认为该组合同满足"因向客户转让商品或提供劳务而有权取得的对价很可能收回"并以此为基础确认收入，但同时应考虑这些合同下确认的应收账款或者合同资产是否存在减值。

（5）企业与同一客户（或该客户的关联方）同时订立或在相近时间内先后订立的两份或多份合同在满足下列条件之一时，应当合并为一份合同：① 该两份或多份合同基于同一商业目的而订立并构成一揽子交易，如一份合同在不考虑另一份合同对价的情况下将会发生经营亏损；② 该两份或多份合同中的一份合同的对价金额取决于其他合同的定价或履行情况，如一份合同的违约会影响到另一份合同的对价金额；③ 该两份或多份合同中所承诺的商品（或每份合同中所承诺的部分商品）构成单项履约义务。两份或多份合同合并为一份合同进行会计处理时，仍需要区分每一份合同。

（6）合同变更。合同变更是指经合同各方批准对原合同范围或价格做出的变更。合同变更应区分以下三种情况：

第一种，合同变更部分作为单独合同。合同变更增加了可明确区分的商品及合同价款，且新增合同价款反映了新增商品单独售价的，应当将该合同变更部分作为一份单独的合同（即一项新签订的合同）。

企业在判断新增合同价款是否反映了新增商品的单独售价时，应考虑为反映该特定合同的具体情况而对新增商品的价格做适当调整。如企业变更合同时通常不会发生发展新客户等相关的销售费用，可向客户提供一定的价格折扣，从而使新增合同价款在新增商品单独售价的基础上予以适当调整。

【业务11-2】甲、乙两公司签订销售合同，甲公司向乙公司出售A产品1 000件，每件销售价格50元，共计50 000元，A产品在3个月内移交。甲公司向乙公司移交完A产品后，双方对合同进行了变更，要求甲公司继续向乙公司增加销售A产品80件，每件销售价格45元，共计3 600元。

分析：变更合同增加销售A产品实际上构成了一份单独的合同，变更合同不会影响对原签订合同的收入确认和会计处理，甲公司应对原合同的1 000件A产品按50 000元确认收入，对变更合同新增销售的80件A产品按3 600元确认收入。

第二种，合同变更作为原合同终止、新合同订立。合同变更不属于上述第一种的情形，且在合同变更日已转让的商品与未转让的商品之间可明确区分的，应视为原合同终止，同时，将原合同未履约部分与合同变更部分合并为新合同。

【业务11-3】2020年1月1日，神州汽车公司与客户签订合同，每天为客户提供员工通勤班车服务，客户每年支付服务费300 000元（为合同开始日该服务的单独售价）。服务至第2年年末，双方对合同进行了变更，将第3年的服务费用调整为25万元（为合同变更日该服务的单独售价），同时又以95万元的服务费用将合同期延长5年（不代表合同变更日该服务的单独售价），即未来6年总服务费用为120万元，平均每年的服务费用为20万元。

分析：在合同开始日，神州汽车公司每天为客户提供的服务是可明确区分的，在合同变更的前2年，每年应确认收入30万元。在合同变更日，新增加的5年班车服务费用不能反映该项服务在合同变更日的单独服务费用，该合同变更不能作为单独合同进行会计处理。因在剩余合同期内需要提供的服务与已提供的服务是可明确区分的，所以神州汽车公司应将该合同变更作为原合同终止，将原合同中未履约的部分与合同变更部分作为一份新合同进行会计处理。该新合同的合同期为6年，总服务费用为120万元，每年应确认收入20万元。

第三种，合同变更部分作为原合同的组成部分。合同变更不属于上述第一、二种情形，且在合同变更日已转让的商品与未转让的商品之间不可明确区分的，应当将该合同变更部分作为原合同的组成部分，由此产生对已确认收入的影响，并在合同变更日调整当期收入。

【业务11-4】2020 年 7 月 1 日，长城建筑公司与客户签订一份合同，内容为在客户自有土地上建造一幢办公大楼，合同固定总造价 5 000 万元，预计合同总成本为 4 000 万元。该办公大楼的建造周期预计 12 个月（2021 年 6 月 30 日完工），按规定根据累计发生合同成本占合同预计成本的比例确定履约进度。截至 2020 年年末，长城建筑公司发生建造成本 2 200 万元。2021 年年初，合同双方同意更改办公楼部分设计，合同固定总造价增加 300 万元，预计合同总成本增加 200 万元。

分析：2020 年年末，长城建筑公司累计发生建造成本 2 200 万元，履约进度为 55%（2 200÷4 000×100%）。2020 年年末，长城建筑公司应确认的收入为 2 750（5 000×55%）万元。

2021 年年初，因合同变更后需要提供的建造服务与在合同变更日或之前已提供的建造服务不可明确区分（即该合同仍为单项履约合同），所以长城建筑公司应将合同变更作为原合同的组成部分进行会计处理，合同变更后的总造价为 5 300（5 000＋300）万元，重新计算履约进度 52.38%（2 200÷4 200），长城建筑公司在合同变更日应确认调整收入为 2 776.14（5 300×52.38%）万元。

（三）收入的确认时间

1. 确认时间的原则要求

企业在合同开始日，应对合同进行评估分析，识别该合同所包含的各单项履约义务，并确定各单项履约义务是在某一时段内履行，还是在某一时点履行，然后在履行了各单项履约义务时分别确认收入。

一项合同涉及两项或两项以上履约义务，如各项履约义务可单独履行并分别确认客户取得相关商品控制权的，该项履约义务构成单项履约义务。如企业向客户转让某商品的同时，又向客户提供法定质保以外的延保服务，并分别收取转让某商品和延保服务的对价，则认为转让某商品为一项单项履约义务，延保服务为另一项单项履约义务。

企业向客户转让一系列实质相同且转让模式相同的、可明确区分商品的承诺，也应当作为单项履约义务。转让模式相同，是指每一项可明确区分商品均满足在某一时段内履行履约义务的条件，且采用相同方法确定其履约进度。

2. 时段履约与时点履约

企业应当根据履约义务履行的实际情况，将其分为在某一时段内履行的履约义务和在某一时点履行的履约义务。前者是指企业在一定的时间期限内逐步向客户转移商品的控制权（简称时段履约）；后者是指企业在一定的时点向客户转移商品的控制权（简称时点履约）。

3. 收入确认的具体时间

对于在某一时段履行的履约义务，企业应当在该履约义务履行的期间内确认相关的收入。对于在某一时点履行的履约义务，企业应当在客户取得相关商品控制权的时点确认收入。

三、收入确认和计量的步骤

根据《企业会计准则第 14 号——收入》（2018 年），收入确认和计量大致分为五步：

（一）识别与客户订立的合同

合同是指双方或多方之间订立有法律约束力的权利、义务的协议。合同有书面形式、口头形式以及其他形式。合同的存在是企业确认客户合同收入的前提，企业与客户之间的合同一经签订，企业就享有从客户处取得与转移商品和服务对价的权利，同时负有向客户转移商品和服务的履约义务。

（二）识别合同中的单项履约义务

履约义务是指合同中企业向客户转让可明确区分商品或服务的承诺。企业应当将向客户转让可明确区分商品（或者商品的组合）的承诺以及向客户转让一系列实质相同且转让模式相同的、可明确区分商品的承诺作为单项履约义务。例如，企业与客户签订合同，向其销售商品并提供安装服务，该安装服务简单，除该企业外的其他供应商也可以提供此类安装服务，则该合同中销售商品和提供安装服务为两项单项履约义务。若该安装服务复杂且商品需要按客户定制要求修改，则合同中销售商品和提供安装服务合并为单项履约义务。

（三）确定交易价格

交易价格是指企业因向客户转让商品而预期有权收取的对价金额，不包括企业代第三方收取的款项（如增值税）以及企业预期将退还给客户的款项。合同条款所承诺的对价，可能是固定金额、可变金额或两者兼有。

【业务 11-5】甲公司与客户签订合同，为其建造一栋厂房，约定的价款为 100 万元，4 个月完工，交易价格就是固定金额 100 万元。假如合同中约定若提前 1 个月完工，客户将额外奖励甲公司 10 万元，甲公司对合同估计工程提前 1 个月完工的概率为 95%，则甲公司预计有权收取的对价为 110 万元，因此交易价格包括固定金额 100 万元和可变金额 10 万元，总计为 110 万元。

（四）将交易价格分摊至各单项履约义务

当合同中包含两项或多项履约义务时，需要将交易价格分摊至各单项履约义务，分摊的方法是在合同开始日，按照各单项履约义务所承诺商品的单独售价（企业向客户单独销售商品的价格）的相对比例，将交易价格分摊至各单项履约义务。企业分摊至各单项履约义务的交易价格能够反映其因向客户转让已承诺的相关商品而有权收取的对价金额。

【业务 11-6】企业与客户签订合同，向其销售 A、B、C 产品，不含增值税的合同总价款为 10 000 元。A、B、C 产品的不含增值税单独售价分别为 5 000 元、3 500 元和 7 500 元，合计 16 000 元。

按照交易价格分摊原则，A 产品应当分摊的交易价格为 3 125（5 000÷16 000×10 000）元，B 产品应当分摊的交易价格为 218.5（3 500÷16 000×10 000）元，C 产品应当分摊的交易价格为 4 687.5（7 500÷16 000×10 000）元。

（五）履行各单项履约义务时确认收入

当企业将商品转移给客户，客户取得了相关商品的控制权，意味着企业履行了合同履约义务，此时，企业应确认收入。企业将商品控制权转移给客户，可能是在某一时段内（即履行履约义务的过程中）发生，也可能在某一时点（即履约义务完成时）发生，企业应当根据实际情况，先判断履约义务是否满足在某一时段内履行的条件，如不满足，则该履约义务属于在某一时点履行的履约义务。

收入确认和计量的五个步骤中，第一、二步骤和第五步骤主要与收入的确认有关，第三、四步骤主要与收入的计量有关。

需要说明的是，一般而言，确认和计量任何一项合同收入均应考虑全部的五个步骤。但履行某些合同业务确认收入不一定都经过五个步骤，如企业按照第二步确定某项合同仅为单项履约义务时，可以从第三步直接进入第五步确认收入，不需要第四步（分摊交易价格）。

四、收入核算应设置的账户

为了核算企业与客户之间的合同产生的收入及相关的成本费用，一般需要设置"主营业务收入""其他业务收入""主营业务成本""其他业务成本""合同取得成本""合同履约成本""合同资产""合同负债"等账户。其中：

"主营业务收入"账户核算企业确认的销售商品、提供服务等主营业务的收入。该账户贷方登记企业主营业务活动实现的收入，借方登记期末转入"本年利润"账户的主营业务收入，结转后该账户应无余额。该账户可按主营业务的种类进行明细核算。

"其他业务收入"账户核算企业确认的除主营业务活动以外的其他经营活动实现的收入，包括出租固定资产、出租无形资产、出租包装物和商品、销售材料、用材料进行非货币性交换（非货币性资产交换具有商业实质且公允价值能够可靠计量）或债务重组等实现的收入。该账户贷方登记企业其他业务活动实现的收入，借方登记期末转入"本年利润"账户的其他业务收入，结转后该账户应无余额。该账户可按其他业务的种类进行明细核算。

"主营业务成本"账户核算企业确认销售商品、提供服务等主营业务收入时应结转的成本。该账户借方登记企业应结转的主营业务成本，贷方登记期末转入"本年利润"账户的主营业务成本，结转后该账户应无余额。该账户可按主营业务的种类进行明细核算。

"其他业务成本"账户核算企业确认的除主营业务活动以外的其他经营活动所形成的成本，包括出租固定资产的折旧额、出租无形资产的摊销额、出租包装物的成本或摊销额、销售材料的成本等。该账户借方登记企业应结转的其他业务成本，贷方登记期末转入"本年利润"账户的其他业务成本，结转后该账户应无余额。该账户可按其他业务的种类进行明细核算。

"合同取得成本"账户核算企业取得合同发生的、预计能够收回的增量成本。该账户借方登记发生的合同取得成本，贷方登记摊销的合同取得成本，期末借方余额反映企业尚未结转的合同取得成本。该账户可按合同进行明细核算。

"合同履约成本"账户核算企业为履行当前合同或预期取得的合同所发生的、不属于其他企业会计准则规范范围且按照收入准则应当确认为一项资产的成本。具体包括与合同相关的成本，如直接人工、直接材料、制造费用、人工薪酬、物料消耗、水电费、办公费、差旅费、支付给分包商的成本等。该账户借方登记发生的合同履约成本，贷方登记摊销的合同履约成本，期末借方余额反映企业尚未结转的合同履约成本。该账户可按合同分为"服务成本""工程施工"等进行明细核算。

"合同资产"账户核算企业已向客户转让商品而有权收取对价的权利，且该权利取决于时间流逝之外的其他因素。该账户借方登记因已转让商品而有权收取的对价金额，贷方登记取得无条件收款权的金额，期末借方余额反映企业已向客户转让商品而有权收取的对价金额。该账户按合同进行明细核算。合同资产并不是一项无条件收款权利，该权利除了时间流逝之外，还取决于其他条件（如履行合同中的其他履约义务）才能收取相应的合同对价，企业除承担信用风险之外，还可能承担其他风险，如履约风险。

"合同负债"账户核算企业已收或应收客户对价而应向客户转让商品的义务。该账户贷方登记企业在向客户转让商品之前，已经收到或已经取得无条件收取合同对价权利的金额；借方登记企业向客户转让商品时冲销的金额；期末贷方余额反映企业在向客户转让商品之前，已经收到的合同对价或已经取得的无条件收取合同对价权利的金额。该账户按合同进行明细核算。

此外，企业发生减值的，还应当设置"合同履约成本减值准备""合同取得成本减值准备""合同资产减值准备"等账户进行核算。

第二节　按时点确认收入

对于在某一时点履行的履约义务，企业应当在客户取得相关商品控制权时点确认收入。在判断控制权是否转移时，企业应当综合考虑下列迹象：

（1）企业就该商品享有现时收款权利，即客户就该商品负有现时付款义务。例如，甲公司与客户签订销售商品合同，约定客户收到商品验收无误后10日内付款。在客户收到甲公司开具的发票、商品验收入库后，客户能够自主确定商品的使用情况，此时甲公司享有收款权利，客户负有现时付款义务。

（2）企业已将该商品的法定所有权转移给客户，即客户已拥有该商品的法定所有权。例如，房地产企业向客户销售商品房，在客户付款后取得房屋产权证时，表明企业已将该商品房的法定所有权转移给客户。

（3）企业已将该商品实物转移给客户，即客户已占有该商品实物。例如，企业与客户签订交款提货合同，企业销售商品并送货到客户指定地点，客户验收合格并付款，表明企业已将该商品实物转移给客户，即客户已占有该商品实物。

（4）企业已将该商品所有权上的主要风险和报酬转移给客户，即客户已取得该商品所有权上的主要风险和报酬。例如，甲房地产公司向客户销售商品房，办理产权转移手续后，该商品房价格上涨或下跌带来的利益或损失全部属于客户，表明客户已取得该商品房所有权上的主要风险和报酬。

（5）客户已接受该商品。例如，企业向客户销售为其定制生产的节能设备，客户收到并验收合格后办理入库手续，表明客户已接受该商品。

（6）其他表明客户已取得商品控制权的迹象。

一、一般销售商品业务收入的账务处理

在进行销售商品的会计处理时，先要考虑销售商品收入是否符合收入确认条件。如果符合收入准则所规定的确认条件，则企业应确认收入并结转相关销售成本。

企业判断销售商品收入满足确认条件的，应当提供确凿的证据。通常情况下，销售商品采用托收承付方式的，在办妥托收手续时确认收入；交款提货销售商品的，在开出发票账单收到货款时确认收入。交款提货销售商品是指购买方已根据企业开出的发票账单支付货款并取得提货单的销售方式。在这种方式下，购货方支付货款并取得提货单，企业尚未交付商品，销售方保留的是商品所有权上的次要风险和报酬，商品所有权上的主要风险和报酬已经转移给购货方，通常应在开出发票账单收到货款时确认收入。

企业销售商品满足收入确认条件时，企业应该按照已收或应收的合同或协议价款，加上应收的增值税税额，借记"银行存款""应收票据""应收账款"等账户；按确定的收入金额，贷记"主营业务收入""其他业务收入"等账户；按应缴纳的消费税、资源税、城市维护建设税、教育费附加等税费金额，借记"税金及附加"账户，贷记"应交税费——应交消费税（应交资源税、应交城市维护建设税等）"账户。

【业务11-7】甲公司采用托收承付方式向天士力公司销售商品一批，开出的增值税专用发票上注明售价为400 000元，增值税税额为52 000元。该批商品已经发出，托收承付手续已办妥，甲公司另以银行存款代垫运杂费2 000元。

甲公司应编制如下会计分录：

借：应收账款——天士力公司	454 000
贷：主营业务收入	400 000
应交税费——应交增值税（销项税额）	52 000
银行存款	2 000

【业务11-8】甲公司将自用包装物一批出售给乙公司，取得销售收入10 000元，销项税1 300元，款项收到并已存入银行，包装物已交付乙公司，乙公司已取得包装物的控制权，该批包装物的成本为8 000元。

甲公司编制相关分录如下：

借：银行存款	11 300
贷：其他业务收入	10 000
应交税费——应交增值税（销项税）	1 300
借：其他业务成本	8 000
贷：周转材料——包装物	8 000

二、销售商品不符合收入确认条件的核算

如果企业售出商品不符合销售商品收入确认条件中的任何一项，那么即使客户取得了商品的控制权，也不应确认收入。为了单独反映已经发出但尚未确认销售收入的商品成本，企业应增设"发出商品"等账户。"发出商品"账户核算一般销售方式下，已经发出但尚未确认销售收入的商品的实际成本（或进价）或计划成本（或售价），该账户应当按照购货单位及商品类别和品种进行明细核算。

对于不满足收入确认条件的发出商品，应按发出商品的实际成本或售价，借记"发出商品"账户，贷记"库存商品"账户。发出商品满足收入确认条件时，应结转销售成本，借记"主营业务成本"账户，贷记"发出商品"账户。采用售价核算的，还应结转应分摊的商品进销差价，借记"商品进销差价"账户，贷记"主营业务成本"账户。

发出商品如发生退回，应按退回商品的实际成本或售价，借记"库存商品"账户，贷记"发出商品"账户。

"发出商品"账户期末借方余额反映企业商品销售中，不满足收入确认条件的已发出商品的实际成本或售价。

这里应注意的一个问题是，尽管发出的商品不符合收入确认条件，但如果销售该商品的纳税义务已经发生，如已经开出增值税专用发票，则应确认应缴纳的增值税销项税额。借记"应收账款"等账户，贷记"应交税费——应交增值税（销项税额）"账户。如果纳税义务没有发生，则不需进行上述处理。

【业务 11-9】甲公司于 2020 年 3 月 3 日采用托收承付结算方式向乙公司销售一批商品，开出的增值税专用发票上注明售价为 100 000 元，增值税税额为 13 000 元，该批商品成本为 60 000 元。甲公司在销售该批商品时已得知乙公司资金流转发生暂时困难，但为了减少存货积压，同时为了维持与乙公司长期以来建立的商业关系，甲公司仍将商品发出，并办妥托收手续。假定甲公司销售该批商品的纳税义务已经发生。

甲公司应编制如下会计分录：

（1）发出商品时：

借：发出商品   60 000
    贷：库存商品   60 000

同时，因甲公司销售该批商品的纳税义务已经发生，所以应确认应缴纳的增值税销项税额：

借：应收账款——B 公司   13 000
    贷：应交税费——应交增值税（销项税额）   13 000

注：如果销售该批商品的纳税义务尚未发生，则不做这笔处理，待纳税义务发生时再做应交增值税处理。

（2）假定 2020 年 11 月甲公司得知乙公司经营情况逐渐好转，乙公司承诺近期付款，甲公司应在乙公司承诺付款时确认收入，应编制如下会计分录：

借：应收账款——B 公司   100 000
    贷：主营业务收入   100 000

同时结转成本：

借：主营业务成本   60 000
    贷：发出商品   60 000

（3）假定甲公司于 2020 年 12 月 6 日收到乙公司支付的货款，应编制如下会计分录：

借：银行存款   113 000
    贷：应收账款——B 公司   113 000

三、销售商品涉及现金折扣、商业折扣、销售折让的核算

企业销售商品收入的金额通常按照从购货方已收或应收的合同或协议款确定。在确定销售商品收入的金额时，应注意区分现金折扣、商业折扣和销售折让等不同情形。

（一）商业折扣

商业折扣是指企业为促进商品销售而给予的价格扣除。例如，企业为鼓励客户多买商品，规定购买 100 件以上商品给予客户 10%的折扣。商业折扣在销售前便已发生，并不构成最终成交价格的一部分，企业应当按照扣除商业折扣后的金额确定商品销售价格和销售商品收入金额。

（二）现金折扣

现金折扣是指债权人为鼓励债务人在规定的期限内付款而向债务人提供的债务扣除。现金折扣一般用符号"折扣率/付款期限"表示，例如，"2/10，1/20，n/30"表示：销货方允许客户最长的付款期限为 30 天，如果客户在 10 天内付款，销货方可按商品售价给予客户 2%的折扣；如果客户在 11~20 天内付款，销货方可按商品售价给予客户 1%的折扣；如果客户在 21~30 天内付款，将不能享受现金折扣。

现金折扣发生在商品销售之后，是否发生以及发生多少要视客户的付款情况而定。企业在确认销售商品收入时不能确定现金折扣金额，因此，企业销售商品涉及现金折扣的，应当按照扣除现金折扣前的金额确定销售商品收入金额。现金折扣实际上是企业为了尽快回笼资金而发生的理财费用，应在实际发生时计入当期财务费用。

【业务 11-10】甲公司为增值税一般纳税人，2020 年 9 月 1 日销售 A 商品 5 000 件给风行公司，每件商品的标价为 200 元（不含增值税），适用税率为 13%，由于是批量销售，因此给予客户 10%的商业折扣，已经开具增值税专用发票。甲公司在销售合同中规定现金折扣条件为"2/10，1/20，n/30"。甲公司于 9 月 1 日发出，客户于 9 月 9 日付款。该项销售业务属于在某一时点履行的履约义务。假定计算现金折扣不考虑增值税。

本业务涉及商业折扣和现金折扣问题，销售商品收入的金额应是未扣除现金折扣但扣除商业折扣后的金额，现金折扣应在实际发生时计入当期财务费用。因此，甲公司应确认的销售商品收入的金额为 900 000（200×5 000-200×5 000×10%）元，增值税销项税额为 117 000（900 000×13%）元。客户在 10 日内付款，享有的现金折扣为 18 000（900 000×2%）元。甲公司应编制如下会计分录：

（1）9 月 1 日确认收入时：

借：应收账款——风行公司	1 017 000
贷：主营业务收入——A 产品	900 000
应交税费——应交增值税（销项税额）	117 000

（2）9 月 9 日收到货款时：

借：银行存款	999 000
财务费用	18 000
贷：应收账款——风行公司	1 017 000

本业务中，若客户于 9 月 19 日付款，则享受的现金折扣为 9 000（900 000×1%）元。

收到货款时，甲公司应编制如下会计分录：

借：银行存款   1 008 000

  财务费用   9 000

  贷：应收账款——风行公司   1 017 000

若客户于9月底付款，则应按全额付款。收到货款时，甲公司应编制如下会计分录：

借：银行存款   1 017 000

  贷：应收账款——风行公司   1 017 000

（三）销售折让

销售折让是指企业因售出商品的质量不合格等而在售价上给予的减让。对于销售折让，企业应分不同情况进行处理：

（1）销售折让如发生在确认销售收入之前，则应在确认销售收入时直接按扣除销售折让后的金额确认；

（2）已确认销售收入的售出商品发生销售折让，且不属于资产负债表日后事项的，应在发生时冲减当期销售商品收入，如按规定允许扣减增值税税额的，还应冲减已确认的应交增值税销项税额；

（3）销售折让属于资产负债表日后事项的，应按《企业会计准则第29号——资产负债表日后事项》的相关规定进行处理。

【业务11-11】承接【业务11-7】资料，假设天士力公司收到商品后发现部分商品与合同约定的质量不符，经交易双方协商，甲公司同意给予天士力公司10%的销售折让，则甲公司应开出增值税红字发票冲销已确认的收入及增值税，同时冲减应收的债权。

借：主营业务收入   40 000

  应交税费——应交增值税（销项税额）   5 200

  贷：应收账款——天士力公司   45 200

（四）销售退回

销售退回是指企业售出商品在质量、规格等方面不符合销售合同规定条款的要求，客户要求企业予以退货。企业销售商品发生退货，表明企业履约义务的减少和客户商品控制权及其相关经济利益的丧失。已确认销售商品收入的售出商品发生销售退回的，除属于资产负债表日后事项的以外，企业收到退回的商品时，应退回货款或冲减应收账款，并冲减主营业务收入和增值税销项税额，借记"主营业务收入""应交税费——应交增值税（销项税额）"等账户，贷记"银行存款""应收票据""应收账款"等账户。收到退回商品验收入库，按照商品成本，借记"库存商品"账户，贷记"主营业务成本"账户。如该项销售退回已发生现金折扣，应同时调整相关财务费用的金额。

【业务11-12】甲公司2020年5月20日销售A商品一批，增值税专用发票上注明售价为350 000元，增值税税额为45 500元，该批商品成本为182 000元。A商品于2020年5月20日发出，客户于5月27日付款。该项业务属于在某一时点履行的履约义务并确认销售收入。2020年9月16日，该商品质量出现严重问题，客户将该批商品全部退回给甲公司。甲公司同意退货，于退货当日支付了退货款，并按规定向客户开具了增值税专用发票（红字）。假定不考虑其他因素，甲公司应编制如下会计分录：

（1）2020 年 5 月 20 日确认收入时：

借：应收账款 395 500

　　贷：主营业务收入 350 000

　　　　应交税费——应交增值税（销项税额） 45 500

借：主营业务成本——A 182 000

　　贷：库存商品——A 182 000

（2）2020 年 5 月 27 日收到货款时：

借：银行存款 395 500

　　贷：应收账款 395 500

（3）2020 年 9 月 16 日销售退回时：

借：主营业务收入 350 000

　　应交税费——应交增值税（销项税额） 45 500

　　贷：银行存款 395 500

借：库存商品——A 182 000

　　贷：主营业务成本——A 182 000

四、采用预收款方式销售商品的核算

采用预收款方式销售商品，是指购买方在商品尚未收到前按合同或协议约定分期付款，销售方在收到最后一笔款项时才交货的销售方式。在这种方式下，销售方直到收到最后一笔款项才将商品交付购货方，表明商品所有权上的主要风险和报酬只有在收到最后一笔款项时才转移给购货方，企业通常应在发出商品时确认收入，在此之前预收的货款应确认为负债。具体业务处理见第九章第二节预收账款部分。

五、委托代销商品的核算

代销指的是委托方委托受托方代销商品的销售方式。代销业务涉及委托方和受托方两家单位的不同会计处理。代销流程为：委托方发货（受托方收货）、受托方销售代销商品、受托方开出代销清单（委托方收到代销清单）、委托方收到代销款（受托方支付代销款）。

代销商品通常有两种做法：

第一种，视同买断方式。委托方按协议价收取代销商品款，实际商品售价由受托方自主决定，实际售价与协议价的差额归受托方所有。

第二种，收取手续费方式。委托方规定商品的实际售价，受托方按照委托方规定的价格销售代销商品，按销售额的一定比例向委托方收取代销手续费。

在代销方式下，委托方设置"委托代销商品"账户，核算企业委托其他单位代销的商品的实际成本。该账户的借方登记发给外单位代销商品的实际成本，贷方登记已代销商品或发回商品的实际成本，期末余额在借方。该账户可按受托方名称、代销商品品名进行明细核算。

受托方在接受代销商品时，设置"受托代销商品""受托代销商品款"账户进行核算。

"受托代销商品"是一个表外资产账户，反映受托方接收的代销商品的协议成本或销售价格。接收代销商品时计入借方，销售代销商品或退回代销商品时计入贷方，期末余额在

借方。该账户可按委托方名称、受托代销商品品名进行明细核算。

"受托代销商品款"是一个表外负债账户，与"受托代销商品"相对应，反映受托方接收代销商品后形成的等于代销商品协议成本（或销售价格）的负债金额。接收代销商品形成负债时计入贷方，销售代销商品或退回代销商品负债减少时计入借方，期末余额在贷方。该账户可按委托方名称、受托代销商品品名进行明细核算。

（一）视同买断方式

视同买断方式代销商品，是指委托方和受托方签订合同或协议，委托方按照合同或协议收取代销的货款，实际售价是由受托方自定，实际售价与合同或协议之间的差额归受托方所有。

如果委托方和受托方之间的协议明确写明，受托方在取得代销商品后，无论是否能够卖出、是否获利，均与委托方无关，那么委托方和受托方之间的代销商品交易，与委托方直接销售商品给受托方没有实质的区别，在符合销售商品收入确认条件时，委托方应确认相关销售商品收入。

如果委托方和受托方之间的协议明确写明，将来受托方没有将商品售出时可以将商品退回给委托方，或受托方因代销商品出现亏损时可以要求委托方补偿，那么委托方在交付商品时不确认收入，受托方也不做购进商品处理，受托方将商品销售后，按实际售价确认销售收入，并向委托方开具代销清单，委托方收到代销清单时，再确认本企业的销售收入。

【业务 11-13】甲公司委托乙公司代销商品 1 000 件，协议价为每件 1 000 元，增值税税税率为 13%，该商品的实际成本为每件 800 元。甲公司收到乙公司开来的代销清单时开具增值税专用发票。乙公司按每件 1 200 元的价格销售，增值税税率为 13%。甲公司当月末收到乙公司交的代销清单，代销清单列明已销售代销商品 600 件。假定按代销协议，乙公司可以将未代销的商品退回给甲公司。假定甲公司发出商品时纳税义务尚未发生，不考虑其他因素。

1. 委托方甲公司的账务处理

（1）甲公司将商品交付乙公司时：

借：发出商品	800 000
贷：库存商品	800 000

（2）甲公司收到传来的代销清单时：

借：应收账款——乙公司	678 000
贷：主营业务收入	600 000
应交税费——应交增值税（销项税额）	78 000
借：主营业务成本	480 000
贷：发出商品	480 000

（3）收到乙公司汇来的货款 678 000 元时：

借：银行存款	678 000
贷：应收账款——乙公司	678 000

2. 受托方乙公司的账务处理

（1）收到甲商品时：

借：受托代销商品	1 000 000
贷：受托代销商品款	1 000 000

（2）实际销售时：

借：银行存款	813 600
贷：主营业务收入	720 000
应交税费——应交增值税（销项税额）	93 600
借：主营业务成本	600 000
贷：受托代销商品	600 000
借：受托代销商品款	600 000
应交税费——应交增值税（进项税额）	78 000
贷：应付账款——甲公司	678 000

（3）按合同协议价将款项付给甲公司时：

借：应付账款——甲公司	678 000
贷：银行存款	678 000

（二）收取手续费方式

采用支付手续费方式委托代销商品，是指委托方和受托方签订合同或协议，委托方根据代销商品金额或数量向受托方支付手续费的销售方式。对于受托方来说，收取的手续费实际上是一种劳务收入。在这种方式下，委托方发出商品时，商品所有权上的主要风险和报酬并未转移，委托方在发出商品时通常不应确认销售商品收入，仍然应当按照有关风险和报酬是否转移来判断何时确认收入。通常可在收到受托方开出的代销清单时确认销售商品收入；受托方应在商品销售后，按合同或协议约定的方法计算确定的手续费确认收入。

【业务11-14】9月1日，甲公司委托丙公司销售A商品1 000件，商品已经发出，每件成本为60元。合同约定丙公司应按每件100元对外销售，甲公司按不含增值税的销售价格的10%向丙公司支付手续费。9月30日，丙公司全部销售完毕，开出的增值税专用发票上注明的销售价格为100 000元，增值税税额为13 000元，款项已经收到。甲公司收到丙公司开具的代销清单时，向丙公司开具一张相同金额的增值税专用发票。代销业务的增值税税率为6%。假定甲公司发出商品时纳税义务尚未发生，不考虑其他因素。

甲公司和丙公司的账务处理如下：

1. 委托方甲公司的账务处理

（1）发出商品：

借：发出商品——A商品	60 000
贷：库存商品——A商品	60 000

（2）收到代销清单时，同时发生增值税纳税义务：

借：应收账款——丙公司	113 000
贷：主营业务收入——A商品	100 000
应交税费——应交增值税（销项税额）	13 000

借：主营业务成本——A 商品   60 000

  贷：发出商品——丙公司   60 000

借：销售费用——代销手续费   10 000

  应交税费——应交增值税（进项税额）   600

  贷：应收账款——丙公司   10 600

（3）收到丙公司支付的货款：

借：银行存款   102 400

  贷：应收账款——丙公司   102 400

2. 受托方丙公司的账务处理

（1）收到代销商品：

借：受托代销商品——甲公司   100 000

  贷：受托代销商品款——甲公司   100 000

（2）销售全部商品：

借：银行存款   113 000

  贷：受托代销商品——甲公司   100 000

    应交税费——应交增值税（销项税额） 13 000

（3）将代销清单手续费发票交给甲公司，并收到甲公司开具的增值税专用发票：

借：受托代销商品款——甲公司   100 000

  应交税费——应交增值税（进项税额） 13 000

  贷：应付账款——甲公司   113 000

借：应付账款——甲公司   10 600

  贷：其他业务收入   10 000

    应交税费——应交增值税（销项税额）   600

（4）支付扣除手续费后的货款：

借：应付账款——甲公司   102 400

  贷：银行存款   102 400

六、具有融资性质的分期收款销售商品的核算方法

如果企业销售商品采取分期收款的方式收回货款，在这种销售方式下，企业将商品交付给购货方，通常表明与商品所有权有关的风险和报酬已经转移给购货方，在满足收入确认的其他条件时，应当根据应收款项的公允价值（或现行售价）一次确认收入。按照合同约定的收款日期分期收回货款，强调的只是一个结算时点，与风险和报酬的转移没有关系，因此，企业不应当按照合同约定的收款日期确认收入。

如果延期收取的货款具有融资性质，其实质是企业向购货方提供信贷，在符合收入确认条件时，企业应当按照应收的合同或协议价款的公允价值确定收入金额。应收的合同或协议价款的公允价值，通常应当按照其未来现金流量现值或商品现销价格计算确定。应收的合同或协议价款与其公允价值之间的差额，应当在合同或协议期间内，按照应收款项的摊余成本和实际利率计算确定的金额进行摊销，计入当期损益（冲减财务费用）。在实务中，

基于重要性要求，应收的合同或协议价款与其公允价值之间的差额，按照应收款项的摊余成本和实际利率进行摊销与采用直线法进行摊销结果相差不大的，也可以采用直线法进行摊销。

对于采用递延方式分期收款、具有融资性质的销售商品满足收入确认条件的，企业应按应收合同或协议价款，借记"长期应收款"账户，按应收合同或协议价款的公允价值（折现值），贷记"主营业务收入"账户，按其差额，贷记"未实现融资收益"账户。

【业务11-15】2020年1月1日，甲公司采用分期收款方式向乙公司销售一套大型设备，合同约定的销售价格为20 000 000元，分5次于每年12月31日等额收取。该大型设备成本为15 600 000元。在现销方式下，该大型设备的销售价格为16 000 000元。假定甲公司发出商品时，其有关的增值税纳税义务尚未发生；在合同约定的收款日期，发生有关的增值税纳税义务。

根据资料，甲公司应当确认的销售商品收入金额为16 000 000元。

利用插值法计算出实际利率为7.93%。

每期计入财务费用的金额如表11-1所示。

表 11-1 融资收益分配表 单位：元

日期	分期应收款 （a）	财务费用 （b）=期初（d）×7.93%	已收本金 （c）=（a）-（b）	未收本金 （d）=期初（d）-（c）
2020.1.1				16 000 000
2020.12.31	4 000 000	1 268 800	2 731 200	13 268 800
2021.12.31	4 000 000	1 052 215.84	2 947 784.16	10 321 015.84
2022.12.31	4 000 000	818 456.56	3 181 543.44	7 139 472.40
2023.12.31	4 000 000	566 160.16	3 433 839.84	3 705 632.56
2024.12.31	4 000 000	294 367.44*	3 705 632.56	0
合计	20 000 000	4 000 000	16 000 000	—

* 尾数调整：4 000 000-3 705 632.56=294 367.44（元）

根据表11-1的计算结果，甲公司各期的账务处理如下：

（1）2020年1月1日销售实现：

借：长期应收款——乙公司 20 000 000
　　贷：主营业务收入——××设备 16 000 000
　　　　未实现融资收益——××设备 4 000 000
借：主营业务成本——××设备 15 600 000
　　贷：库存商品——××设备 15 600 000

（2）2020年12月31日收取货款和增值税税额，并分摊未实现融资收益：

借：银行存款 4 520 000
　　贷：长期应收款——乙公司 4 000 000
　　　　应交税费——应交增值税（销项税额） 520 000

借：未实现融资收益——××设备   1 268 800

    贷：财务费用——分期收款销售商品   1 268 800

（3）2021—2024年每年年末收取货款和增值税税额，结转财务费用分录略。

七、存在合同资产的销售

当企业与客户签订的合同包含两项或多项履约义务时，如果企业履行了其中一项履约义务，向客户转让商品获得一项收取对价的权利，但该权利的履行取决于时间流逝之外的其他因素，企业应将该权利确认为合同资产而不是确认为应收账款。如企业向客户销售两项可明确区分的商品，企业因已交付其中一项商品而有权收取价款，但收取该价款还取决于企业交付另一项商品，企业应当将该收款权利作为合同资产。

存在合同资产的销售商品，按先后交付商品的时点分别确认收入，发生增值税纳税义务的同时，进行增值税销项税额的会计处理。企业发生合同资产的销售商品时，应按销售商品的全部价税款，借记"合同资产"账户，按销售商品价款，贷记"主营业务收入"账户，按应缴纳的增值税销项税额，贷记"应交税费——应交增值税（销项税额）"账户。当与合同资产相关的商品销售确认收入时，将合同资产转为应收账款。

【业务11-16】甲公司2020年10月5日与客户签订合同，向客户销售A、B两种产品。A产品的售价为8 000元，成本为5 000元。B产品售价为7 000元，成本为4 000元。合同约定A产品在合同开始日交付，B产品在1个月后交付，当A、B两产品全部交付后，公司才有收取两种产品价款的权利。假定A、B两产品分别构成单项履约义务，客户在交付产品时取得产品控制权，公司的增值税税率为13%，在确认收入时发生纳税义务。甲公司做相关会计分录如下：

（1）10月5日，向客户交付A产品时：

借：合同资产   9 040

    贷：主营业务收入——A产品   8 000

       应交税费——应交增值税（销项税额）   1 040

借：主营业务成本——A产品   5 000

    贷：库存商品——A产品   5 000

（2）11月5日，向客户交付B产品时：

借：应收账款   16 950

    贷：合同资产   9 040

       主营业务收入——B产品   7 000

       应交税费——应交增值税（销项税额）   910

借：主营业务成本——B产品   4 000

    贷：库存商品——B产品   4 000

八、售后回购的核算

售后回购是指销售商品时，销售方同意日后再将同样或类似的商品购回的销售方式。在这种方式下，应根据合同或协议的条款判断企业是否已将商品所有权上的主要风险和报酬转移给购货方，以确定是否确认销售商品收入。在大多数情况下，售后回购交易属于融资交易，企业不应确认销售商品收入，收到的款项应确认为负债；回购价格大于原售价的差额，企业应在回购期间按期计提利息，计入财务费用。有确凿证据表明售后回购交易满足销售商品收入确认条件的，销售的商品按售价确认收入，回购的商品作为购进商品处理。

第三节 按时段确认的收入

一、按时段确认收入的条件

企业的履约业务如满足下列条件之一，则属于在某一时段内履行的履约义务，否则属于在某一时点履行的履约义务。

（1）客户在企业履约的同时即取得并消耗企业履约所带来的经济利益，如企业向客户提供的保安、保洁等服务。企业在履约过程中持续向客户转移商品或服务控制权的，该履约义务属于在某一时段内履行的履约义务。

（2）客户能够控制企业履约过程中在建的商品，包括在研发过程中的科研项目、建造过程中的工程等，如果客户在企业在建该商品的过程中就能控制这些商品，应当认为企业提供商品的履约义务属于某一时段履行的履约义务。

（3）企业履约过程中所产出的商品具有不可替代用途，且该企业在整个合同期间内有权就累计至今已完成的履约部分收取款项。具有不可替代用途是指因合同限制或实际可行性限制，企业不能轻易将商品用于其他用途，如按照客户的要求指标建造的资产等。

对于在某一时段内履行的履约义务，企业的相关收入应当在履约业务履行的期间内确认，并在该段时间内按照履约进度确认收入金额（但履约进度不能合理确定的除外）。

二、履约进度的计算方法

企业应当考虑商品的性质，采用实际测量的完工进度、评估已实现的结果、时间进度、已完工或交付的产品等产出指标，或采用投入的材料数量、花费的人工工时、机器工时、发生的成本和时间进度等投入指标确定恰当的履约进度，并且在确定履约进度时，应当扣除那些控制权尚未转移给客户的商品和服务。

每一资产负债表日，企业都应当对履约进度进行重新估计。当客观环境发生变化时，企业需要重新评估履约进度是否发生变化，以确保履约进度能够反映履约情况的变化，该变化应当作为会计估计变更进行会计处理。对于每一项履约义务，企业都只能采用一种方法来确定其履约进度，并加以一贯运用。对于类似情况下的类似履约义务，企业应当采用相同的方法确定履约进度。

【业务11-17】甲建筑公司承建A工程，工期2年，A工程的预计总成本为10 000 000元。第1年，甲建筑公司实际发生成本为6 800 000元。其中：人工费1 500 000元，材料费3 800 000元，机械作业费1 000 000元，其他直接费和工程间接费500 000元。经查明，A工程领用的材料中有一批虽已运到施工现场但尚未使用，尚未使用的材料成本为800 000元。根据上述资料，甲建筑公司计算第1年的合同履约进度如下：

合同履约进度=(6 800 000－800 000)÷10 000 000×100%=60%

三、按时段确认收入的核算

（一）合同履约进度能够合理确定

资产负债表日，企业应该选择恰当的方法确定合同的履约进度，如果合同的履约进度能够合理确定，则企业应当按照合同的交易价格总额乘以履约进度扣除以前会计期间累计已确认的收入后的金额，确认当期收入，同时按照提供商品或劳务的合同预计总成本乘以累计履约进度扣除以前期间累计已确认成本后的金额，结转当期成本。计算公式为：

本期确认的收入＝合同交易价格总额×累计履约进度–以前期间累计已确认的收入

本期确认的成本＝合同预计总成本×累计履约进度–以前期间累计已确认的成本

企业对于按时段确认收入的单项履约义务在发生各项支出时，按实际支出的成本金额，借记"合同履约成本"账户，按应支付的增值税进项税额，借记"应交税费——应交增值税（进项税额）"账户，按两者的合计金额，贷记"银行存款"等账户。确认收入时，借记"银行存款"等账户，贷记"主营业务收入""应交税费——应交增值税（销项税额）"等账户，同时结转合同履约成本，借记"主营业务成本"账户，贷记"合同履约成本"账户。

以预收方式收取单项履约义务对价金额的，借记"银行存款"账户，发生增值税纳税义务的，按应缴纳的增值税销项税额，贷记"应交税费——应交增值税（销项税额）"账户，按两者的差额贷记"合同负债"账户。资产负债表日，依据按履约进度确认的收入金额，借记"合同负债"账户，贷记"主营业务收入"账户，依据按履约进度计算确认的成本金额，借记"主营业务成本"账户，贷记"合同履约成本"账户。

【业务11-18】甲公司于2020年4月1日与乙公司签订一项咨询合同，并于当日生效。合同约定咨询期为2年，咨询费为300 000元（不含增值税，增值税税率为6%）；乙公司分3次等额支付咨询费（含税），第1次在项目开始时支付，第2次在项目中期支付，第3次在项目结束时支付。假定甲公司按合同履约成本支出确定合同履约进度（已经发生的合同履约成本占合同履约总成本的比重），按年度编制财务报表，不考虑其他因素。甲公司各年度累计已发生的合同履约成本和估计合同履约总成本资料如表11-2所示。

表11-2　各年度累计已发生的合同履约成本和估计合同履约总成本　　单位：元

项目	2020年（9个月）	2021年（12个月）	2022年（3个月）
累计已发生合同履约成本	80 000	180 000	200 000
预计还会发生合同履约成本	110 000	15 000	
估计合同履约总成本	190 000	195 000	200 000

1. 2020年度的账务处理

（1）实际发生劳务成本时：

借：合同履约成本　　　　　　　　　　　　　　　　　　　　　　80 000

　　贷：应付职工薪酬　　　　　　　　　　　　　　　　　　　　　　80 000

（2）预收劳务款项时：

借：银行存款 106 000
  贷：合同负债 100 000
    应交税费——应交增值税（销项税额） 6 000

（3）确认提供劳务收入并结转劳务成本时：

$$合同履约进度=9÷24=37.5\%$$
$$确认提供劳务收入=300\ 000×37.5\%-0=112\ 500（元）$$
$$结转提供劳务成本=190\ 000×37.5\%-0=71\ 250（元）$$

借：合同负债 112 500
  贷：主营业务收入 112 500
借：主营业务成本 71 250
  贷：合同履约成本 71 250

2. 2021 年度的账务处理

（1）实际发生劳务成本时：

借：合同履约成本 100 000
  贷：应付职工薪酬 100 000

（2）预收劳务款项时：

借：银行存款 106 000
  贷：合同负债 100 000
    应交税费——应交增值税（销项税额） 6 000

（3）确认提供劳务收入并结转劳务成本时：

$$合同履约进度=21÷24=87.5\%$$
$$确认提供劳务收入=300\ 000×87.5\%-112\ 500=150\ 000（元）$$
$$结转提供劳务成本=195\ 000×87.5\%-71\ 250=99\ 375（元）$$

借：合同负债 150 000
  贷：主营业务收入 150 000
借：主营业务成本 99 375
  贷：合同履约成本 99 375

3. 2022 年度的账务处理

（1）实际发生劳务成本时：

借：合同履约成本 20 000
  贷：应付职工薪酬 20 000

（2）预收劳务款项时：

借：银行存款 106 000
  贷：合同负债 100 000
    应交税费——应交增值税（销项税额） 6 000

（3）确认提供劳务收入并结转劳务成本时：

$$合同履约进度=24÷24=100\%$$

确认提供劳务收入＝300 000×100%－(112 500＋150 000)＝37 500（元）

结转提供劳务成本＝200 000×100%－(71 250＋99 375)＝29 375（元）

借：合同负债　　　　　　　　　　　　　　　　　　37 500

　　贷：主营业务收入　　　　　　　　　　　　　　　　　　37 500

借：主营业务成本　　　　　　　　　　　　　　　　　29 375

　　贷：合同履约成本　　　　　　　　　　　　　　　　　　29 375

（二）合同履约进度不能合理确定

企业在合同履约进度不能合理确定时，企业已经发生的成本预计能够得到补偿的，应当按照已经发生的成本金额确认收入，直到履约进度能够合理确定为止。

【业务11-19】博大咨询公司为小规模纳税人，与志杰商贸公司签订了一项咨询服务工作，双方签订的合同注明咨询期为6个月，从2019年12月1日开始至2020年6月1日，咨询费总额18 000元，咨询费在咨询开始和结束时分2次平均支付，每次支付9 000元。2019年12月18日，志杰商贸公司在支付过第1期预付款后，公司发生资金周转困难，博大咨询公司第2期咨询费能否如期收到具有极大不确定性。博大咨询公司前期已发生调研及运行费用2 000元。

本业务中，在资产负债表日，博大公司的合同履约进度不能合理确定，应当按照已经发生并预计能够得到补偿的金额确认收入，并将已经发生的成本确定为费用。

博大公司会计分录如下：

（1）2019年12月18日收到客户预付的咨询费时：

借：银行存款　　　　　　　　　　　　　　　　　　9 270

　　贷：合同负债　　　　　　　　　　　　　　　　　　　　9 000

　　　　应交税费——应交增值税　　　　　　　　　　　　　　270

（2）发生调研及运行成本时：

借：合同履约成本　　　　　　　　　　　　　　　　2 000

　　贷：银行存款　　　　　　　　　　　　　　　　　　　　2 000

（3）2019年12月31日确认收入：

借：合同负债　　　　　　　　　　　　　　　　　　2 000

　　贷：主营业务收入　　　　　　　　　　　　　　　　　　2 000

同时结转成本：

借：主营业务成本　　　　　　　　　　　　　　　　2 000

　　贷：合同履约成本　　　　　　　　　　　　　　　　　　2 000

第四节　合同成本

企业在与客户之间建立合同关系过程中发生的成本主要有合同取得成本和合同履约成本。

一、合同取得成本

企业与客户签订合同会发生增量成本。增量成本是指企业不取得合同就不会发生的成本（如销售佣金等）。企业为取得合同发生的增量成本预期能够收回的，应当作为合同取得成本，确认为一项资产。为简化实务操作，该资产摊销期限不超过 1 年的，可以在发生时计入当期损益。

企业为取得合同发生的、除预期能够收回的增量成本之外的其他支出，例如，无论是否取得合同均会发生的差旅费、投标费，为准备投标资料发生的相关费用等，应当在发生时计入当期损益，除非这些支出明确由客户承担。

【业务 11−20】甲公司是一家咨询公司，其通过竞标赢得一个新客户，为取得和该客户的合同，甲公司聘请外部律师进行尽职调查并支付相关费用 15 000 元，为投标而发生的差旅费为 10 000 元，支付销售人员佣金 5 000 元。甲公司预期这些支出未来均能够收回。此外，甲公司根据其年度销售目标、整体盈利情况及个人业绩等，向销售部门经理支付年度奖金 10 000 元。

本业务中，甲公司因与该客户签订合同而向销售人员支付的佣金属于为取得合同发生的增量成本，应当将其作为合同取得成本确认为一项资产。甲公司聘请外部律师进行尽职调查发生的支出、为投标发生的差旅费，无论是否取得合同都会发生，不属于增量成本，因此，应当于发生时直接计入当期损益。甲公司向销售部门经理支付的年度奖金也不是为取得合同发生的增量成本，这是因为该奖金发放与否以及发放金额还取决于其他因素（包括公司的盈利情况和个人业绩），其并不能直接归属于可识别的合同。

企业因现有合同续约或发生合同变更需要支付的额外佣金，也属于为取得合同发生的增量成本。实务中，当涉及合同取得成本的安排比较复杂时，例如，合同续约或合同变更时需要支付额外的佣金、企业支付的佣金金额，取决于客户未来的履约情况或者取决于累计取得的合同数量或金额等，企业需要对发生的合同取得成本进行恰当的会计处理。

满足上述条件确认为资产的合同取得成本，初始确认时摊销期不超过 1 年或 1 个正常营业周期的，在资产负债表中列示为其他流动资产；初始确认时摊销期限在 1 年或 1 个正常营业周期以上的，在资产负债表中列示为其他非流动资产。

企业可设置"合同取得成本"账户核算合同取得成本的增减变化及结存情况。企业发生各项合同取得成本支出时，按实际支出金额，借记"合同取得成本"账户，贷记"银行存款""其他应付款"等账户；按时点或履约进度分摊合同取得成本时，按照计算分摊的金额，借记"销售费用"等账户，贷记"合同取得成本"账户。为简化实务操作，合同取得成本摊销期限不超过 1 年的，可在发生时直接计入本期损益。

二、合同履约成本

企业为履行合同会发生各种成本，企业在确认收入的同时应当对这些成本进行分析，不属于其他企业会计准则规范范围且同时满足规定条件的构成合同履约成本。这些规定条件是：

（1）该成本与一份当前或预期取得的合同直接相关。预期取得的合同应当是企业能够明确识别的合同，例如，现有合同续约后的合同、尚未获得批准的特定合同等。与合同直接相关的成本包括直接人工（例如，支付给直接为客户提供所承诺服务的人员的工资、奖金等）、直接材料（例如，为履行合同耗用的原材料、辅助材料、构配件、零件、半成品的成本和周转材料的摊销及租赁费用等）、制造费用（或类似费用，例如，组织和管理相关生产、施工、服务等活动发生的费用，包括管理人员的职工薪酬、劳动保护费、固定资产折旧费及修理费、物料消耗、取暖费、水电费、办公费、差旅费、财产保险费、工程保修费、排污费、临时设施摊销费等）、明确由客户承担的成本以及仅因该合同而发生的其他成本（例如，支付给分包商的成本、机械使用费、设计和技术援助费用、施工现场二次搬运费、生产工具和用具使用费、检验试验费、工程定位复测费、工程点交费用、场地清理费等）。

（2）该成本增加了企业未来用于履行（或持续履行）履约义务的资源。

（3）该成本预期能够收回。

满足上述条件确认为资产的合同履约成本，初始确认时摊销期限不超过1年或1个正常营业周期的，在资产负债表中列示为存货。初始确认时摊销期限在1年或1个正常营业周期以上的，在资产负债表中列示为其他非流动资产。

企业应当在下列支出发生时，将其计入当期损益：一是管理费用，除非这些费用明确由客户承担；二是非正常消耗的直接材料、直接人工和制造费用（或类似费用），这些支出为履行合同发生，但未反映在合同价格中；三是履约义务中已履行（包括已全部履行或部分履行）部分相关的支出，即该支出与企业过去的履约活动相关；四是无法在尚未履行的与已履行（或已部分履行）的履约义务之间区分的相关支出。

【业务11-21】甲公司与乙公司签订合同，为乙公司信息中心提供管理服务，合同期限为5年。在向乙公司提供服务之前，甲公司设计并搭建了一个信息技术平台供其内部使用，该信息技术平台由相关的硬件和软件组成。甲公司需要提供设计方案，将该信息技术平台与乙公司现有的信息系统对接，并进行相关测试。该平台并不会转让给乙公司，但是，将用于向乙公司提供服务。甲公司为该平台的设计、购买硬件和软件以及信息中心的测试发生了成本。除此之外，甲公司专门指派2名员工，负责向乙公司提供服务。

本业务中，甲公司为履行合同发生的上述成本中，购买硬件和软件的成本应当分别按照本书固定资产和无形资产的规定进行会计处理，设计服务成本和信息中心的测试成本不属于其他章节的规范范围，但是这些成本与履行该合同直接相关，并且增加了甲公司未来用于履行履约义务（即提供管理服务）的资源，如果甲公司预期该成本可通过未来提供服务收取的对价收回，则甲公司应当将这些成本确认为一项资产。甲公司向2名负责该项目的员工支付的工资费用，虽然与向乙公司提供服务有关，但是由于其并未增加企业未来用于履行履约义务的资源，因此应当于发生时计入当期损益。

三、合同履约成本和合同取得成本的摊销、减值

（一）合同成本的摊销

合同履约成本和合同取得成本，均属于与合同成本有关的资产。其合同成本应当采用与该资产相关的商品收入确认相同的基础进行摊销，计入当期损益，即与该资产相关的商品收入按时点确认的，其合同成本也相应按收入的确认时点分摊计入当期损益；与该资产相关的商品收入按履约进度确认的，其合同成本也相应按履约进度分摊计入当期损益。

【业务11-22】2020年1月1日，某公司与客户签订一项工程建设合同，合同履约期限3年，发生销售佣金等合同增量成本84 000元，相关的增值税进项税额5 040元。2020年12月31日，按规定的方法计算工程履约进度为40%，相关会计分录如下：

（1）2020 年度发生合同取得成本时：

借：合同取得成本 84 000

应交税费——应交增值税（进项税额） 5 040

贷：银行存款 89 040

（2）2020 年 12 月 31 日按履约进度分摊成本时：

本年度分摊成本金额＝84 000×40%＝33 600（元）

借：销售费用 33 600

贷：合同取得成本 33 600

（二）合同成本减值

合同履约成本或合同取得成本的账面价值高于下列两项的差额的，超出部分应当计提减值准备，并确认为资产减值损失：

（1）企业因转让与该资产相关的商品预期能够取得的剩余对价。

（2）为转让该相关商品估计将要发生的成本。

合同成本减值＝合同成本的账面价值－（预期能够取得的剩余价值－

估计将要发生的成本）

以前期间减值的因素之后发生变化，使得前款（1）减去（2）的差额高于该资产账面价值的，应当转回原已计提的资产减值准备，并计入当期损益，但转回后的资产账面价值不应超过假定不计提减值准备情况下该资产在转回日的账面价值。

在确定与合同成本有关的资产的减值损失时，企业应当先对按照其他相关企业会计准则确认的、与合同有关的其他资产确定减值损失后，按照规定确定与合同成本有关的资产的减值损失。

企业对合同成本减值的核算应分别设置"合同履约成本减值准备""合同取得成本减值准备"账户，两个账户可分别按照合同客户进行明细核算。按规定的方法计算确认的合同履约成本减值金额或合同取得成本减值金额，应借记"资产减值损失"账户，贷记"合同履约成本减值准备"或"合同取得成本减值准备"账户，转回已计提的资产减值准备时，按转回的金额，借记"合同履约成本减值准备"或"合同取得成本减值准备"账户，贷记"资产减值损失"账户。

第五节　让渡资产使用权收入核算

一、让渡资产使用权收入的确认

让渡资产使用权收入主要指让渡无形资产等资产使用权的使用费收入，出租固定资产取得的租金收入，进行债权投资收取的利息，进行股权投资取得的现金股利等，也构成让渡资产使用权收入。

这里的利息收入主要是指金融企业对外贷款形成的利息收入，以及同业之间发生往来形成的利息收入等。使用费收入主要是指企业转让无形资产（如商标权、专利权、专营权、软件、版权）等资产的使用权形成的使用费收入。

让渡资产使用权收入同时满足下列条件的,才能予以确认:

(1) 相关的经济利益很可能流入企业。相关的经济利益很可能流入企业,是指让渡资产使用权收入金额收回的可能性大于不能收回的可能性。

(2) 收入金额能够可靠计量。收入的金额能够可靠计量,是指让渡资产使用权收入的金额能够合理地估计。如果让渡资产使用权收入的金额不能够合理估计,则不应确认收入。

二、让渡资产使用权收入的计量

(一)利息收入

企业应在资产负债表日,按照他人使用本企业货币资金的时间和实际利率计算确定利息收入金额。按计算确定的利息收入金额,借记"应收利息""银行存款"等账户,贷记"利息收入"等账户。

(二)使用费收入

使用费收入应当按照有关合同或协议约定的收费时间和方法计算确定。不同的使用费收入,收费时间和方法各不同。有一次性收取一笔固定金额的,如一次收取 10 年的场地使用费;有在合同或在协议规定的有效期内分期等额收取的;也有分期不等额收取的,如合同或协议规定按资产使用方每期销售额的百分比收取使用费等。

如果合同或协议规定一次性收取使用费,且不提供后续服务的,应当视同销售该项资产一次性确认收入;提供后续服务的,应在合同或协议规定的有效期内分期确认收入;如果合同或协议规定分期收取使用费的,应按合同或协议规定的收款时间和金额或规定的收费方法计算确定的金额分期确认收入。

企业让渡资产使用权的使用费收入,一般通过"其他业务收入"账户核算;所让渡资产计提的摊销额等,一般通过"其他业务成本"账户核算。企业确认让渡资产使用权的使用费收入时,按确定的收入金额,借记"银行存款""应收账款"等账户,贷记"其他业务收入"账户。企业对所让渡资产计提摊销以及所发生的与让渡资产有关的支出等,借记"其他业务成本"账户,贷记"累计摊销"等账户。

【业务 11-23】甲公司于 2020 年 1 月 1 日向丙公司转让某专利权的使用权,协议约定转让期为 5 年,每年年末收取使用费 200 000 元。2020 年,该专利权计提的摊销额为 12 000 元,每月计提金额为 1 000 元。假定不考虑其他因素和相关税费。甲公司应编制如下会计分录:

(1) 2020 年年末确认使用费收入:

借:应收账款(或银行存款)	200 000
贷:其他业务收入	200 000

(2) 2020 年每月计提专利权摊销额:

借:其他业务成本	1 000
贷:累计摊销	1 000

第六节 费 用

一、费用的概述

费用有狭义和广义之分。广义的费用泛指企业各种日常活动发生的所有耗费，会导致所有者权益减少、与向所有者分配利润无关的经济利益的总流出。狭义的费用仅指企业销售商品、提供劳务等日常活动中发生的经济利益的流出。本教材所指费用主要指狭义的费用。

费用形成于企业的日常活动但有别于产生于非日常活动的损失。企业从事的某些活动或事项也能导致经济利益流出企业，但不属于企业的日常活动。例如，企业非流动资产毁损或报废损失，违约支付罚款、对外捐赠、自然灾害等非常因素造成的财产损失等，这些活动或事项形成的经济利益的总流出属于企业的损失而不是费用，应确认为营业外支出。

企业的费用主要包括主营业务成本、其他业务成本、税金及附加、销售费用、管理费用和财务费用等。

费用应按权责发生制和配比原则确认，凡应属于本期发生的费用，不论其款项是否支付，均确认为本期费用；反之，不属于本期发生的费用，即使其款项已在本期支付，也不确认为本期费用。

二、主营业务成本

主营业务成本是确认销售商品、提供劳务等主营业务收入时应结转的成本。企业一般在确认销售商品、提供劳务等主营业务收入时，或在月末，将已销售商品、已提供劳务的成本结转入主营业务成本。有关主营业务成本的具体会计处理参见本章第二节、第三节的相关业务处理。

三、其他业务成本

其他业务成本是指企业确认的除主营业务活动以外的其他经营活动发生的支出，包括销售材料的成本、出租固定资产的折旧额、出租无形资产的摊销额、出租包装物的成本或摊销、提供非工业性劳务耗费等。

有关其他业务成本的具体会计处理参见本教材第四章、第九章及本章第二节、第四节的相关内容。

四、税金及附加

税金及附加反映企业经营活动发生的消费税、城市维护建设税、资源税、教育费附加及房产税、资源税、环境保护税、土地增值税、城镇土地使用税、车船税、印花税、耕地占用税、契税、车辆购置税等相关税费。

企业应当设置"税金及附加"账户，核算企业经营活动发生的消费税、城市维护建设税、教育费附加等相关税费。按规定计算确定的与经营活动相关的消费税、城市维护建设税、资源税、教育费附加及房产税、资源税、环境保护税、土地增值税、城镇土地使用税、车船税等税费，企业应借记"税金及附加"账户，贷记"应交税费"账户。期末，应将"税金及附加"账户余额转入"本年利润"账户，结转后该账户无余额。企业支付的印花税，不会发生应付未付税款的情况，不需要预计应纳税金额，同时也不存在与税务机关结算或清算的问题。因此，企业支付的印花税不通过"应交税费"账户核算，购买印花税票时，直接借记"税金及附加"账户，贷记"银行存款"账户。

有关税金及附加的具体会计处理参见本教材第九章第四节的相关内容。

五、期间费用

期间费用是指企业日常活动中发生的不能计入特定核算对象的成本，而应计入发生当期损益的费用。期间费用是企业日常活动中所发生的经济利益的流出，通常不计入特定的成本核算对象，是因为期间费用是企业为组织和管理整个经营活动所发生的费用，与可以确定成本核算对象的材料采购、产品生产等没有直接关系，因而期间费用不计入有关核算对象的成本，而是直接计入当期损益。

期间费用包含以下两种情况：一是企业发生的不符合或者不再符合资产确认条件的支出，应当在发生时确认为费用，计入当期损益；二是企业发生的交易或者事项导致其承担了一项负债，而又不确认为一项资产的，应当在发生时确认为费用计入当期损益。

（一）销售费用

销售费用是指企业在销售商品和材料、提供劳务过程中发生的各项费用，包括企业在销售商品过程中发生的包装费、保险费、展览费和广告费、商品维修费、预计产品质量保证损失、运输费、装卸费等费用，以及企业发生的为销售本企业商品而专设的销售机构（含销售网点、售后服务网点）的职工薪酬、业务费、折旧费、固定资产修理费等费用。

企业应通过"销售费用"账户，核算销售费用的发生和结转情况。该账户借方登记销售费用的增加，贷方登记销售费用的减少，期末余额转入"本年利润"账户，结转后该账户应无余额。该账户应按销售费用的费用项目进行明细核算。

【业务11-24】甲公司2020年6月为宣传产品以银行存款支出广告费300 000元、产品展览费100 000元。

借：销售费用　　　　　　　　　　　　　　　　　　　400 000
　　贷：银行存款　　　　　　　　　　　　　　　　　　　　400 000

（二）管理费用

管理费用是指企业为组织和管理生产经营活动而发生的各种费用，包括企业在筹建期间发生的开办费、董事会和行政管理部门在企业的经营管理中发生的费用以及应由企业统一负担的公司经费（包括行政管理部门职工薪酬、物料消耗、低值易耗品摊销、办公费和差旅费等）、董事会费（包括董事会成员津贴、会议费和差旅费等）、聘请中介机构费、咨询费（含顾问费）、诉讼费、业务招待费、技术转让费、矿产资源补偿费、研究费用、排污费以及企业生产车间（部门）和企业固定资产修理费等。

企业应通过"管理费用"账户，核算管理费用的发生和结转情况。该账户借方登记管理费用的增加，贷方登记管理费用的减少，期末余额转入"本年利润"账户，结转后该账户应无余额。该账户应按管理费用的费用项目进行明细核算。

【业务 11-25】甲公司本月支付中介机构的咨询费 100 000 元。

借：管理费用　　　　　　　　　　　　　　　　　　100 000

　　贷：银行存款　　　　　　　　　　　　　　　　　　　100 000

（三）财务费用

财务费用是指企业为筹集生产经营所需资金等而发生的筹集费用，包括利息支出（减利息收入）、汇兑损益以及金融机构相关的手续费、企业发生的现金折扣或收到的现金折扣等。

企业应通过"财务费用"账户，核算财务费用的发生和结转情况。该账户借方登记财务费用的增加（如利息支出、汇兑损失、金融机构手续费、销货折扣的增加或购货折扣的减少），贷方登记财务费用的减少（如存款利息收入、汇兑收益、购货折扣的增加或销货折扣的减少），期末将其借方或贷方余额结转入"本年利润"账户，结转后该账户应无余额。该账户应按财务费用的费用项目进行明细核算。

【业务 11-26】甲公司 2020 年 10 月 3 日以银行存款 150 元支付银行手续费。

借：财务费用——手续费　　　　　　　　　　　　　　150

　　贷：银行存款　　　　　　　　　　　　　　　　　　　150

【业务 11-27】甲公司 2020 年 11 月 30 日银行存款账户收到存款利息收入 8 500 元。

借：银行存款　　　　　　　　　　　　　　　　　　8 500

　　贷：财务费用——利息收入　　　　　　　　　　　　　8 500

第七节　营业外收支

一、营业外收入

（一）营业外收入核算的内容

营业外收入是指企业发生的与其日常活动无直接关系的各项利得。营业外收入并不是企业经营资金耗费所产生的，实际上是经济利益的净流入，不可能也不需要与有关的费用进行配比。营业外收入主要包括：

（1）非流动资产毁损报废净收益，指因自然灾害等发生毁损、已丧失使用功能而报废非流动资产所产生的清理收益。

（2）盘盈利得，主要指企业对现金等资产清查盘点时发现溢余，无法查明原因，报经批准后转入营业外收入。

（3）捐赠利得，指企业接受捐赠产生的利得。

（4）与企业日常活动无关的政府补助，指企业从政府无偿取得货币性资产或非货币性资产，且与企业日常活动无关的利得。

（5）确实无法支付而按规定程序经批准后转作营业外收入的应付款项。

（6）债务重组利得，指按照债务重组会计处理规定应计入营业外收入的债务重组收益。

（7）罚没利得，指企业取得的因对方违反国家有关行政管理法规而按照规定支付的罚款，包括因供应单位不履行合同而向其收取的罚款，因购买单位不履行合同、协议支付货款而向其收取的赔偿金、违约金等各种形式的罚款收入。

（二）营业外收入的核算

企业应设置"营业外收入"账户核算营业外收入的取得和结转情况，该账户可按营业外收入项目进行明细核算。该账户贷方登记企业确认的营业外收入，借方登记期末转入"本年利润"账户的金额，结转后该账户无余额。

1. 企业确认处置非流动资产毁损报废收益

企业确认处置非流动资产毁损报废净收益时，借记"固定资产清理"账户，贷记"营业外收入"账户。

【业务 11-28】东方公司因自然灾害报废机器一台，已清理完毕，将固定资产报废清理净收益 3 000 元转入"营业外收入"账户。

借：固定资产清理　　　　　　　　　　　　　　　　　　　　　　　　3 000
　　贷：营业外收入　　　　　　　　　　　　　　　　　　　　　　　　3 000

2. 确认政府补助利得

（1）政府补助的种类。

与资产有关的政府补助是指企业取得的、用于购建或以其他方式形成长期资产的政府补助。企业取得与资产有关的政府补助，不能全额确认为当期收益，应当确认为递延收益，应自相关资产达到预定可使用状态起，按照资产的预计使用年限，将递延收益平均分摊入当期损益。相关资产在使用寿命结束前被出售、转让、报废或发生毁损的，应将尚未分配的递延收益余额一次性转入资产处置当月的损益。

与收益有关的政府补助是指除了与资产相关的政府补助之外的补助，与收益相关的政府补助用于补偿企业以后期间的相关费用或损失的，取得时确认为递延收益，在确认的期间计入其他收益（与日常经营活动相关的）或营业外收入（与日常经营活动无关的）；用于补偿企业已发生的相关费用或损失的，取得时直接计入其他收益或者营业外收入。

（2）政府补助的核算。

企业取得的应当在以后期间计入当期损益的政府补助，应设置"递延收益"账户，并按照政府补助的种类进行明细核算。

企业取得与资产有关的政府补助，应按照应收或实际收到的金额，借记"其他应收款""银行存款"等账户，贷记"递延收益"账户；在相关的资产的使用寿命内分配递延收益时，借记"递延收益"账户，贷记"营业外收入"账户。

企业取得的与收益相关的政府补助，如果该政府补助是用于补偿企业以后期间的相关成本费用或损失，应按照应收或实际收到的金额，借记"其他应收款""银行存款"等账户，贷记"递延收益"账户，企业在以后期间确认相关费用时，按应予以补偿的金额，借记"递延收益"账户，贷记"其他收益""营业外收入"账户；如果该政府补助是用于补偿企业已经发生的相关成本费用或损失，企业应当直接借记"银行存款"等账户，贷记"其他收益""营业外收入"账户。

企业返还政府补助时，按应返还的金额，借记"递延收益""其他收益""营业外收入"等账户，贷记"银行存款""其他应付款"等账户。

【业务 11-29】2020 年 2 月，甲公司需购置一台环保设备，预计价款为 5 000 000 元，因资金不足，按相关规定向有关部门提出补助 2 100 000 元的申请。2020 年 3 月 1 日，政府批准了甲公司的申请并拨付甲公司 2 100 000 元财政拨款（同日到账）。2020 年 4 月 30 日，甲公司购入不需要安装的环保设备，增值税发票显示价款为 4 800 000 元，增值税税额为 624 000 元。预计使用寿命 10 年，采用直线法计提折旧（假设无残值）。假设 2028 年 4 月，甲公司出售了这台设备，增值税发票显示价款为 1 200 000 元，增值税税额为 156 000 元。不考虑其他因素。

甲公司相关账务处理如下：

（1）2020 年 3 月 1 日实际收到财政拨款，确认政府补助：

借：银行存款		2 100 000
贷：递延收益		2 100 000

（2）2020 年 4 月 30 日购入设备：

借：固定资产		4 800 000
应交税费——应交增值税（进项税额）		624 000
贷：银行存款		5 424 000

（3）自 2020 年 5 月起，每个月月末计提折旧，同时分摊递延收益：

每月应计提的累计折旧＝4 800 000÷10÷12＝40 000（元）

每月应分摊的递延收益＝2 100 000÷10÷12＝17 500（元）

借：管理费用		40 000
贷：累计折旧		40 000
借：递延收益		17 500
贷：营业外收入		17 500

（4）2028 年 4 月出售设备：

借：固定资产清理		960 000
累计折旧		3 840 000
贷：固定资产		4 800 000
借：银行存款		1 356 000
贷：固定资产清理		1 200 000
应交税费——应交增值税（销项税额）		156 000
借：固定资产清理		240 000
贷：资产处置损益		240 000

（5）转销递延收益余额：

借：递延收益		420 000
贷：营业外收入		420 000

【业务 11-30】乙公司于 2020 年 10 月收到政府补助 60 000 元，用于补偿已发生的与环保有关的费用。

乙公司应做如下账务处理：

借：银行存款		60 000
贷：其他收益		60 000

如果乙公司收到的政府补助用于补偿企业以后 2 年的相关费用或损失，则

借：银行存款 60 000

　　贷：递延收益 60 000

在以后期间确认相关费用时，每年按应予以补偿的金额：

借：递延收益 30 000

　　贷：其他收益 30 000

二、营业外支出

（一）营业外支出核算的内容

营业外支出是指与企业发生的日常活动无直接关系的各项损失。营业外支出主要包括：

（1）非流动资产毁损报废损失，指因自然灾害等发生毁损、已丧失使用功能而报废非流动资产所产生的清理损失。

（2）公益性捐赠支出，是指企业对外进行公益性捐赠支出。

（3）盘亏损失，主要指对于财产清查盘点中盘亏的资产，查明原因并报经批准计入营业外支出的损失。

（4）非常损失，是指企业对于客观因素（如自然灾害等）造成的损失，在扣除保险公司赔偿后计入营业外支出的净损失。

（5）罚款支出，指企业支付的行政罚款、税务罚款，以及其他违反法律法规、合同协议等而支付的罚款、违约金、赔偿金等。

（6）债务重组损失，指按照债务重组会计处理规定应计入营业外支出的债务重组损失。

（二）营业外支出的核算

企业应通过"营业外支出"账户核算营业外支出的发生和结转情况，该账户核算可按营业外支出项目进行明细核算。

企业确认处置非流动资产损失时，借记"营业外支出"等账户，贷记"固定资产清理"等账户。确认盘亏、罚款支出计入营业外支出时，借记"营业外支出"账户，贷记"待处理财产损溢""库存现金"等账户。期末，应将"营业外支出"账户余额转入"本年利润"账户，借记"本年利润"账户，贷记"营业外支出"账户，结转后本账户应无余额。

【业务 11-31】甲公司发生原材料自然灾害毁损，共计 200 000 元，其中保险公司可赔偿部分为 160 000 元，其余经批准全部转入营业外支出，该企业原材料日常核算采用实际成本法。甲公司账务处理如下：

（1）发生原材料毁损：

借：待处理财产损溢——待处理流动资产损溢 200 000

　　贷：原材料 200 000

（2）批准处理：

借：其他应收款——保险公司 160 000

　　营业外支出 40 000

　　贷：待处理财产损溢——待处理流动资产损溢 200 000

第十二章

所得税和利润

第一节 所得税会计概述

所得税是对企业生产经营活动所得征收的一种税。企业应纳所得税的计算申报是一种纳税行为,应该按照企业所得税税法的规定进行;企业所得税核算是一种会计行为,按照《企业会计准则》的规定进行。企业会计行为和纳税行为分别遵循不同的法律法规、服务于各自的目的,两者规定的不同造成了企业所得税会计的问题。

一、所得税会计概述

(一)所得税会计的概念

所得税会计是针对《企业会计准则》规定与国家税收规定之间的差异,在所得税会计核算业务中的具体体现。《企业会计准则第 18 号——所得税》(以下简称《所得税准则》)要求采用资产负债表债务法确定所得税费用,就是从资产负债表出发,通过比较资产负债表上列示的资产、负债项目,分别按照《企业会计准则》的规定确定其账面价值,并分别按照税法规定确定其计税基础,对两者之间的差异按其性质分别确定为应纳税暂时性差异与可抵扣暂时性差异,确认相关的递延所得税负债与递延所得税资产,最后在此基础上确定每一会计期间利润表中的所得税费用。

(二)所得税费用核算的一般程序

企业进行所得税的核算一般应按下列程序处理:

1. 确定资产和负债的账面价值

确定资产负债表中除递延所得税资产或递延所得税负债以外的其他资产、负债项目的账面价值。资产、负债项目的账面价值是企业按相关《企业会计准则》的规定进行核算后,在资产负债表中列示的金额。

2. 确定资产和负债的计税基础

以企业所得税税法及实施细则为基础,结合其他相关法律法规规定,确定资产负债表中有关资产、负债项目在税法规定下的应计金额,即计税基础。

3. 确定应纳税暂时性差异和可抵扣暂时性差异

比较资产、负债的账面价值与其计税基础，对于两者之间存在的差异，分析其性质，除特殊情况外，分别确定为应纳税暂时性差异和可抵扣暂时性差异。

4. 确定递延所得税负债和递延所得税资产

分别以应纳税暂时性差异与可抵扣暂时性差异乘以预期所得税税率，确定资产负债表日递延所得税负债和递延所得税资产的应有金额，并与期初递延所得税负债和递延所得税资产的金额相比，确定当期应予进一步确认的递延所得税资产和递延所得税负债金额或应予转销的金额，作为递延所得税。

5. 确定当期所得税

就企业当期发生的交易或事项，按照适用的税法规定计算确定当期应纳税所得额，将应纳税所得额与适用的所得税税率计算的结果确认为当期应缴纳的所得税，作为当期所得税。

6. 确定利润表中的所得税费用

利润表中的所得税费用包括当期所得税和递延所得税两个组成部分，企业在计算确定了当期所得税和递延所得税后，两者之和就是利润表中的所得税费用。

二、资产和负债的计税基础

计税基础是按照税法的规定确定的一项资产或负债当前应当具有的金额，即计税时应归属于某项资产或负债的金额。确定资产、负债的计税基础是所得税会计的关键。企业在取得资产、负债时应当确定其计税基础，并应严格遵循税法对纳税处理及可税前扣除费用等规定。

（一）资产的计税基础

资产的计税基础，是指企业收回资产账面价值的过程中，计算应纳税所得额时按照税法规定可以抵扣的金额。用公式表示为：

资产的计税基础=资产未来期间计税时可税前扣除的金额

一般情况下，税法规定的资产取得的成本为购入时实际支付的金额。在资产持有的过程中，可在未来期间税前扣除的金额是指资产的取得成本减去以前期间按照税法规定已经税前扣除的金额后的余额。企业应当按照适用的税收法规规定计算确定资产的计税基础。

现就部分资产项目计税基础的确定举例说明如下：

1. 固定资产

以各种方式取得的固定资产，初始确认的入账价值基础是被税法认可的，即取得时其入账价值一般等于计税基础。

固定资产在持有期间进行后续计量时，会计与税收处理的差异主要来自折旧方式、折旧年限的不同以及固定资产减值准备的提取。

（1）因折旧方式、折旧年限不同产生的差异。《企业会计准则》规定，企业可以按直线法计提折旧，也可以按双倍余额递减法、年数总和法等计提折旧，前提是有关的方法能够反映固定资产为企业带来经济利益的实现方式。税法一般也会规定固定资产的折旧方法，除某些按规定可以加速折旧的情况外，基本上可以税前扣除的是按直线法计提的折旧。

另外，税法还会规定每一类固定资产的最低折旧年限，而进行会计处理时，企业可以根据税法的规定并结合固定资产的性质和使用情况合理确定折旧年限。因此，如果企业进行会计处理时确定的折旧年限与税法规定不同，就会产生固定资产持有期间账面价值与计税基础的差异。

（2）因计提固定资产减值准备产生的差异。计提了减值准备以后的固定资产账面价值下降；税法规定计提的减值准备在发生实质性损失前不允许税前扣除。这样就会造成其账面价值与计税基础的差异。

【业务 12-1】宏达股份有限公司的某项机器设备，原价为 1 000 万元，预计使用年限为 10 年，进行会计处理时按照直线法计提折旧，税法允许按双倍余额递减法计提折旧，预计净残值为 0。截止到 2020 年年末，企业已计提 2 年折旧，2020 年企业对该项固定资产计提了 80 万元的固定资产减值准备。该项固定资产 2020 年年底的价值计算如下：

$$固定资产的账面价值 = 1\,000 - 100 - 100 - 80 = 720（万元）$$
$$固定资产的计税基础 = 1\,000 - 200 - 160 = 640（万元）$$

2. **无形资产**

无形资产的差异主要产生于以下方面：

（1）内部研究开发形成的无形资产。内部研究开发形成的无形资产，其成本为开发阶段符合资本化条件以后至达到预定用途前发生的支出，除此之外，研究开发过程中发生的其他支出应予费用化计入损益。税法规定，自行开发的无形资产，以开发过程中该资产符合资本化条件后达到预定用途前发生的支出为计税基础。另外，对于研究开发费用的加计扣除，税法中规定企业为开发新技术、新产品、新工艺发生的研究开发费用，未形成无形资产计入当期损益的，在按照规定据实扣除的基础上，按照研究开发费用的 75% 加计扣除；形成无形资产的，按照无形资产成本的 175% 摊销。

按照《企业会计准则》规定确定的成本为研究开发过程中符合资本化条件后至达到预定用途前发生的支出，而税法规定按照无形资产成本的 175% 摊销，其计税基础应在会计入账价值的基础上加计 75%，因而产生账面价值与计税基础在初始确认时的差异。

（2）无形资产在后续计量时累计摊销及减值准备的提取。

《企业会计准则》规定，对于无形资产应根据其使用寿命情况，区分为使用寿命有限的无形资产与使用寿命不确定的无形资产。对于使用寿命不确定的无形资产，不要求摊销，但在会计期末应进行减值测试。税法没有按使用寿命对无形资产进行分类，要求所有无形资产的成本均应在一定期限内进行摊销。对于使用寿命不确定的无形资产，进行会计处理时不予摊销，但计税时按照税法规定的年限来确定摊销额并允许税前扣除，造成该类无形资产账面价值与计税基础之间产生差异。

在对无形资产计提减值准备的情况下，因所计提的减值准备不允许税前扣除，所以也会造成其账面价值与计税基础的差异。

【业务 12-2】宏达股份有限公司 2020 年 1 月购入的某项无形资产成本 160 万元，因使用寿命不确定不予摊销，但税法规定按不短于 10 年的期限进行摊销。该项无形资产 2020

年年底的价值计算如下：

$$无形资产的账面价值=160（万元）$$

$$无形资产的计税基础=160-16=144（万元）$$

【业务 12-3】宏达股份有限公司 2020 年研发某项专利技术共支出 100 万元，其中费用化支出 40 万元，资本化支出 60 万元，专利权于当年的 12 月 31 日研发成功，达到预定可使用状态。税法规定，企业发生的研究开发费用允许加计扣除 75%。具体情况如表 12-1 所示。

表 12-1　宏达股份有限公司具体情况

内容	会计口径	税务口径
费用化支出	计入管理费用 40 万元	可税前扣除 70 万元（40 万元×175%）
资本化支出	无形资产成本 60 万元	计税基础 105 万元（60 万元×175%）

3. 以公允价值进行后续计量的资产

《企业会计准则》规定，以公允价值进行后续计量的资产（主要有以公允价值计量且其变动计入当期损益的金融资产），其某一会计期末的账面价值为该时点的公允价值。税法规定，以公允价值进行后续计量的金融资产持有期间公允价值的变动不计入应纳税所得额，即有关金融资产在某一会计期末的计税基础为其取得成本，因此导致该类资产的账面价值与其计税基础之间产生差异。

【业务 12-4】2020 年 9 月 20 日，宏达股份有限公司自公开市场购入 A 公司股票 200 万股并划分为以公允价值计量且其变动计入当期损益的金融资产，支付购买价款（不含交易税费）1 800 万元。2020 年 12 月 31 日，A 公司股票的市价为 1 500 万元。

2020 年 12 月 31 日，宏达股份有限公司确定的该项金融资产的账面价值和计税基础如下：

$$账面价值=期末公允价值=1 500（万元）$$

$$计税基础=初始入账成本=1 800（万元）$$

4. 其他计提了资产减值准备的各项资产

如前所述，企业的固定资产、无形资产计提减值准备会导致其账面价值与计税基础之间产生差异，企业的存货、金融资产、长期股权投资、成本计量模式下的投资性房地产等计提减值准备也会导致其账面价值与计税基础之间产生差异。

【业务 12-5】2020 年 12 月 31 日，宏达股份有限公司原材料的账面余额为 100 万元，经减值测试，确定原材料的可变现净值为 90 万元，宏达股份有限公司计提了存货跌价准备 10 万元。假定在此之前，宏达公司从未对原材料计提过存货跌价准备。

宏达股份有限公司确定的该项原材料的账面价值和计税基础如下：

$$账面价值=100-10=90（万元）$$

$$计税基础=入账成本=100（万元）$$

（二）负债的计税基础

负债的计税基础，是指负债的账面价值减去未来期间计算应纳税所得额时按照税法规定可予抵扣的金额。用公式表示如下：

负债的计税基础＝账面价值－未来期间按照税法规定可予税前扣除的金额

在通常情况下，负债的确认与偿还不会影响企业的损益，也不会影响其应纳税所得额，未来期间计算应纳税所得额时按照税法规定可予税前抵扣的金额为 0，因此，负债的计税基础一般等于账面价值，如企业的短期借款、应付账款等。但是，在某些情况下，负债的确认可能会影响企业的损益，进而影响不同期间的应纳税所得额，使得其计税基础与账面价值之间产生差额，如按照《企业会计准则》规定确认的某些预计负债等。

1. 企业因销售商品提供售后服务等确认的预计负债

按照《企业会计准则》的规定，企业因提供售后服务而预计发生的支出，在满足预计负债确认条件时，应在销售当期确认预计负债，同时确认为费用。而税法规定，与销售产品相关的支出应于发生时税前扣除。因此该类事项产生的预计负债在期末的计税基础等于其账面价值与未来期间可税前扣除的金额之间的差额，即预计负债在期末的计税基础为 0。

【业务 12-6】宏达股份有限公司 2020 年因销售产品承诺提供 3 年的保修服务，在当年年度利润表中确认了 600 万元销售费用，同时确认为预计负债。假定税法规定，与产品售后服务相关的费用在实际发生时税前扣除。

预计负债的账面价值＝600（万元）

预计负债的计税基础＝600－600＝0（万元）

2. 预收账款

企业在收到客户预付的款项时，因不符合收入确认条件，会计上将其确认为负债。税法中对于收入的确认原则一般与会计规定相同，但是在某些特殊情况下，如预收房地产销售款，税法上要求将预收款但按照税法规定计算缴纳所得税，不作为负债处理。

【业务 12-7】宏达股份有限公司 2020 年 4 月 1 日预收定金 40 万元，2021 年发出商品，总收入为 100 万元，尾款于商品发出时结清，假定税法确认收入的时间在收预收账款时。

预收账款的账面价值＝40（万元）

预收账款的计税基础＝40－40＝0（万元）

3. 应付职工薪酬

《企业会计准则》规定，企业为获得职工提供的服务而给予的各种形式的报酬以及其他相关支出均应作为企业的成本费用，在未支付之前确认为负债。税法中对于合理的职工薪酬基础允许税前扣除。但税法中明确规定了税前扣除标准的，按照《企业会计准则》规定计入成本费用支出的金额超过规定标准部分，应进行纳税调整；对于超过部分在发生当期不允许税前扣除，在以后期间也不允许税前扣除，即该部分差额未来期间计税不产生影响，所产生应付职工薪酬负债的账面价值等于计税基础。

4. 其他负债

企业的其他负债项目，如应付的行政性罚款和滞纳金等，在尚未支付前按照会计规定确认为费用，同时作为负债。税法规定行政性罚款和滞纳金不论发生在本期或以后各期，均不能税前扣除，因此其计税基础等于账面价值。

其他交易或事项产生的负债，其计税基础的确定应当遵从适用税法的相关规定确定。

三、暂时性差异

暂时性差异是指资产或负债的账面价值与其计税基础之间的差额。

根据暂时性差异对未来期间应税所得额影响的不同，分为应纳税暂时性差异和可抵扣暂时性差异。

（一）应纳税暂时性差异

应纳税暂时性差异，是指在确定未来收回资产或清偿负债期间的应纳税所得额时，将导致产生应税金额的暂时性差异，即该差异在未来期间转回时，将会增加转回期间的应纳税所得额和相应的应缴纳的所得税。应纳税暂时性差异通常产生于下列情况：

1. 资产的账面价值大于其计税基础

资产的账面价值代表的是企业在持续使用和最终处置该项资产时将取得的经济利益总额，而计税基础代表的是资产在未来期间可予税前扣除的金额。如果资产的账面价值大于其计税基础，则表明该项资产未来期间产生的经济利益不能全部税前抵扣，两者之间的差额需要缴纳所得税，从而产生应纳税暂时性差异。例如，企业持有的一项以公允价值计量且其变动计入当期损益金融资产，购买成本为 2 000 万元，期末公允价值为 2 500 万元。那么期末其账面价值为 2 500 万元，计税基础为 2 000 万元。期末账面价值大于计税基础的差额 500 万元，将导致出售该交易性金融资产期间的应纳税所得额相对于会计收益增加 500 万元，因而属于应纳税暂时性差异。

在前面的举例中，【业务 12-1】、【业务 12-2】所列举的差异，均属于资产的账面价值大于其计税基础所导致的应纳税暂时性差异。

2. 负债的账面价值小于其计税基础

负债的账面价值为企业预计在未来期间清偿该项负债时的经济利益流出，而其计税基础代表的是账面价值在扣除税法规定未来期间允许税前扣除的金额之后的差额。负债的账面价值与其计税基础不同产生的暂时性差异，本质上是与该项负债相关的费用支出在未来期间计税时可予税前扣除的金额，即

负债产生的暂时性差异＝账面价值－计税基础

＝账面价值－（账面价值－未来期间计税时按照税法规定可予以税前扣除的金额）

＝未来期间计税时按照税法规定可予以税前扣除的金额

负债的账面价值小于其计税基础，则意味着该项负债在未来期间计税时，可以税前抵扣的金额为负数，即应在未来期间应纳税所得额的基础上调增，增加应纳税所得额和应缴纳的所得税金额，产生应纳税暂时性差异。

（二）可抵扣暂时性差异

可抵扣暂时性差异，是指在确定未来收回资产或清偿负债期间的应纳税所得额时，将导致产生抵扣金额的暂时性差异。该差异在未来期间转回时，会减少转回期间的应纳税所

得额和相应的应缴纳的所得税。可抵扣暂时性差异一般产生于以下情况：

1. 资产的账面价值小于其计税基础

资产的账面价值小于其计税基础，意味着资产在未来期间产生的经济利益小于按照税法规定允许税前扣除的金额，两者之间的差额可以减少企业在未来期间的应纳税所得额，从而减少未来期间应缴纳的所得税，产生可抵扣暂时性差异。例如，企业的一笔应收账款，账面余额为 100 万元，已计提坏账准备 20 万元，即其账面价值为 80 万元，计税基础为 100 万元。期末账面价值小于计税基础的差额 20 万元，将导致应收账款发生实质性损失期间的应纳税所得额相对于会计收益减少 20 万元，因而属于可抵扣暂时性差异。

在前面的举例中，【业务 12-3】、【业务 12-4】、【业务 12-5】所列举的差异，均属于资产的账面价值小于其计税基础所导致的可抵扣暂时性差异。

2. 负债的账面价值大于其计税基础

负债的账面价值大于其计税基础，就意味着该项负债在未来期间可予税前抵扣的金额为正数，即按照税法规定与该项负债相关的费用支出未来期间计税时可以全部或部分自应税经济利益中扣除，从而减少未来期间的应纳税所得额和相应应缴纳的所得税，产生可抵扣暂时性差异。例如，企业因合同违约而被客户提起诉讼，要求支付违约金，至年末时法院尚未做出判决，企业为此计提了 100 万元的预计负债。由于税法允许合同违约金在支付时从税前扣除，故该项预计负债的账面价值为 100 万元，计税基础为 0。期末账面价值大于计税基础的差额 100 万元，将导致实际支付合同违约金期间的应纳税所得额相对于会计收益减少 100 万元，因而属于可抵扣暂时性差异。

在前面的举例中，【业务 12-6】、【业务 12-7】所列举的差异，均属于可抵扣暂时性差异。

（三）特殊项目产生的暂时性差异

1. 未作为资产、负债确认的项目产生的暂时性差异

某些交易或事项发生以后，因为不符合资产、负债的确认条件而未确认为资产负债表中的资产或负债，但按照税法规定能够确定其计税基础的，其账面价值 0 与计税基础之间的差异也构成暂时性差异。例如，企业发生的广告费和业务宣传费支出，按照《企业会计准则》的规定，在发生时应全部计入当期损益，不形成资产负债表中的资产，即其账面价值为 0。而根据税法规定，不超过当年销售（营业）收入 15% 的部分，准予扣除；超过部分，准予在以后纳税年度结转扣除。因此，在广告费和业务宣传费支出超过当年销售（营业）收入 15% 的情况下，由于可以按超出部分确定其计税基础，因而在其支出期间形成一项可抵扣暂时性差异。

2. 可抵扣亏损及税款抵减产生的暂时性差异

按照税法规定可以结转以后年度的未弥补亏损及税款抵减，虽不是资产、负债的账面价值与计税基础不同导致的，但与可抵扣暂时性差异具有同样的作用，均能减少未来期间的应纳税所得额和相应应缴纳的所得税。例如，某企业 2020 年度发生经营亏损 1 000 万元，根据税法规定，准予向以后年度结转，用以后年度的所得弥补，但结转年限最长不得超过

5 年。因此，该企业 2020 年年度的经营亏损可用 2021—2025 年连续 5 个会计年度的应纳税所得额予以弥补，共计可以抵减该期间应纳税所得额 1 000 万元，因而在 2020 年发生经营亏损期间形成一项可抵扣暂时性差异。

【业务 12-8】根据业务【业务 12-1】至【业务 12-7】提供的资料及计算结果，2020 年年末企业的暂时性差异计算如表 12-2 所示。

表 12-2　暂时性差异计算表　　　　　　　单位：万元

序号	项目	账面价值	计税基础	暂时性差异	
				应纳税	可抵扣
12-1	固定资产	720	640	80	
12-2	无形资产	160	144	16	
12-3	无形资产	60	105		45
12-4	交易性金融资产	1 500	1 800		300
12-5	原材料	90	100		10
12-6	预计负债	600	0		600
12-7	预收账款	40	0		40
合计				96	995

四、递延所得税负债和递延所得税资产

资产负债表日，企业通过比较资产、负债的账面价值和计税基础，确定应纳税暂时性差异和可抵扣暂时性差异，进而按照《企业会计准则》规定的原则确认相关的递延所得税负债和递延所得税资产。

（一）递延所得税负债的核算

应纳税暂时性差异在未来期间转回时，会增加转回期间的应纳税所得额和相应应缴纳的所得税，导致经济利益流出企业，因而在其产生期间，相关的所得税影响金额构成一项未来的纳税义务，应确认为一项负债，即递延所得税负债产生于应纳税暂时性差异。

1. 递延所得税负债的确认原则

为了充分反映交易或事项发生后引起的未来期间纳税义务，除《企业会计准则》中明确规定可不确认递延所得税负债的情况外，企业对于其他所有的应纳税暂时性差异均应确认相关的递延所得税负债。

2. 递延所得税负债的计量

递延所得税负债应以相关应纳税额暂时性差异转回期间使用的所得税税率计量。在税率不变的情况下，企业在确认递延所得税负债时，一般可用现行适用税率为基础计算确定。递延所得税负债的计量不要求折现。

税收法规变化，导致企业在某一会计期间适用的所得税税率发生变化的，企业应对已确认的递延所得税负债按照新的税率进行重新计量。

本期应确认的递延所得税负债＝应纳税暂时性差异×适用的税率－
递延所得税负债期初余额

3. 递延所得税负债的核算

企业应设置"递延所得税负债"账户，该账户贷方反映确认的各类递延税负债，借方反映企业确认递延所得税负债的应纳税暂时性差异情况发生回转时的递延所得税负债。该账户按照应纳税暂时性差异项目进行明细核算。

在确认应纳税暂时性差异产生的递延所得税负债的同时，导致应纳税暂时性差异产生的交易或事项发生时影响到会计利润或应纳税所得额的，相关的所得税影响应增加利润表中所得税费用；应纳税暂时性差异的产生与直接计入所有者权益的交易或事项相关的，相关的所得税影响应减少所有者权益（资本公积）；应纳税暂时性差异的产生与企业合并中取得的资产负债相关的，相关的所得税影响应增加购买日的商誉或减少计入合并当期损益（营业外收入）的金额。

企业本期应确认的递延所得税负债大于其账面余额的，借记"所得税费用——递延所得税""其他综合收益"等账户，贷记"递延所得税负债"账户；应确认的递延所得税负债小于其账面余额的，做相反的会计分录。

【业务12-9】根据【业务12-8】提供的资料及计算结果，企业的应纳税暂时性差异为780 000元，宏达股份有限公司适用的所得税税率为25%，期初递延所得税负债的余额为200 000元。

本期应确认的递延所得税负债＝960 000×25%－200 000＝40 000（元）

借：所得税费用——递延所得税 40 000
　　贷：递延所得税负债 40 000

【业务12-10】2020年9月20日，宏达股份有限公司购入A公司股票并划分为以公允价值计量且其变动计入当期损益的金融资产，成本为200 000元。2020年12月31日，宏达股份有限公司持有的A公司股票公允价值为260 000元。2021年4月10日，宏达股份有限公司将持有的A公司股票全部售出，收到价款280 000元。假定除该项金融资产产生的会计与税收之间的差异外，不存在其他会计与税收的差异。宏达股份有限公司适用的所得税税率为25%。

宏达股份有限公司各年资产负债表日确认递延所得税负债的会计处理如下：

（1）2020年12月31日，该项金融资产期末账面价值大于计税基础的差额60 000（260 000－200 000）元属于应纳税暂时性差异，宏达股份有限公司应确认递延所得税负债15 000（60 000×25%）元，会计处理如下：

借：所得税费用——递延所得税 15 000
　　贷：递延所得税负债 15 000

（2）2021年12月31日，宏达股份有限公司在2021年4月10日出售A公司股票时确认的收益为20 000（280 000－260 000）元，而2021年度计税时，出售A公司股票应确定的应纳税所得额为80 000（280 000－200 000）元，二者之差60 000元，为2020年度产生的应纳税暂时性差异在 2021 年度全部转回所增加的本年应纳税所得额,并相应地增加了本年缴纳的所得税 15 000 (60 000×25%) 元。由于 2020 年度产生的应纳税暂时性差异在 2021 年度已经全部转回,即相应的递延所得税负债已经全部偿付,因此 2021 年资产负债表日,宏达股份有限公司应将 2020 年确认的递延所得税负债全部转回。

借:递延所得税负债　　　　　　　　　　　　　　　　　　　　15 000
　　贷:所得税费用　　　　　　　　　　　　　　　　　　　　　　　15 000

【业务 12-11】2019 年 12 月 25 日,宏达股份有限公司购入一套生产设备,实际成本为 750 000 元,预计使用年限为 5 年,预计净残值为 0,采用年限平均法计提折旧。假定税法对折旧年限和净残值的规定与会计相同,但允许该设备采用加速折旧法计提折旧,宏达股份有限公司在计税时按年数总和法计提折旧费用。假定除该项固定资产产生的会计与税收之间的差异外,不存在其他会计与税收的差异。宏达股份有限公司适用的所得税税率为 25%。

根据上列资料,宏达股份有限公司各年年末有关递延所得税的确认情况,见表 12-3。

表 12-3　递延所得税确认表　　　　　　　　　　　　　单位:元

项目	2020 年	2021 年	2022 年	2023 年	2024 年
实际成本①	750 000	750 000	750 000	750 000	750 000
累计会计折旧②	150 000	300 000	450 000	600 000	750 000
期末账面价值③=①-②	600 000	450 000	300 000	150 000	0
累计计税折旧④	250 000	450 000	600 000	700 000	750 000
期末计税基础⑤=①-④	500 000	300 000	150 000	50 000	0
应纳税暂时性差异⑥=③-⑤	100 000	150 000	150 000	100 000	0
递延所得税负债期末余额⑦=⑥×25%	25 000	37 500	37 500	25 000	0
本期应确认递延所得税负债⑧=⑦-上年⑦	25 000	12 500	0	-12 500	-25 000

根据表 12-3 的资料,宏达股份有限公司各年资产负债表确认递延所得税负债的会计处理如下:

(1) 2020 年 12 月 31 日:

借:所得税费用——递延所得税　　　　　　　　　　　　　　　　25 000
　　贷:递延所得税负债　　　　　　　　　　　　　　　　　　　　　25 000

(2) 2021 年 12 月 31 日:

借:所得税费用——递延所得税　　　　　　　　　　　　　　　　12 500
　　贷:递延所得税负债　　　　　　　　　　　　　　　　　　　　　12 500

(3) 2022 年 12 月 31 日,本期不需要确认递延所得税负债。

(4) 2023 年 12 月 31 日:

借：递延所得税负债   12 500

  贷：所得税费用——递延所得税   12 500

（5）2024 年 12 月 31 日：

借：递延所得税负债   25 000

  贷：所得税费用——递延所得税   25 000

（二）递延所得税资产的核算

可抵扣暂时性差异在转回期间将减少企业的应纳税所得额和相应应缴纳的所得税，导致经济利益流入企业，因而在其产生期间，相关的所得税影响金额构成一项未来的经济利益，应确认为一项资产，即递延所得税资产产生于可抵扣暂时性差异。

1. 递延所得税资产的确认原则

递延所得税资产能够给企业带来的未来经济利益，表现在可以减少转回期间应缴纳的所得税。因此，未来期间内，该项经济利益是否能够实现，取决于在可抵扣暂时性差异转回的未来期间内，企业是否能够产生足够的应纳税所得额用以利用可抵扣暂时性差异。

（1）如果企业有明确的证据表明在可抵扣暂时性差异转回的未来期间能够产生足够的应纳税所得额，使得与可抵扣暂时性差异相关的经济利益能够实现的，应当确认可抵扣暂时性差异产生的递延所得税资产。

（2）如果企业在可抵扣暂时性差异转回的未来期间无法产生足够的应纳税所得额，使得与可抵扣暂时性差异相关的经济利益无法全部实现的，则应当以可能取得的应纳税所得额为限，确认相应的可抵扣暂时性差异产生的递延所得税资产。

（3）如果企业在可抵扣暂时性差异转回的未来期间无法产生应纳税所得额，使得与可抵扣暂时性差异相关的经济利益无法实现的，就不应确认递延所得税资产。

（4）企业应当以可抵扣暂时性差异转回的未来期间可能取得的应纳税额为限，确认可抵扣暂时性差异所产生的递延所得税资产。

（5）在判断企业于可抵扣暂时性差异转回的未来期间是否能够产生足够的应纳税所得额时，应考虑企业在未来期间通过正常的生产经营活动能够实现的应纳税所得额以及以前期间产生的应纳税暂时性差异在未来期间转回时将增加的应纳税所得额两方面的影响。

2. 递延所得税资产的计量

确认递延所得税资产时，应估计相关可抵扣暂时性差异的转回期间，以转回期间适用的所得税税率为基础计算确定。

递延所得税资产不进行折现计算。在所得税税率发生变化时，企业应对应确认的递延所得税资产按照新的税率进行重新计量并进行相应的会计处理。

本期应确认的递延所得税资产＝可抵扣暂时性差异×适用的税率－

递延所得税资产期初余额

3. 递延所得税资产的核算

企业应设置"递延所得税资产"账户，用来核算企业因可抵扣暂时性差异确认的递延所得税资产，根据税法规定，可用以后年度的可抵扣亏损及税款抵减产生的递延所得税资产也在本账户核算。该账户借方反映确认的各类递延所得税资产，贷方反映企业确认递延所得税资产的可抵扣暂时性差异情况，发生回转时转回的所得税影响额以及税率变动或开征新税调整的递延所得税资产，期末余额反映尚未转回的递延所得税资产。该账户按照可抵扣暂时性差异等项目进行明细核算。

按可抵扣暂时性差异计算确认递延所得税资产时，交易或事项发生时影响到会计利润或应纳税所得额的，相关的所得税影响应作为利润表中所得税费用的组成部分；与直接计入所有者权益的交易或事项有关的，其所得税影响应减少所有者权益；与企业合并中取得资产负债相关的递延所得税影响应调整购买日应确认的商誉或是计入合并当期损益的金额。

资产负债表日，企业根据所得税准则应予确认的递延所得税资产借记"递延所得税资产"账户，贷记"所得税费用——递延所得税"。本期应确认的递延所得税资产大于其账面余额的应按其差额确认；本期应确认的递延所得税资产小于其账面余额的，做相反的会计分录。

【业务 12-12】根据【业务 12-8】提供的资料及计算结果，企业的可抵扣暂时性差异为 9 950 000 元，宏达股份有限公司适用的所得税税率为 25%，期初递延所得税负债的余额为 1 800 000 元。

本期应确认的递延所得税资产 = 9 950 000 × 25% − 1 800 000 = 687 500（元）

借：递延所得税资产   687 500

  贷：所得税费用——递延所得税   687 500

【业务 12-13】2019 年 12 月 15 日，宏达股份有限公司购入一套管理用设备，实际成本为 300 000 元，预计使用年限为 4 年，预计净残值为 0，采用年限平均法计提折旧。假定税法对折旧年限和净残值的规定与会计相同，但规定的最短折旧年限为 6 年，宏达股份有限公司在计税时按 6 年计提折旧费用。假定除该项固定资产产生的会计与税收之间的差异外，不存在其他会计与税收的差异。宏达股份有限公司预计在未来期间能够产生足够的应纳税额用以抵扣可抵扣暂时性差异，适用的所得税税率为 25%。

根据资料，宏达股份有限公司各年年末有关递延所得税的确认情况，见表 12-4。

表 12-4 递延所得税确认表   单位：元

项目	2020 年	2021 年	2022 年	2023 年	2024 年	2025 年
实际成本①	300 000	300 000	300 000	300 000	300 000	300 000
累计会计折旧②	75 000	150 000	225 000	300 000	0	0
期末账面价值③=①−②	225 000	150 000	75 000	0	0	0
累计计税折旧④	50 000	100 000	150 000	200 000	250 000	300 000
期末计税基础⑤=①−④	250 000	200 000	150 000	100 000	50 000	0
可抵扣暂时性差异⑥=⑤−③	25 000	50 000	75 000	100 000	50 000	0
递延所得税资产期末余额⑦=⑥×25%	6 250	12 500	18 750	25 000	12 500	0
本期应确认递延所得税资产⑧=⑦−上年⑦	6 250	6 250	6 250	6 250	−12 500	−12 500

根据表 12-4 的资料，宏达股份有限公司各年资产负债表确认递延所得税资产的会计处理如下：

（1）2020 年 12 月 31 日：

借：递延所得税资产   25 000

 贷：所得税费用——递延所得税   25 000

（2）2021 年、2022 年、2023 年会计处理同 2020 年。

（3）2024 年 12 月 31 日：

借：所得税费用——递延所得税   12 500

 贷：递延所得税资产   12 500

2025 年的会计处理同 2024 年。

（三）适用税率变动时对已确认递延所得税项目的调整

递延所得税负债和递延所得税资产所代表的是未来期间有关暂时性差异转回时，导致转回期间应缴纳的所得税增加或减少的金额。因此，在适用的所得税税率发生变动的情况下，按照原税率确认的递延所得税负债或递延所得税资产就不能反映有关暂时性差异转回时对应缴纳的所得税金额的影响。在这种情况下，企业应对原已确认的递延所得税负债和递延所得税资产按照新的税率进行重新计量，调整递延所得税负债及递延所得税资产金额，使之能够反映未来期间应当承担的纳税义务或可以获得的抵税利益。

在进行上述调整时，除对直接计入所有者权益的交易或事项产生的递延所得税负债及递延所得税资产的调整金额应计入所有者权益以外，其他情况下对递延所得税负债及递延所得税资产的调整金额，应确认为税率变动当期的所得税费用（或收益）。

第二节　所得税费用

所得税会计的主要目的之一是确定当期应缴纳的所得税以及利润表中的所得税费用。在资产负债表债务法下，利润表中的所得税费用由当期所得税和递延所得税两部分构成。

一、当期所得税确认和计量

当期所得税是指对当期发生的交易和事项，企业按照税法规定计算确定的应向税务机关纳税申报缴纳的所得税金额，即当期应缴纳的所得税。

企业在确定当期应缴纳的所得税时，对于当期发生的交易或事项，会计处理与纳税处理不同的，应在会计利润的基础上，按照适用税收法规的规定进行调整，计算出当期应纳税所得额，按照应纳税所得额与适用所得税税率计算确定当期应缴纳的所得税。一般情况下，应纳税所得额可在会计利润的基础上，考虑会计与纳税处理之间的差异，按照下列公式计算确定：

应纳税所得额=会计利润+按照会计准则规定计入利润表但计税时不允许税前扣除的费用和损失-税法规定的不征税收入和利得±计入利润表的费用和损失与按照税法规定可予税前抵扣的限额之间的差额±计入利润表的收入和利得与按照税法规定应计入纳税所得额的收入和利得之间的差额±其他需要调整的因素

上述应纳税所得额调整事项的具体内容主要包括：

1. 调减事项

（1）国债利息收入。国债利息收入仅指国务院财政部门发行的债券利息收入，是税法上的免税收入，不包括持有外国政府债券、企业发行的债券和国债持有者在二级市场转让国债获得的收入。

（2）返还的所得税。返还的所得税按照《企业会计准则》属于政府补助，计入营业外收入，但不属于税法中的收入范围。

（3）研究开发支出加计扣除的部分（现规定为 75%）。

（4）残疾人的工资加计扣除的部分（现规定为 100%）。

2. 调增事项

（1）应付债券和交易性金融负债的利息费用中按实际利率超过银行利息的部分。

（2）在费用中列支的职工福利费、职工工会经费和职工教育经费分别超过工资薪金规定比例的部分（现规定比例分别为 14%、2%、8%）。

（3）业务招待费支出的 60% 和超过当年营业收入 5‰ 的部分。

（4）企业列支的广告费和业务宣传费支出超过当年营业收入 15% 的部分。

（5）销售费用中佣金不符合规定条件的部分。规定条件分别为：有合法真实凭证；支付的对象必须是独立的有权从事中介业务服务的纳税人或个人（支付对象不含企业雇员）；支付给个人的佣金除另有规定的外，不得超过服务金额的 8%。

（6）不符合税法规定税前扣除的行政性罚款和被没收财物损失。

（7）企业支付的人寿保险、个人财产保险、权益结算的股份支付等，税法规定不允许税前扣除。

（8）不符合税法规定的公益性捐赠支出、公益性捐赠以外的支出、赞助支出。

（9）与其收入无关的支出等。

（10）按确认的暂时性差异调整的事项。

资产负债表日，企业按照税法规定计算确定的当期所得税，借记"所得税费用——当期所得税"账户，贷记"应交税费——应交所得税"账户。

【业务 12-14】企业某会计年度的会计利润总额为 14 000 000 元，其中，"投资收益"账户贷方计入国债利息收入 1 800 000 元，"营业外支出"账户借方计入行政性罚款支出 2 000 000 元，企业某项固定资产的账面原值为 300 000 元，本期计提减值损失 120 000 元，预计相关的诉讼费用 80 000 元，无其他调整事项。适用的所得税税率为 25%。

企业有关计算如下：

（1）计算应纳税所得额：

应纳税所得额＝14 000 000－1 800 000＋2 000 000＋120 000＋80 000＝14 400 000（元）

（2）计算当期应缴纳的所得税费用：

应缴纳的所得税＝14 400 000×25%＝3 600 000（元）

借：所得税费用——当期所得税   3 600 000

  贷：应交税费——应交所得税   3 600 000

二、递延所得税的确认和计量

递延所得税是指按照所得税准则的规定，应当计入当期利润表的递延所得税费用（或收益），其金额为当期应予确认的递延所得税负债减去当期应予确认的递延所得税资产的差额。用公式表示如下：

$$递延所得税 =（期末递延所得税负债 - 期初递延所得税负债）-$$
$$（期末递延所得税资产 - 期初递延所得税资产）$$
$$期末递延所得税负债 = 期末应纳税暂时性差异 × 适用税率$$
$$期末递延所得税资产 = 期末可抵扣暂时性差异 × 适用税率$$

计算结果为正，称之为递延所得税费用，应计入当期的所得税费用；计算结果为负，称之为递延所得税收益，应当递减当期的所得税费用。

企业在计算的当期所得税以及递延所得税的基础上，将两者之和确认为利润表中的所得税费用，即

$$所得税费用 = 当期所得税 + 递延所得税费用（或 - 递延所得税收益）$$

企业因确认递延所得税资产和递延所得税负债产生的递延所得税，一般应当计入所得税费用，但以下两种情况除外：

（1）某项交易或事项产生的损益按照会计准则规定应计入所有者权益的，由该交易或事项产生的递延所得税资产或递延所得税负债及其变化应计入所有者权益，不构成利润表中的递延所得税费用。

（2）企业合并中取得的资产、负债，其账面价值与计税基础不同，应确认相关递延所得税的，递延所得税的确认影响合并中产生的商誉或是计入当期损益的金额，不影响所得税费用。

资产负债表日，企业按照税法规定计算确定的当期所得税，借记"所得税费用——当期所得税"账户，贷记"应交税费——应交所得税"账户。

资产负债表日，根据所得税准则应予确认的递延所得税资产大于"递延所得税资产"账户余额的差额，借记"递延所得税资产"账户，贷记"所得税费用——递延所得税""其他综合收益"等账户；应予确认的递延所得税资产小于"递延所得税资产"账户余额的差额，做相反的会计分录。企业应予确认的递延所得税负债的变动，应当比照上述原则调整"所得税费用——递延所得税"账户、"递延所得税负债"账户。

【业务 12-15】某企业 2020 年年初递延所得税负债余额为 1 100 000 元，递延所得税资产为 600 000 元。2020 年年末确认的应纳税暂时性差异为 4 000 000 元，可抵扣暂时性差异为 8 000 000 元。适用的所得税税率为 25%。

2020 年递延所得税负债的期末余额 = 4 000 000 × 25% = 1 000 000（元）

2020 年确认的递延所得税负债的发生额 = 1 000 000 - 1 100 000 = -100 000（元）

2020 年递延所得税资产的期末余额 = 8 000 000 × 25% = 2 000 000（元）

2020 年确认的递延所得税资产的发生额 = 2 000 000 - 600 000 = 1 400 000（元）

借：递延所得税资产   1 400 000
  递延所得税负债   100 000
   贷：所得税费用——递延所得税   1 500 000

【业务 12-16】A 公司的所得税采用资产负债表债务法核算，有关资料如下：

（1）2019 年年底购入环保设备一台，原价 100 000 元，预计使用 4 年，期满无残值，按直线法计提折旧。按照税法规定，该种设备可采用年数总和法折旧。

（2）2020 年 11 月购入一批商品，成本 400 000 元，当年年末可变现净值为 350 000 元；2021 年年末可变现净值为 320 000 元；2022 年 1 月将该批商品全部出售，取得收入 330 000 元。

（3）2020—2023 年公司实现税前利润分别为 1 000 000 元、1 200 000 元、1 100 000 元、1 300 000 元。

（4）2020 年公司发生罚款支出 10 000 元，2021 年购买国债确认利息收入 80 000 元。无其他纳税调整因素。企业适用的所得税税率为 25%。

根据上述资料，计算 A 公司 2020—2023 年递延所得税及所得税费用。

2020—2023 年 A 公司递延所得税与所得税费用的计算如表 12-5 所示。

表 12-5　A 公司递延所得税与所得税费用计算表　　　　　　金额：元

项目＼年度		2020 年	2021 年	2022 年	2023 年
适用税率（1）		25%	25%	25%	25%
设备	会计折旧（2）：年限平均法	25 000	25 000	25 000	25 000
	税法折旧（3）：年数总和法	40 000	30 000	20 000	10 000
	账面价值（4）＝原价－∑（2）	75 000	50 000	25 000	0
	计税基础（5）＝原价－∑（3）	60 000	30 000	10 000	0
	期末暂时性差异（6）＝（4）－（5）	15 000	20 000	15 000	0
递延所得税负债	期初余额（7）＝上期（8）	0	3 750	5 000	3 750
	期末余额（8）＝本期（6）×25%	3 750	5 000	3 750	0
	本期增加（减少）	3 750	1 250	（1 250）	（3 750）
存货	账面价值（9）	350 000	320 000	0	0
	计税基础（10）	400 000	400 000	0	0
	暂时性差异（11）＝（9）－（10）	－50 000	－80 000	0	0
递延所得税资产	期初余额（12）＝上期（13）	0	12 500	20 000	0
	期末余额（13）	12 500	20 000	0	0
	本期增加（减少）	12 500	7 500	（20 000）	0
应纳税所得额（14）		1 045 000	1 145 000	1 025 000	1 315 000
应缴纳的所得税（15）＝（14）×（1）		261 250	286 250	256 250	328 750
所得税费用（16）＝（15）＋[（8）－（7）]－[（13）－（12）]		252 500	280 000	275 000	325 000

计算各年的应纳税所得额：

2020 年应纳税所得额＝1 000 000＋折旧（25 000－40 000）＋

存货 50 000＋罚款 10 000＝1 045 000（元）

2021 年应纳税所得额＝1 200 000＋折旧（25 000－30 000）＋

存货 30 000－国债 80 000＝1 145 000（元）

2022 年应纳税所得额＝1 100 000＋折旧（25 000－20 000）－

存货减值的注销 80 000＝1 025 000（元）

2023 年应纳税所得额＝1 300 000＋折旧（25 000－10 000）＝1 315 000（元）

根据表 12-5，编制 A 公司各年所得税核算的会计分录，如表 12-6 所示。

表 12-6　A 公司各年所得税核算的会计分录

2020 年	（1）确认当期所得税费用＝1 045 000×25%＝261 250（元）。 借：所得税费用——当期所得税　　　　　　　　　261 250 　　贷：应交税费——应交所得税　　　　　　　　　　261 250 （2）确认当期的递延所得税： 借：递延所得税资产　　　　　　　　　　　　　　12 500 　　贷：递延所得税负债　　　　　　　　　　　　　　3 750 　　　　所得税费用——递延所得税　　　　　　　　　8 750
2021 年	（1）确认当期所得税费用＝1 145 000×25%＝286 250（元）。 借：所得税费用——当期所得税　　　　　　　　　286 250 　　贷：应交税费——应交所得税　　　　　　　　　　286 250 （2）确认当期的递延所得税： 借：递延所得税资产　　　　　　　　　　　　　　7 500 　　贷：递延所得税负债　　　　　　　　　　　　　　1 250 　　　　所得税费用——递延所得税　　　　　　　　　6 250
2022 年	（1）确认当期所得税费用＝1 025 000×25%＝256 250（元）。 借：所得税费用——当期所得税　　　　　　　　　256 250 　　贷：应交税费——应交所得税　　　　　　　　　　256 250 （2）确认当期的递延所得税： 借：递延所得税负债　　　　　　　　　　　　　　1 250 　　　所得税费用——递延所得税　　　　　　　　18 750 　　贷：递延所得税资产　　　　　　　　　　　　　20 000
2023 年	（1）确认当期所得税费用＝1 315 000×25%＝328 750（元）。 借：所得税费用——当期所得税　　　　　　　　　328 750 　　贷：应交税费——应交所得税　　　　　　　　　　328 750 （2）确认当期的递延所得税： 借：递延所得税负债　　　　　　　　　　　　　　3 750 　　贷：所得税费用——递延所得税　　　　　　　　　3 750

第三节　利润的形成与分配

一、利润的构成

利润是指企业在一定会计期间的经营成果。利润包括收入减去费用后的净额、直接计入当期利润的利得和损失等。

直接计入当期利润的利得和损失，是指应当计入当期损益、会导致所有者权益发生增减变动的、与所有者投入资本或者向所有者分配利润无关的利得或者损失。

利润相关计算公式如下：

（一）营业利润

$$营业利润 = 营业收入 - 营业成本 - 税金及附加 - 销售费用 - 管理费用 -$$
$$财务费用 - 资产减值损失 - 信用减值损失 + 其他收益 +$$
$$公允价值变动损益 + 投资收益 + 资产处置损益$$

其中，营业收入是指企业经营业务所确定的收入总额，包括主营业务收入和其他业务收入；营业成本是指企业经营业务所发生的实际成本总额，包括主营业务成本和其他业务成本，其他收益为企业取得的与日常经营活动相关的计入营业利润的政府补助。投资收益、公允价值变动损益和资产处置损益如为净损失，则构成营业利润的减项。

（二）利润总额

$$利润总额 = 营业利润 + 营业外收入 - 营业外支出$$

（三）净利润

$$净利润 = 利润总额 - 所得税费用$$

二、本年利润的核算

企业应设置"本年利润"账户，核算企业当期实现的净利润（或发生的净亏损）。会计期末结转本年利润的方法有表结法和账结法。

企业期（月）末结转利润时，应将各收入类账户的期末余额转入"本年利润"账户的贷方，将各费用类账户的期末余额转入"本年利润"账户的借方，结平各损益类账户。损益结转完成后，"本年利润"账户的余额如果在贷方，则为当期实现的净利润；余额在借方，则为当期发生的净亏损。

年度终了，应将本年收入和支出相抵后结出的本年实现的净利润转入"利润分配"账户，借记"本年利润"账户，贷记"利润分配——未分配利润"账户；如为净亏损做相反的会计分录。结转后"本年利润"账户无余额。

【业务 12-17】某企业 2020 年年末有关账户余额如表 12-7 所示，企业所得税税率为 25%，无纳税暂时性差异。

表 12-7　某企业 2020 年 12 月 31 日账户余额表　　　　　　　　单位：元

账户名称	借方余额	贷方余额
公允价值变动损益	150 000	
主营业务成本	28 000 000	
其他业务支出	1 000 000	
税金及附加	500 000	
销售费用	300 000	

续表

账户名称	借方余额	贷方余额
管理费用	1 200 000	
财务费用	250 000	
资产减值损失	600 000	
营业外支出	700 000	
主营业务收入		50 000 000
其他业务收入		2 000 000
营业外收入		400 000
投资收益		300 000
合计	32 700 000	52 700 000

将有关账户余额转入"本年利润"账户。计算企业的营业利润、利润总额、所得税费用、净利润并进行相应的账务处理。

结转所有损益类账户的余额到"本年利润"账户：

借：主营业务收入　　　　　　　　　　　　　　　　　　　　　50 000 000
　　其他业务收入　　　　　　　　　　　　　　　　　　　　　2 000 000
　　营业外收入　　　　　　　　　　　　　　　　　　　　　　400 000
　　投资收益　　　　　　　　　　　　　　　　　　　　　　　300 000
　　贷：本年利润　　　　　　　　　　　　　　　　　　　　　　52 700 000
借：本年利润　　　　　　　　　　　　　　　　　　　　　　　32 700 000
　　贷：主营业务成本　　　　　　　　　　　　　　　　　　　　28 000 000
　　　　其他业务支出　　　　　　　　　　　　　　　　　　　　1 000 000
　　　　税金及附加　　　　　　　　　　　　　　　　　　　　　500 000
　　　　销售费用　　　　　　　　　　　　　　　　　　　　　　300 000
　　　　管理费用　　　　　　　　　　　　　　　　　　　　　　1 200 000
　　　　财务费用　　　　　　　　　　　　　　　　　　　　　　250 000
　　　　资产减值损失　　　　　　　　　　　　　　　　　　　　600 000
　　　　营业外支出　　　　　　　　　　　　　　　　　　　　　700 000
　　　　公允价值变动损益　　　　　　　　　　　　　　　　　　150 000

营业利润＝(50 000 000＋2 000 000)－(28 000 000＋1 000 000)－500 000－300 000－
　　　　1 200 000－250 000－600 000－150 000＋300 000＝20 300 000（元）
利润总额＝20 300 000＋400 000－700 000＝20 000 000（元）
所得税费用＝20 000 000×25%＝5 000 000（元）

借：所得税费用——当期所得税　　　　　　　　　　　　　　　5 000 000
　　贷：应交税费——应交所得税　　　　　　　　　　　　　　　5 000 000
借：本年利润　　　　　　　　　　　　　　　　　　　　　　　5 000 000
　　贷：所得税费用——当期所得税　　　　　　　　　　　　　　5 000 000

净利润＝20 000 000－5 000 000＝15 000 000（元）

将本年利润账户的余额转入"利润分配——未分配利润"账户：

借：本年利润   15 000 000

    贷：利润分配——未分配利润   15 000 000

结转后，"本年利润"账户没有余额。

三、利润分配核算

企业当期实现的净利润，加上年年初未分配利润（或减去年初未弥补亏损）后的余额，为可供分配的利润。可供分配的利润，一般按下列顺序分配：

（1）提取法定盈余公积，是指企业根据有关法律的规定，按照当期实现净利润的10%提取的盈余公积。法定盈余公积累计金额超过企业注册资本的50%时，可以不再提取。

（2）提取任意盈余公积，是指企业按股东大会决议提取的盈余公积。

（3）应付现金股利或利润，是指企业按照利润分配方案分配给股东的现金股利，也包括非股份有限公司分配给投资者的利润。

（4）转作股本的股利，是指企业按照利润分配方案以分派股票股利的形式转作股本的股利，也包括非股份有限公司以利润转增的资本。

企业应当设置"利润分配"账户，核算利润的分配（或亏损的弥补）情况，以及历年积存的未分配利润（或未弥补亏损）。该账户还应当分别按照"提取法定盈余公积""提取任意盈余公积""应付现金股利（或利润）""转作股本的股利""盈余公积补亏""未分配利润"等进行明细核算。年度终了，企业应将"利润分配"账户所属其他明细账户余额转入"未分配利润"明细账账户。结转后，除"未分配利润"明细账账户外，其他明细账账户应无余额。

企业按有关法律规定提取的法定盈余公积，借记"利润分配——提取法定盈余公积"账户，贷记"盈余公积——法定盈余公积"账户；按股东大会或类似机构决议提取的任意盈余公积，借记"利润分配——提取任意盈余公积"账户，贷记"盈余公积——任意盈余公积"账户。

按股东大会或类似机构决议分配给股东的现金股利，借记"利润分配——应付现金股利（或利润）"账户，贷记"应付股利"账户；按股东大会或类似机构决议分配给股东的股票股利，在办理增资手续后，借记"利润分配——转作股本的股利"账户，贷记"股本"或"实收资本"账户，如有差额，贷记"资本公积——股本溢价（或资本溢价）账户。

企业用盈余公积弥补亏损，借记"盈余公积——法定盈余公积（或"任意盈余公积"账户），贷记"利润分配——盈余公积补亏"账户。

年度终了，将"利润分配"账户所属其他明细账账户余额转入"利润分配——未分配利润"明细账账户，借记"利润分配——未分配利润"账户，贷记"利润分配——提取法定盈余公积""利润分配——提取任意盈余公积""利润分配——应付现金股利（或利润）""利润分配——转作股本的股利"等账户；或者借记"利润分配——盈余公积补亏"等账户，贷记"利润分配——未分配利润"账户

【业务12-18】甲公司2020年度实现净利润9 800 000元，按净利润的10%提取法定盈余公积，按净利润的15%提取任意盈余公积，向股东分派现金股利3 500 000元，同时分派每股面值1元的股票股利2 500 000股。

（1）提取盈余公积：

借：利润分配——提取法定盈余公积　　　　　　　　　　　　980 000

　　　　　——提取任意盈余公积　　　　　　　　　　　1 470 000

　　贷：盈余公积——法定盈余公积　　　　　　　　　　　　　980 000

　　　　　　——任意盈余公积　　　　　　　　　　　　　1 470 000

（2）分配现金股利：

借：利润分配——应付现金股利　　　　　　　　　　　　　3 500 000

　　贷：应付股利　　　　　　　　　　　　　　　　　　　　3 500 000

（3）分配股票股利，已办妥增资手续：

借：利润分配——转作股本的股利　　　　　　　　　　　　2 500 000

　　贷：股本　　　　　　　　　　　　　　　　　　　　　　2 500 000

（4）结转"利润分配"账户所属其他明细账账户余额：

借：利润分配——未分配利润　　　　　　　　　　　　　　8 450 000

　　贷：利润分配——提取法定盈余公积　　　　　　　　　　　980 000

　　　　　　——提取任意盈余公积　　　　　　　　　　　1 470 000

　　　　　　——应付现金股利　　　　　　　　　　　　　3 500 000

　　　　　　——转作股本的股利　　　　　　　　　　　　2 500 000

第十三章

财务报告

第一节 财务报告概述

一、财务报告的含义

财务报告又称财务会计报告，是企业提供的反映企业某一特定日期的财务状况和某一会计期间的经营成果、现金流量等会计信息的书面文件。

财务报告的目标是向财务报告使用者提供与企业财务状况、经营成果和现金流量等有关的会计信息，反映企业管理层受托责任履行情况，有助于财务报告使用者做出经济决策。财务报告使用者通常包括投资者、债权人、政府及其有关部门和社会公众等。

二、财务报告的构成

财务报告包括财务报表及其附注和其他应当在财务报告中披露的相关信息的资料。

（一）财务报表

财务报表是企业财务报告的主要部分，是企业向外传递会计信息的主要手段，一套完整的财务报表应该包括资产负债表、利润表、现金流量表和所有者权益变动表，分别反映企业某一特定日期财务状况和某一会计期间经营成果、现金流量，以及所有者权益的各个组成部分当期的增减变动情况。财务报表可以按照不同的标准进行分类：

1. 按服务对象，可以分为对外报表和内部报表

对外报表是企业必须定期编制、定期向上级主管部门、投资者、财税部门、债权人等报送或按规定向社会公布的财务报表。这是一种主要的、定期的、规范化的财务报表。它要求有统一的报表格式、指标体系和编制时间等，资产负债表、利润表和现金流量表等均属于对外报表。

内部报表是企业根据其内部经营管理的需要而编制的，供其内部管理人员使用的财务报表。它不要求统一格式，没有统一指标体系，如成本报表属于内部报表。

2. 按编制和报送的时间分类，可分为中期财务报表和年度财务报表

广义的中期财务报表包括月份、季度、半年期财务报表。狭义的中期财务报表仅指半

年期财务报表。年度财务报表是全面反映企业整个会计年度的经营成果、现金流量情况及年末财务状况的财务报表。企业每年年底必须编制并报送年度财务报表。

3. 按编报单位不同，分为基层财务报表和汇总财务报表

基层财务报表是由独立核算的基层单位编制的财务报表，是用以反映本单位财务状况和经营成果的报表，汇总报表是指上级和主管部门将本身的财务报表与其所属单位报送的基层报表汇总编制而成的财务报表。

4. 按编报的会计主体不同，分为个别报表和合并报表

个别报表是指在以母公司和子公司组成的具有控股关系的企业集团中，由母公司和子公司各自为主体分别单独编制的报表，用以分别反映母公司和子公司本身各自的财务状况、经营成果和现金流量情况。合并报表是以母公司和子公司组成的企业集团为一个会计主体，以母公司和子公司单独编制的个别财务报表为基础，由母公司编制的综合反映企业集团经营成果、财务状况及其资金变动情况的财务报表。

（二）财务报表附注

财务报表附注是为了便于报表使用者理解财务报表的内容而对财务报表的编制基础、编制依据、编制方法等所做的解释，对报表项目做出文字描述或提供明细资料。同时，在财务报表中无法体现的数据可以通过报表附注做进一步的补充说明。

三、财务报告编制的基本要求

（一）持续经营要求

在编制财务报表的过程中，企业管理层应当对企业持续经营的能力进行评价。在非持续经营情况下，企业应当在附注中声明财务报表未以持续经营为基础列报，披露未以持续经营为基础的原因以及财务报表的编制基础。例如，破产企业的资产应当采用可变现净值计量、负债应当按照其预计的结算金额计量等。

（二）重要性和项目列报要求

重要性是指财务报表某项目的省略或错报会影响使用者据此做出经济决策，该项目具有重要性。判断项目的重要性，应当考虑该项目的性质是否属于企业日常活动，是否对企业的财务状况和经营成果具有较大影响等因素；判断项目金额大小的重要性，应当通过单项金额占资产总额、负债总额、所有者权益总额、营业成本总额、净利润等直接相关项目金额的比重加以确定。

项目列报具体而言，应当遵循以下几点：

（1）性质或功能不同的项目，一般应当在财务报表中单独列报，如存货和固定资产在性质上和功能上都有本质差别，必须分别在资产负债表单独列报。

（2）性质或功能类似的项目，一般可以合并列报，如原材料、低值易耗品等项目在性质上类似，均通过生产过程形成企业的产品存货，因此可以合并列报，合并之后的类别统称为"存货"进行单独列报。

（3）无论是财务报表列报规定的单独列报项目，还是其他具体会计准则规定单独列报的项目，企业都应当予以单独列报。

（4）项目单独列报的原则不仅适用于报表，还适用于附注。

（三）一致性要求

财务报表项目的列报应当在各个会计期间保持一致，不得随意变更，但下列情况除外：

（1）《企业会计准则》要求改变财务报表项目的列报。

（2）企业经营业务的性质发生重大变化后，变更财务报表项目的列报能够提供更可靠、更相关的会计信息。

（四）不相互抵销要求

财务报表项目中的各资产和负债项目的金额、收入和费用项目的金额、直接计入当期损益的利得和损失项目的金额不能相互抵销。例如，企业欠客户的应付款不得与其他客户欠本企业的应收款相抵销，如果相互抵销就掩盖了交易的实质。

下列情况不属于抵销，可以用净额列示：

资产项目按扣除减值准备后的净额列示，不属于抵销。对资产计提减值准备，表明资产的价值确实已经发生减损，按扣除减值准备后的净额列示，才反映了资产当时的真实价值。

（五）可比性要求

企业在列报当期财务报表时，至少应当提供所有列报项目上一可比会计期间的比较数据，以及与理解当期财务报表相关的说明，其目的是向报表使用者提供对比数据，提高信息在会计期间的可比性，以反映企业财务状况、经营成果和现金流量的发展趋势，提高报表使用者的判断与决策能力。

财务报表的列报项目发生变更的，应当对上期比较数据按照当期的列报要求进行调整，不切实可行的，应当在附注中披露不能调整的原因。

第二节　资产负债表

一、资产负债表的性质和作用

资产负债表是反映企业在某一特定日期的财务状况的会计报表。它反映企业在某一特定日期所拥有或控制的经济资源、所承担的现时义务和所有者对净资产的要求权。

资产负债表是根据"资产＝负债＋所有者权益"这一会计基本等式编制的。它所提供的是企业在某一特定日期的财务状况，其作用主要表现在以下方面：

（一）可以提供某一特定日期资产的总额及其结构

资产负债表可以表明企业拥有或控制的资源及其分布情况，使用者可以一目了然地从资产负债表上了解企业在某一特定日期所拥有的资产总额及其结构。

（二）可以提供某一特定日期的负债总额及其结构

资产负债表可以反映企业未来需要用多少资产或劳务清偿债务以及清偿时间。

（三）可以反映所有者所拥有的权益

根据资产负债表提供的数据可以判断资本保值、增值的情况以及债务的保障程度。

此外，资产负债表还可以提供财务分析所需的基本资料，如将流动资产与流动负债进行比较，计算出流动比率；将速动资产与流动负债进行比较，计算出速动比率等，可以表明企业的变现能力、偿债能力和资金周转能力，从而有助于报表使用者做出经济决策。

二、资产负债表的列报格式

根据《企业会计准则第 30 号——财务报表列报》的规定，我国现行的资产负债表采用账户式结构，报表分为左右两方，左方列示资产各项目，按资产的流动性大小排列，流动性大的资产排在前面，流动性小的资产排在后面，反映全部资产的分布及存在形态。右方列示负债和所有者权益各项目，反映全部负债和所有者权益的内容及构成情况，负债一般按照要求清偿时间的先后顺序排列，需要在 1 年以内或者长于 1 年的一个营业周期内偿还的流动负债排在前面，1 年以上才需要偿还的非流动负债排在后面；所有者权益按照永久性从强到弱排列。资产负债表左右双方平衡，资产总计等于负债和所有者权益总计，即"资产＝负债＋所有者权益"。

此外，为了便于使用者通过比较不同时点资产负债表的数据，掌握企业财务状况的变动情况及发展趋势，企业需要提供比较资产负债表，资产负债表还将各项再分为"年初余额"和"期末余额"两栏分别填列。我国一般企业资产负债表格式如表 13-1 所示。

表 13-1 资产负债表

编制单位：甲公司　　　　　　2020 年 12 月 31 日　　　　　　单位：元

资产	期末余额	年初余额	负债和所有者权益（或股东权益）	期末余额	年初余额
流动资产：			流动负债：		
货币资金	2 000 000		短期借款	500 000	
交易性金融资产			交易性金融负债		
衍生金融资产			衍生金融负债		
应收票据	12 550 000		应付票据	350 000	
应收账款			应付账款		
应收款项融资			预收款项		
预付款项			合同负债		
其他应收款			应付职工薪酬	800 000	
存货	12 750 000		应交税费		
合同资产			其他应付款		
持有待售资产	3 150 000		持有待售负债		

资产	期末余额	年初余额	负债和所有者权益 （或股东权益）	期末余额	年初余额
一年内到期的非流动资产			一年内到期的非流动负债	50 000	
其他流动资产			其他流动负债		
流动资产合计	30 450 000		流动负债合计	1 700 000	
非流动资产：			非流动负债：		
债权投资			长期借款	1 500 000	
其他债券投资			应付债券		
长期应收款			其中：优先股		
长期股权投资			永续债		
其他权益工具投资			租赁负债		
其他非流动金融资产			长期应付款		
投资性房地产			预计负债		
固定资产	20 000 000		递延收益		
在建工程			递延所得税负债		
生产性生物资产			其他非流动负债		
油气资产			非流动负债合计	1 500 000	
使用权资产			负债合计	3 200 000	
无形资产	5 000 000		所有者权益（或股东权益）：		
开发支出			实收资本（或股本）	50 000 000	
商誉			其他权益工具		
长期待摊费用			其中：优先股		
递延所得税资产			永续债		
其他非流动资产			资本公积		
非流动资产合计	25 000 000		减：库存股		
			其他综合收益		
			专项储备		
			盈余公积		
			未分配利润	2 250 000	
			所有者权益 （或股东权益）合计	52 250 000	
资产总计	55 450 000		负债和所有者权益 （或股东权益）总计	55 450 000	

三、资产负债表的编制

（一）资产负债表"年初余额"栏的填列方法

资产负债表"年初余额"栏内各项数字，应根据上年年末资产负债表"期末余额"栏内所列数字填列。如果上一年度资产负债表规定的各个项目的名称和内容同本年度不一致，应对上年年末资产负债表各项目的名称和数字按照本年度的规定进行调整，填入表中"年初余额"栏内。

（二）资产负债表"期末余额"栏的填列方法

资产负债表"期末余额"栏内各项数字，一般应根据资产、负债和所有者权益类账户的期末余额填列。主要包括以下方式：

1. 直接根据总账账户的余额填列

资产负债表中的有些项目，可直接根据有关总账账户的余额填列，例如，"资本公积""短期借款"等项目，应当根据"资本公积""短期借款"等各总账账户的期末余额直接填列。

2. 根据几个总账账户的余额计算填列

资产负债表中的有些项目根据几个总账项目期末余额计算填列，例如，"货币资金"项目应当根据"库存现金""银行存款""其他货币资金"等账户期末余额合计填列；"未分配利润"项目，根据"本年利润"账户和"利润分配"账户的余额计算填列。

3. 根据明细账账户余额计算填列

例如，"交易性金融资产"项目应根据"交易性金融资产"账户的相关明细账账户期末余额分析填列；"预付款项"项目，需要根据"应付账款"账户借方余额和"预付账款"账户借方余额减去与"预付账款"有关的坏账准备贷方余额计算填列；"预收款项"项目，需要根据"应收账款"和"预收账款"两个账户所属的相关明细账账户的期末借方余额计算填列；"开发支出"项目，根据"研发支出"账户中所属的"资本化支出"明细账账户的期末余额填列；"1年内到期的非流动资产""1年内到期的非流动负债"项目，应根据有关非流动资产或非流动负债项目的明细账账户余额分析填列。

4. 根据总账账户和明细账账户余额分析计算填列

例如，"长期借款"项目，应当根据"长期借款"总账账户余额扣除"长期借款"账户所属明细账账户中将于1年内到期且企业不能自主地将清偿义务展期的长期借款后的金额计算填列；"其他非流动资产"项目，应当根据有关账户的期末余额减去将于1年内（含1年）收回数后的金额计算填列；"其他非流动负债"项目，应当根据有关账户的期末余额减去将于1年内（含1年）到期偿还数后的金额计算填列。

5. 根据有关账户余额减去其备抵账户余额后净额填列

例如，"长期股权投资""在建工程"等项目，应当根据"长期股权投资""在建工程"等账户的期末余额减去"坏账准备""长期股权投资减值准备""在建工程减值准备"等账户余额后的净额填列;"其他应收款"项目,应根据"应收利息""应收股利""其他应收款"账户的期末余额合计数,减去"坏账准备"账户中相关坏账准备期末余额后的金额填列;"投资性房地产""固定资产"项目,应当根据"投资性房地产""固定资产"账户的期末余额减去"投资性房地产累计折旧""累计折旧""投资性房地产减值准备""固定资产减值准备"等账户余额后的净额填列;"无形资产"项目,应当根据"无形资产"账户的期末余额,减去"累计摊销""无形资产减值准备"等账户余额后的净额填列。

6. 综合运用上述填列方法分析填列

例如,资产负债表中的"存货"项目,需要根据"原材料""委托加工物资""周转材料""材料采购""在途物资""发出商品""材料成本差异"等总账账户期末余额的分析汇总数,再减去"存货跌价准备"账户余额后的净额填列。

(三)资产负债表项目的填列说明

甲公司编制的 2020 年 12 月 31 日的资产负债表如表 13-1 所示,资产、负债和所有者权益主要项目的填列说明如下:

1. 资产项目的填列说明

(1)"货币资金"项目,反映企业库存现金、银行结算账户存款、外埠存款、银行汇票存款、银行本票存款、信用卡存款、信用证保证金存款等的合计数。本项目应根据"库存现金""银行存款""其他货币资金"账户期末余额的合计数填列。

【业务 13-1】2020 年 12 月 31 日,甲公司"库存现金"账户余额为 0.1 万元,"银行存款"账户余额为 100.9 万元,"其他货币资金"账户余额为 99 万元,则 2020 年 12 月 31 日,甲公司资产负债表中"货币资金"项目"期末余额"栏的列报金额=0.1+100.9+99=200(万元)。

(2)"交易性金融资产"项目,反映资产负债表日企业分类为以公允价值计量且其变动计入当期损益的金融资产,以及企业持有的直接指定为以公允价值计量且其变动计入当期损益的金融资产的期末账面价值。该项目应根据"交易性金融资产"账户的相关明细账账户期末余额分析填列。自资产负债表日起超过 1 年到期且预期持有超过 1 年的以公允价值计量且其变动计入当期损益的非流动金融资产的期末账面价值,在"其他非流动金融资产"项目反映。

(3)"应收票据"项目,反映资产负债表日以摊余成本计量的、企业因销售商品或提供服务等经营活动收到的商业汇票,包括银行承兑汇票和商业承兑汇票。该项目应根据"应收票据"账户的期末余额,减去"坏账准备"账户中相关坏账准备期末余额后的金额填列。

【业务 13-2】2020 年 12 月 31 日,甲公司"应收票据"账户的余额为 1 300 万元,"坏账准备"账户中有关应收票据计提的坏账准备余额为 45 万元,则 2020 年 12 月 31 日,甲公司资产负债表中"应收票据"项目"期末余额"栏的列报金额=1 300-45=1 255(万元)。

(4)"应收账款"项目,反映资产负债表日以摊余成本计量的、企业因销售商品或提供服务等经营活动应收取的款项,该项目应根据"应收账款"账户的期末余额,减去"坏账准备"账户中相关坏账准备期末余额后的金额填列。

(5)"应收款项融资"项目,反映资产负债表日以公允价值计量且其变动计入其他综合收益的应收票据和应收账款等。

（6）"预付款项"账户，反映企业按照购货合同规定预付给供应单位的款项等。本项目根据"预付账款"和"应付账款"账户所属各明细账账户的期末借方余额合计数，减去"坏账准备"账户中有关预付账款计提的坏账准备期末余额后的净额填列。"预付账款"账户所属明细账账户期末有贷方余额的，应在资产负债表"应付账款"项目内填列。

（7）"其他应收款"项目，反映企业除应收票据、应收账款、预付账款等经营活动以外的其他各种应收、暂付的款项。应根据"应收利息""应收股利""其他应收款"账户的期末余额合计数，减去"坏账准备"账户中相关坏账准备期末余额后的金额填列。

（8）"存货"项目，反映企业期末在库、在途和在加工中的各种存货的可变现净值或成本（成本与可变现净值孰低）。存货包括各种材料、商品、在产品、半成品、包装物、低值易耗品、委托代销商品等。本项目应根据"材料采购""原材料""低值易耗品""库存商品""周转材料""委托加工物资""委托代销商品""生产成本""受托代销商品"等账户的期末余额合计数减去"受托代销商品款""存货跌价准备"账户期末余额后的净额填列。材料采用计划成本核算，以及库存商品采用计划成本核算或售价核算的企业，还应按加或减材料成本差异、商品进销差价后的金额填列。

【业务 13-3】2020 年 12 月 31 日，甲公司有关账户余额如下："发出商品"账户借方余额为 800 万元，"生产成本"账户借方余额为 300 万元，"原材料"账户借方余额为 100 万元，"委托加工物资"账户借方余额为 200 万元，"材料成本差异"账户贷方余额为 25 万元，"存货跌价准备"账户贷方余额为 100 万元，"受托代销商品"账户借方余额为 400 万元，"受托代销商品款"账户贷方余额为 400 万元，则 2020 年 12 月 31 日，甲公司资产负债表中"存货"项目"期末余额"栏的列报金额 $=800+300+100+200-25-100+400-400=1\,275$（万元）。

（9）"合同资产"项目，反映企业按照《企业会计准则第 14 号——收入》（2018 年）的相关规定，根据本企业履行履约义务与客户付款之间的关系在资产负债表中列示的合同资产。"合同资产"项目应根据"合同资产"账户的相关明细账账户期末余额分析填列，同一合同下的合同资产和合同负债应当以净额列示，其中净额为借方余额的，应当根据其流动性在"合同资产"或"其他非流动资产"项目中填列，已计提减值准备的，还应以减去"合同资产减值准备"账户中相关的期末余额后的金额填列；其中净额为贷方余额的，应当根据其流动性在"合同负债"或"其他非流动负债"项目中填列。

（10）"持有待售资产"项目，反映资产负债表日划分为持有待售类别的非流动资产及划分为持有待售类别的处置组中的流动资产和非流动资产的期末账面价值。该项目应根据"持有待售资产"账户的期末余额，减去"持有待售资产减值准备"账户的期末余额后的金额填列。

【业务 13-4】甲公司计划出售一项固定资产，该固定资产于 2020 年 12 月 31 日被划分为持有待售固定资产，其账面价值为 315 万元，从划归为持有待售的下个月起停止计提折旧，不考虑其他因素，则 2020 年 12 月 31 日，甲公司资产负债表中"持有待售资产"项目"期末余额"栏的列报金额为 315 万元。

（11）"1 年内到期的非流动资产"项目，反映企业将于 1 年内到期的非流动资产项目金额。本项目应根据有关账户的期末余额分析填列。

（12）"债权投资"项目，反映资产负债表日企业以摊余成本计量的长期债权投资的期末账面价值。该项目应根据"债权投资"账户的相关明细账账户期末余额，减去"债权投资减值准备"账户中相关减值准备的期末余额后的金额分析填列。自资产负债表日起1年内到期的长期债权投资的期末账面价值，在"1年内到期的非流动资产"项目反映。企业购入的以摊余成本计量的1年内到期的债权投资的期末账面价值，在"其他流动资产"项目反映。

（13）"其他债权投资"项目，反映资产负债表日企业以公允价值计量且其变动计入其他综合收益的长期债权投资的期末账面价值。该项目应根据"其他债权投资"账户的相关明细账户期末余额分析填列。自资产负债表日起1年内到期的长期债权投资的期末账面价值，在"1年内到期的非流动资产"项目反映。企业购入的1年内到期的以公允价值计量且其变动计入其他综合收益的长期债权投资的期末账面价值，在"其他流动资产"项目反映。

（14）"长期应收款"项目，反映企业融资租赁产生的应收款项和采用递延方式分期收款、实质上具有融资性质的销售商品和提供劳务等经营活动产生的应收款项。本项目应根据"长期应收款"账户的期末余额，减去相应的"未实现融资收益"账户和"坏账准备"账户所属相关明细账账户余额后的金额填列。

（15）"长期股权投资"项目，反映投资方对被投资单位实施控制、重大影响的权益性投资，以及对其合营企业的权益性投资。本项目应根据"长期股权投资"账户的期末余额，减去"长期股权投资减值准备"账户的期末余额后的净额填列。

（16）"其他权益工具投资"项目，反映资产负债表日企业指定为以公允价值计量且其变动计入其他综合收益的非交易性权益工具投资的期末账面价值。该项目应根据"其他权益工具投资"账户的期末余额填列。

（17）"投资性房地产"项目，反映为赚取租金或资本增值或两者兼有而持有的房地产，本项目应根据"投资性房地产"账户的期末余额，减去"投资性房地产累计折旧（摊销）"和"投资性房地产减值准备"账户期末余额后的净额填列。

（18）"固定资产"项目，反映资产负债表日企业固定资产的期末账面价值和企业尚未清理完毕的固定资产清理净损益。该项目应根据"固定资产"账户的期末余额，减去"累计折旧"和"固定资产减值准备"账户的期末余额后的金额，以及"固定资产清理"账户的期末余额填列。

【业务13-5】2020年12月31日，甲公司"固定资产"账户借方余额为4 000万元，"累计折旧"账户贷方余额为2 000万元，"固定资产减值准备"账户贷方余额为500万元，"固定资产清理"账户借方余额为500万元，则2020年12月31日，甲公司资产负债表中"固定资产"项目"期末余额"栏的列报金额＝4 000－2 000－500＋500＝2 000（万元）。

（19）"在建工程"项目，反映资产负债表日企业尚未达到预定可使用状态的在建工程的期末账面价值和企业为在建工程准备的各种物资的期末账面价值。该项目应根据"在建工程"账户的期末余额，减去"在建工程减值准备"账户的期末余额后的金额，以及"工程物资"账户的期末余额，减去"工程物资减值准备"账户的期末余额后的金额填列。

（20）"使用权资产"项目，反映资产负债表日承租人企业持有的使用权资产的期末账面价值。该项目应根据"使用权资产"账户的期末余额，减去"使用权资产累计折旧"和

"使用权资产减值准备"账户的期末余额后的金额填列。

（21）"无形资产"项目，反映企业持有的专利权、非专利技术、商标权、著作权、土地使用权等无形资产的成本减去累计摊销和减值准备后的净值。本项目应根据"无形资产"账户的期末余额，减去"累计摊销"和"无形资产减值准备"账户期末余额后的净额填列。

【业务 13-6】2020 年 12 月 31 日，甲公司"无形资产"账户借方余额为 800 万元，"累计摊销"账户贷方余额为 200 万元，"无形资产减值准备"账户贷方余额为 100 万元，则 2020 年 12 月 31 日，甲公司资产负债表中"无形资产"项目"期末余额"栏的列报金额＝800－200－100＝500（万元）。

（22）"开发支出"项目，反映企业开发无形资产过程中能够资本化形成无形资产成本的支出部分。本项目应当根据"研发支出"账户中所属的"资本化支出"明细账账户期末余额填列。

（23）"长期待摊费用"项目，反映企业已经发生但应由本期和以后各期负担的分摊期限在 1 年以上的各项费用。长期待摊费用在 1 年内（含 1 年）摊销的部分，在资产负债表"1 年内到期的非流动资产"项目填列。本项目应根据"长期待摊费用"账户的期末余额减去将于 1 年内（含 1 年）摊销的数额后的金额分析填列。

（24）"递延所得税资产"项目，反映企业根据所得税准则确认的可抵扣暂时性差异产生的所得税资产。本项目应根据"递延所得税资产"账户的期末余额填列。

（25）"其他非流动资产"项目，反映企业除长期股权投资、固定资产、在建工程、工程物资、无形资产等以外的其他非流动资产。本项目应根据有关账户的期末余额填列。

2. 负债项目的填列说明

（1）"短期借款"项目，反映企业向银行或其他金融机构等借入的期限在 1 年以下（含 1 年）的各种借款。本项目应根据"短期借款"账户的期末余额填列。

【业务 13-7】2020 年 12 月 31 日，甲公司"短期借款"账户的余额如下所示：银行质押借款 10 万元，信用借款 40 万元，则 2020 年 12 月 31 日，甲公司资产负债表中"短期借款"项目"期末余额"栏的列报金额＝10＋40＝50（万元）。

（2）"交易性金融负债"项目，反映资产负债表日企业承担的交易性金融负债，以及企业持有的直接指定为以公允价值计量且其变动计入当期损益的金融负债的期末账面价值。该项目应该根据"交易性金融负债"账户的相关明细账账户期末余额填列。

（3）"应付票据"项目，反映资产负债表日以摊余成本计量的、企业因购买材料或商品和接受服务等开出、承兑的商业汇票，包括银行承兑汇票和商业承兑汇票。该项目应根据"应付票据"账户的期末余额填列。

【业务 13-8】2020 年 12 月 31 日，甲公司"应付票据"账户的余额如下所示：25 万元的银行承兑汇票，10 万元的商业承兑汇票，则 2020 年 12 月 31 日，甲公司资产负债表中"应付票据"项目"期末余额"栏的列报金额＝25＋10＝35（万元）。

（4）"应付账款"项目，反映资产负债表日以摊余成本计量的、企业因购买材料或商品和接受服务等经营活动应支付的款项。该项目应根据"应付账款"和"预付账款"账户所属的相关明细账账户的期末贷方余额合计数填列。

（5）"预收款项"项目，反映企业按照购货合同规定预收供应单位的款项。本项目应根据"预收账款"和"应收账款"账户所属各明细账账户的期末贷方余额合计数填列。"预收账款"账户所属明细账账户期末有借方余额的,应在资产负债表"应收账款"项目内填列。

(6)"合同负债"项目,反映企业按照《企业会计准则第 14 号——收入》(2018 年)的相关规定,根据本企业履行履约义务与客户付款之间的关系在资产负债表中列示的合同负债。"合同负债"项目应根据"合同负债"账户的相关明细账账户期末余额分析填列。

(7)"应付职工薪酬"项目,反映企业为获得职工提供的服务或解除劳动关系而给予的各种形式的报酬或补偿。企业提供给职工配偶、子女、受赡养人、已故员工遗属及其他受益人等的福利,也属于职工薪酬。职工薪酬主要包括短期薪酬、离职后福利、辞退福利和其他长期职工福利。本项目应根据"应付职工薪酬"账户所属各明细账账户的期末贷方余额分析填列。外商投资企业按规定从净利润中提取的职工奖励及职工福利基金,也在本项目列示。

【业务 13-9】2020 年 12 月 31 日,甲公司"应付职工薪酬"账户明细项目为:工资、奖金、津贴和补贴 70 万元,社会保险费(含医疗保险、工伤保险)5 万元,设定提存计划(含基本养老保险费)2.5 万元,住房公积金 2 万元,工会经费和职工教育经费 0.5 万元,则 2020 年 12 月 31 日,甲公司资产负债表中"应付职工薪酬"项目"期末余额"栏的列报金额=70+5+2.5+2+0.5=80(万元)。

(8)"应交税费"项目,反映企业按照税法规定计算应支付的各种税费,包括增值税、消费税、所得税、资源税、土地增值税、城市维护建设税、房产税、城镇土地使用税、车船税、教育费附加、矿产资源补偿费等。企业代扣代缴的个人所得税也通过本项目列示。企业所支付的税金不需要预计应付数额的,如印花税、耕地占用税等,不在本项目列示。本项目应根据"应交税费"账户的期末贷方余额填列,如"应交税费"账户期末为借方余额,应以"-"号填列。需要说明的是,"应交税费"账户下的"应交增值税""未交增值税""待抵扣进项税额""待认证进项税额""增值税留抵税额"等明细账账户期末借方余额应根据情况,在资产负债表中的"其他流动资产"或"其他非流动资产"项目列示;"应交税费——待转销项税额"等账户期末贷方余额应根据情况,在资产负债表中的"其他流动负债"或"其他非流动负债"项目列示;"应交税费"账户下的"未交增值税""简易计税""转让金融商品应交增值税"等账户期末贷方余额应在资产负债表中的"应交税费"项目列示。

(9)"其他应付款"项目,反映企业除应付票据、应付账款、预收账款、应付职工薪酬等经营活动以外的其他各项应付、暂收的款项。本项目应根据"应付利息""应付股利"和"其他应付款"账户的期末余额合计数填列。

(10)"持有待售负债"项目,反映资产负债表日处置组中与划分为持有待售类别的资产直接相关的负债的期末账面价值。该项目应根据"持有待售负债"账户的期末余额填列。

(11)"1 年内到期的非流动负债"项目,反映企业非流动负债中将于资产负债表日后 1 年内到期部分的金额,如将于 1 年内偿还的长期借款。本项目应根据有关账户的期末余额分析填列。

(12)"长期借款"项目,反映企业向银行或其他金融机构借入期限在 1 年以上(不含1 年)的各项借款。本项目应根据"长期借款"账户的期末余额扣除"长期借款"账户所属明细账账户中将在资产负债表日起 1 年内到期且企业不能自主地将清偿义务展期的长期借款后的金额计算填列。

【业务13-10】2020年12月31日，甲公司"长期借款"账户余额为155万元，其中自银行借入的5万元借款将于1年内到期，甲公司不具有自主展期清偿的权利，则甲公司2020年12月31日资产负债表中"长期借款"项目"期末余额"栏的列报金额=155-5=150（万元），"1年内到期的非流动负债"项目"期末余额"栏的列报金额为5万元。

（13）"应付债券"项目，反映企业为筹集长期资金而发行的债权本金（和利息）。本项目应根据"长期债券"账户的期末余额填列。对于资产负债表日企业发行的金融工具，分类为金融负债的，应在本项目列示，对于优先股和永续债还应在本项目下的"优先股"项目和"永续债"项目分别填列。

（14）"租赁负债"项目，反映资产负债表日承租人企业尚未支付的租赁付款额的期末账面价值。该项目应根据"租赁负债"账户的期末余额填列。自资产负债表日起1年内到期应予以清偿的租赁负债的期末账面价值，在"1年内到期的非流动负债"项目反映。

（15）"长期应付款"项目，反映资产负债表日企业除长期借款和应付债券以外的其他各种长期应付款项的期末账面价值。该项目应根据"长期应付款"账户的期末余额，减去相关的"未确认融资费用"账户的期末余额后的金额，以及"专项应付款"账户的期末余额填列。

（16）"预计负债"项目，反映企业根据或有事项等相关准则确认的各项预计负债，包括对外提供担保、未决诉讼、产品质量保证、重组义务以及固定资产和矿区权益弃置义务等产生的预计负债。本项目应根据"预计负债"账户的期末余额填列。企业按照《企业会计准则第22号——金融工具确认和计量》（2018年）的相关规定，对贷款承诺等项目计提的损失准备，应当在本项目中填列。

（17）"递延收益"项目，反映尚待确认的收入或收益。本项目核算包括企业根据政府补助准则确认的应在以后期间计入当期损益的政府补助金额、售后租回形成融资租赁的售价与资产账面价值差额等其他递延型收入。本项目应根据"递延收益"账户的期末余额填列。本项目中摊销期限只剩1年或不足1年的，或预计在1年内（含1年）进行摊销的部分，不得归类为流动负债，仍在本项目中填列，不转入"1年内到期的非流动负债"项目。

（18）"递延所得税负债"项目，反映企业根据所得税准则确认的应纳税暂时性差异产生的负债。本项目应根据"递延所得税负债"账户的期末余额填列。

（19）"其他非流动负债"项目，反映企业除长期借款、应付债券等项目以外的其他非流动负债。本项目应根据有关账户的期末余额填列。其他非流动负债项目应根据有关账户期末余额减去将于1年内（含1年）到期偿还数后的余额分析填列。非流动负债各项目中于1年内（含1年）到期的非流动负债，应在"1年内到期的非流动负债"项目内反映。

3. 所有者权益项目的填列说明

（1）"实收资本（或股本）"项目，反映企业各投资者实际投入的资本或（股本）总额。本项目应根据"实收资本（或股本）"账户的期末余额填列。

【业务13-11】甲公司是由A公司于2001年3月1日注册成立的有限责任公司，注册资本为 5 000 万元，A 公司以货币资金 5 000 万元出资，占注册资本的 100%，持有甲公司 100% 的权益。上述实收资本已于 2001 年 3 月 1 日经相关会计师事务所出具的验资报告验证。该资本投入自 2001 年至 2020 年年末未发生变动，则 2020 年 12 月 31 日，甲公司资产负债表中"实收资本（或股本）"项目"期末余额"栏的列报金额为 5 000 万元。

（2）"其他权益工具"项目，反映资产负债表日企业发行在外的除普通股以外分类为权益工具的金融工具的期末账面价值，并下设"优先股"和"永续债"两个项目，分别反映企业发行的分类为权益工具的优先股和永续债的账面价值。

（3）"资本公积"项目，反映企业收到投资者出资超出其在注册资本或股本中所占的份额以及直接计入所有者权益的利得和损失等。本项目应根据"资本公积"账户的期末余额填列。

（4）"其他综合收益"项目，反映企业其他综合收益的期末余额。本项目应根据"其他综合收益"账户的期末余额填列。

（5）"专项储备"项目，反映高危行业企业按国家规定提取的安全生产费的期末账面价值。本项目应根据"专项储备"账户的期末余额直接填列。

（6）"盈余公积"项目，反映企业盈余公积的期末余额。本项目应根据"盈余公积"账户的期末余额填列。

（7）"未分配利润"项目，反映企业尚未分配的利润。未分配利润是指企业实现的净利润经过弥补亏损、提取盈余公积和向投资者分配利润后留存在企业的、历年结存的利润。本项目应根据"本年利润"账户和"利润分配"账户的余额计算填列。未弥补的亏损在本项目内以"－"号填列。

第三节 利 润 表

一、利润表的含义和作用

利润表是反映企业在一定会计期间的营业成果的会计报表。利润表的作用表现在以下几方面：

（1）为企业外部投资者以及信贷者做投资决策及信贷决策提供依据。利润表可以计算利润的绝对值指标，也可以计算投资报酬率以及资金利润率等相对指标。通过前后两个时期以及同一时期不同行业或企业的同类指标的比较分析，了解企业的获利水平、利润增减变化趋势，据此决定是否投资、是否追加投资以及是否改变投资方向。

（2）为企业内部管理层的经营决策提供依据。利润表综合地反映营业收入、营业成本以及期间费用等，披露利润组成的各大要素，通过比较分析利润的增减变化，寻求其根本原因，以便在价格、品种、成本、费用及其他方面揭露矛盾，找出差距，明确今后的工作重点，以便做出正确的决策。

（3）为企业内部业绩考核提供重要的依据。企业一定时期的利润总额集中反映了各部门工作的结果，它既是确定各部门工作计划的参考，又是考核各部门计划执行结果的重要依据。利润表内所提供的相关数据可以用来评判各部门的工作业绩，以便企业做出正确的奖罚决策。

二、利润表的结构

我国利润表正表的格式是多步式。多步式利润表通过对当期的收入、费用、支出项目按性质加以归类，按利润形成的主要环节列示一些中间性利润指标，分步计算当期净损益。

多步式利润表将企业日常经营活动过程中发生的收入和费用项目与在该过程外发生的收入与费用分开。那些经常重复发生的收入与费用项目，是预测企业未来盈利能力的基础；那些偶然发生的收入与费用项目，则不能作为预测的依据。例如，企业变卖固定资产就属于偶然事项，不可能经常重复发生。将这类偶然事项产生的损益分列出来，显然有助于提高利润表信息的预测价值。我国一般企业利润表的格式如表 13-2 所示。

表 13-2 利润表

编制单位：乙公司   2020 年   单位：元

项目	本期金额	上期金额
一、营业收入	100 000 000	
减：营业成本	80 000 000	
税金及附加	5 000 000	
销售费用		
管理费用	6 000 000	
研发费用		
财务费用	5 000 000	
其中：利息费用	5 080 000	
利息收入	80 000	
加：其他收益		
投资收益（损失以"-"号填列）	-100 000	
其中：对联营企业和合营企业的投资收益		
以摊余成本计量的金融资产终止确认收益（损失以"-"号填列）		
净敞口套期收益（损失以"-"号填列）		
公允价值变动收益（损失以"-"号填列）		
信用减值损失（损失以"-"号填列）		
资产减值损失（损失以"-"号填列）	-3 000 000	
资产处置收益（损失以"-"号填列）		
二、营业利润（亏损以"-"号填列）	900 000	
加：营业外收入	700 000	
减：营业外支出	300 000	

项目	本期金额	上期金额
三、利润总额（亏损总额以"－"号填列）	1 300 000	
减：所得税费用	360 000	
四、净利润（净亏损以"－"号填列）	940 000	
（一）持续经营净利润（净亏损以"－"号填列）		
（二）终止经营净利润（净亏损以"－"号填列）		
五、其他综合收益的税后净额		
（一）不能重分类进损益的其他综合收益		
1. 重新计量设定受益计划变动额		
2. 权益法下不能转进损益的其他综合收益		
3. 其他权益工具投资公允价值变动		
4. 企业自身信用风险公允价值变动		
……		
（二）将重分类进损益的其他综合收益		
1. 权益法下可转损益的其他综合收益		
2. 其他债权投资公允价值变动		
3. 金融资产重分类计入其他综合收益的金额		
4. 其他债权投资信用减值准备		
5. 现金流量套期储备		
6. 外币财务报表折算差额		
……		
六、综合收益总额	940 000	
七、每股收益		
（一）基本每股收益		
（二）稀释每股收益		

三、利润表的编制

（一）利润表的编制步骤

我国企业利润表的主要编制步骤和内容如下：

第一步，以营业收入为基础，减去营业成本、税金及附加、销售费用、管理费用、研发费用、财务费用，加上其他收益、投资收益（或减去投资损失）、净敞口套期收益（或减去净敞口套期损失）、公允价值变动收益（或减去公允价值变动损失）、资产减值损失、信用减值损失、资产处置收益（或减去资产处置损失），计算出营业利润；

第二步，以营业利润为基础，加上营业外收入，减去营业外支出，计算出利润总额；

第三步，以利润总额为基础，减去所得税费用，计算出净利润（或净亏损）；

第四步，以净利润（或净亏损）为基础，计算每股收益；

第五步，以净利润（或净亏损）和其他综合收益为基础计算综合收益总额。

根据《企业会计准则第 30 号——财务报表列报》的规定，企业需要提供比较利润表，以使报表使用者通过比较不同期间利润的实现情况，判断企业经营成果的未来发展趋势。所以，利润表还应将各项目再分为"本期金额"和"上期金额"两栏分别填列。利润表各项目均需要填列"本期金额"和"上期金额"两栏。

（二）利润表"上期金额"栏的填列方法

利润表"上期金额"栏内各项数字，应根据上年该期利润表"本期金额"栏内所列数字填列。如果上年该期利润表规定的各个项目的名称和内容同本期不一致，应对上年该期利润表各项目的名称和数字按本期的规定进行调整，填入利润表"上期金额"栏内。

（三）利润表"本期金额"栏的填列方法

利润表"本期金额"栏内各项数字，除"基本每股收益"和"稀释每股收益"项目外，一般应根据相关损益类账户的发生额分析填列。

（四）利润表各项目的填列说明

表 13-2 为乙公司编制的 2020 年度利润表，各项目填列说明如下。

（1）"营业收入"项目，反映企业经营主要业务和其他业务所确认的收入总额。本项目应根据"主营业务收入"和"其他业务收入"账户的发生额分析填列。

【业务 13-12】乙公司为热电企业，其经营范围包括电、热的生产和销售；发电、输变电工程的技术咨询；电力设备及相关产品的采购、开发、生产和销售等。乙公司 2020 年度"主营业务收入"账户发生额明细如下所示：电力销售收入合计 8 000 万元，热力销售收入合计 1 400 万元；"其他业务收入"账户发生额合计 600 万元。则乙公司 2020 年度利润表中"营业收入"项目"本期金额"栏的列报金额＝8 000＋1 400＋600＝10 000（万元）。

（2）"营业成本"项目，反映企业经营主要业务和其他业务所发生的成本总额。本项目应根据"主营业务成本"和"其他业务成本"账户的发生额分析填列。

【业务 13-13】乙公司 2020 年度"主营业务成本"账户发生额合计 7 500 万元、"其他业务成本"账户发生额合计 500 万元。则乙公司 2020 年度利润表中"营业成本"项目"本期金额"栏的列报金额＝7 500＋500＝8 000（万元）。

（3）"税金及附加"项目，反映企业经营活动发生的消费税、城市维护建设税、资源税、教育费附加及房产税、土地使用税、车船使用税、印花税等相关税费。本项目应根据"税金及附加"账户的发生额分析填列。

【业务 13-14】乙公司 2020 年度"税金及附加"账户的发生额如下：城市维护建设税合计 50 万元，教育费附加合计 30 万元，房产税合计 400 万元，城镇土地使用税合计 20 万元。则乙公司 2020 年度利润表中"税金及附加"项目"本期金额"栏的列报金额＝50＋30＋400＋20＝500（万元）。

（4）"销售费用"项目，反映企业在销售商品、自制半成品和提供劳务过程中发生的各项费用，包括由企业负担的包装费、运输费、广告费、装卸费、保险费、委托代销手续费、展览费、租赁费（不含融资租赁费）和销售服务费、销售部门人员工资、职工福利费、差旅费、折旧费、修理费、物料消耗、低值易耗品摊销以及其他经费等。本项目应根据"销售费用"账户的发生额分析填列。

（5）"管理费用"项目，反映企业为组织和管理生产经营发生的管理费用，主要包括公司经费、职工教育经费、业务招待费、技术转让费、无形资产摊销、咨询费、诉讼费、开办费摊销、劳动保险费、待业保险费、董事会会费、财务报告审计费、筹建期间发生的开办费以及其他管理费用。本项目应根据"管理费用"账户的发生额分析填列。

【业务 13-15】乙公司 2020 年度"管理费用"账户发生额合计数为 600 万元。则乙公司 2020 年度利润表中"管理费用"项目"本期金额"栏的列报金额为 600 万元。

（6）"研发费用"项目，反映企业进行研究与开发过程中发生的费用化支出以及计入管理费用的自行开发无形资产的摊销。该项目应根据"管理费用"账户下的"研发费用"明细账账户的发生额以及"管理费用"账户下"无形资产摊销"明细账账户的发生额分析填列。

（7）"财务费用"项目，反映企业为筹集生产经营所需资金等而发生的筹资费用。本项目应根据"财务费用"账户的相关明细账账户的发生额分析填列。其中"利息费用"项目，反映企业为筹集生产经营所需资金等而发生的应予费用化的利息支出，本项目应根据"财务费用"账户的相关明细账账户的发生额分析填列。"利息收入"项目，反映企业应冲减财务费用的利息收入，该项目应根据"财务费用"账户的相关明细账账户的发生额分析填列。

【业务 13-16】乙公司 2020 年度"财务费用"账户的发生额如下：银行长期借款利息费用合计 400 万元，银行短期借款利息费用 90 万元，银行存款利息收入合计 8 万元，银行手续费支出合计 18 万元。则乙公司 2020 年度利润表中"财务费用"项目"本期金额"栏的列报金额=400+90-8+18=500（万元）。

（8）"其他收益"项目，反映计入其他收益的政府补助，以及其他与日常活动相关且计入其他收益的项目。本项目应根据"其他收益"账户的发生额分析填列。企业作为个人所得税的扣缴义务人，根据《中华人民共和国个人所得税法》收到的扣缴税款手续费，应作为其他与日常活动相关的收益在本项目中填列。

（9）"投资收益"项目，反映企业以各种方式对外投资所取得的收益。本项目应根据"投资收益"账户的发生额分析填列。如为投资损失，本项目以"-"号填列。

【业务 13-17】乙公司 2020 年度"投资收益"账户的发生额如下：按权益法核算的长期股权投资收益合计 290 万元，按成本法核算的长期股权投资收益合计为 200 万元，处置长期股权投资发生的投资损失合计 500 万元，则乙公司 2020 年度利润表中"投资收益"项目"本期金额"栏的列报金额=290+200-500=-10（万元）。

（10）"净敞口套期收益"项目，反映净敞口套期下被套期项目累计公允价值变动转入当期损益的金额或现金流量套期储备转入当期损益的金额。本项目应根据"净敞口套期收益"账户的发生额分析填列；如为套期损失，本项目以"-"号填列。

（11）"公允价值变动收益"项目，反映企业应当计入当期损益的资产或负债公允价值变动收益。本项目应根据"公允价值变动损益"账户的发生额分析填列；如为净损失，本项目以"-"号填列。

（12）"信用减值损失"项目，反映企业按照《企业会计准则第 22 号——金融工具确认和计量》（2018 年）的要求计提的各项金融工具信用减值准备所确认的信用损失。本项目应根据"信用减值损失"账户的发生额分析填列。

（13）"资产减值损失"项目，反映企业有关资产发生的减值损失。本项目应根据"资产减值损失"账户的发生额分析填列。

【业务 13-18】乙公司 2020 年度"资产减值损失"账户的发生额如下所示：存货减值损失合计 85 万元，固定资产减值损失合计 189 万元，无形资产减值损失合计 26 万元。则乙公司 2020 年度利润表中"资产减值损失"项目"本期金额"栏的列报金额＝85＋189＋26＝300（万元）。

（14）"资产处置收益"项目，反映企业出售划分为持有待售的非流动资产（金融工具、长期股权投资和投资性房地产除外）或处置组（子公司和业务除外）时确认的处置利得或损失，以及处置未划分为持有待售的固定资产、在建工程、生产性生物资产及无形资产而产生的处置利得或损失。债务重组中因处置非流动资产产生的利得或损失和非货币性资产交换中换出非流动资产产生的利得或损失也包括在本项目内。该项目应根据"资产处置损益"账户的发生额分析填列；如为处置损失，以"－"号填列。

（15）"营业利润"项目，反映企业实现的营业利润。如为亏损，本项目以"－"号填列。

（16）"营业外收入"项目，反映企业发生的除营业利润以外的收益，主要包括与企业日常经营活动无关的政府补助、盘盈利得、捐赠利得（企业接受股东或股东的子公司直接或间接的捐赠，经济实质属于股东对企业的资本性投入的除外）等。本项目应根据"营业外收入"账户的发生额分析填列。

【业务 13-19】乙公司 2020 年度"营业外收入"账户的发生额如下所示：接受无偿捐赠利得 68 万元，现金盘盈利得 2 万元。则乙公司 2020 年度利润表中"营业外收入"项目"本期金额"栏的列报金额＝68＋2＝70（万元）。

（17）"营业外支出"项目，反映企业发生的除营业利润以外的支出，主要包括公益性捐赠支出、非常损失、盘亏损失、非流动资产损毁报废损失等。本项目应根据"营业外支出"账户的发生额分析填列。

【业务 13-20】乙公司 2020 年度"营业外支出"账户的发生额如下所示：固定资产盘亏损失 14 万元，罚没支出合计 10 万元，捐赠支出合计 4 万元，其他支出 2 万元。则乙公司 2020 年度利润表中"营业外支出"项目"本期金额"栏的列报金额＝14＋10＋4＋2＝30（万元）。

（18）"利润总额"项目，反映企业实现的利润。如为亏损，本项目以"－"号填列。

（19）"所得税费用"项目，反映企业应从当期利润总额扣除的所得税费用，本项目应根据"所得税费用"账户的发生额分析填列。

【业务 13-21】乙公司 2020 年度"所得税费用"账户的发生额合计 36 万元，则乙公司 2020 年度利润表中"所得税费用"项目"本期金额"栏的列报金额为 36 万元。

（20）"净利润"项目，反映企业实现的净利润。如为亏损，本项目以"－"号填列。

（21）"（一）持续经营净利润"和"（二）终止经营净利润"项目，分别反映净利润中与持续经营相关的净利润和与终止经营相关的净利润；如为净亏损，以"－"号填列。

（22）"其他综合收益的税后净额"项目，反映企业根据《企业会计准则》规定未在损益中确认的各项利得和损失扣除所得税影响后的净额。

（23）"综合收益总额"项目，反映企业净利润与其他综合收益（税后净额）的合计金额。

（24）"每股收益"项目，包括基本每股收益和稀释每股收益两项指标，反映普通股或潜在普通股已公开交易的企业，以及正处在公开发行普通股或潜在普通股过程中的企业的每股收益信息。

第四节　现金流量表

一、现金流量表的含义和作用

现金流量表是反映企业一定会计期间现金和现金等价物流入和流出的报表。编制现金流量表的主要目的，是为财务报表使用者提供企业一定会计期间内现金和现金等价物流入和流出的信息，以便于财务报表使用者了解和评价企业获取现金和现金等价物的能力，并据以预测企业未来现金流量。

现金流量表的作用主要体现在以下方面：一是有助于评价企业的支付能力、偿债能力和周转能力；二是有助于预测企业未来现金流量；三是有助于分析企业的收益质量及影响现金净流量的因素，掌握企业经营活动、投资活动和筹资活动的现金流量，可以从现金流量的角度了解净利润的质量，为分析和判断企业的财务前景提供信息。

二、现金流量表的编制基础

现金流量表以现金及现金等价物为基础编制，划分为经营活动、投资活动和筹资活动，按照收付实现制原则编制，将权责发生制下的盈利信息调整为收付实现制下的现金流量信息。

（一）现金

现金是指企业库存现金以及可以随时用于支付的存款。不能随时用于支付的存款不属于现金。现金主要包括：

1. 库存现金

库存现金是指企业持有的可随时用于支付的现金，与"库存现金"账户的核算内容一致。

2. 银行存款

银行存款是指企业存入金融机构、可以随时用于支取的存款，与"银行存款"账户的核算内容基本一致，但不包括不能随时用于支付的存款。例如，不能随时支取的定期存款不应作为现金；提前通知金融机构便可支取的定期存款则包括在现金范围内。

3. 其他货币资金

其他货币资金是指存放在金融机构的外埠存款、银行汇票存款、银行本票存款、信用卡存款、信用保证金存款和存出投资款等，与"其他货币资金"账户的核算内容一致。

（二）现金等价物

现金等价物是指企业持有的期限短、流动性强、易于转换为已知金额现金、价值变动风险很小的投资。期限短，一般是指从购买日起 3 个月内到期，例如，可在证券市场上流通的 3 个月内到期的短期债券等。

现金等价物虽然不是现金，但其支付能力与现金的差别不大，可视为现金。例如，企业为保证支付能力，手持必要的现金，为了不使现金闲置，可以购买短期债券，在需要现金时，随时可以变现。

三、现金流量的分类

现金流量是指企业现金和现金等价物的流入和流出。在现金流量表中，现金及现金等价物被视为一个整体，企业现金（含现金等价物，下同）形式的转换不会产生现金的流入和流出。例如，企业从银行提取现金，是企业现金存放形式的转换，并未流出企业，不构成现金流量。同样，现金与现金等价物之间的转换也不属于现金流量，例如，企业用现金购买 3 个月内到期的国库券。

根据业务活动的性质和现金流量的来源，企业一定期间产生的现金流量分为三类：经营活动现金流量、投资活动现金流量和筹资活动现金流量。

（一）经营活动现金流量

经营活动是指企业投资活动和筹资活动以外的所有交易和事项。各类企业由于行业特点不同，对经营活动的认定存在一定差异。对于工商企业而言，经营活动主要包括销售商品、提供劳务、购买商品、支付职工薪酬、接受劳务、支付税费、收到的税费返还等。经营活动产生的现金流量可以说明企业的经营活动对现金流入和流出的影响程度，判断企业在不动用对外筹得的资金的情况下，是否足以维持生产经营、偿还债务、支付股利、对外投资等。

（二）投资活动现金流量

投资活动是指企业长期资产的购建（对内投资）和不包括在现金等价物范围内的投资（对外投资）及其处置活动。长期资产是指固定资产、无形资产、在建工程、其他资产等持有期限在 1 年或 1 个营业周以上的资产。这里所讲的投资活动，既包括实物资产投资，也包括金融资产投资。这里之所以将"包括在现金等价物范围内的投资"排除在外，是因为已经将包括在现金等价物范围内的投资视同现金。投资活动产生的现金流量可以判断投资活动对企业现金流量净额的影响程度。

（三）筹资活动现金流量

筹资活动是指导致企业资本及债务规模和构成发生变化的活动。筹资活动包括发行股票或接受投入资本、分派现金股利、取得和偿还银行借款、发行和偿还公司债务等。通常情况下，应付账款、应付票据等属于经营活动，不属于筹资活动。筹资活动产生的现金流量可以分析企业通过筹资活动获取现金的能力，判断筹资活动对企业现金流量净额的影响程度。

对于企业日常活动之外特殊的、不经常发生的项目，如自然灾害、保险赔款、捐赠等，应当归并到相关类别中，并单独反映。例如，对于自然灾害损失和保险赔款，如果能够确指，属于流动资产损失，应当列入经营活动产生的现金流量；对于固定资产损失，应当列入投资活动产生的现金流量。如果不能确指，则可以列入经营活动产生的现金流量；捐赠收入和支出，可以列入经营活动。如果特殊项目的现金流量金额不大，则可以列入现金流量类别下的"其他"项目，不单列项目。

四、现金流量表的格式及主要项目说明

现金流量表分主表和附注资料两部分，现金流量主表要求企业采用直接法表达经营活动的现金流量，同时揭示企业投资活动与筹资活动的现金流量。现金流量表主表的格式见表 13-3。

表 13-3 现金流量表主表

编制单位：　　　　　　　　　年度　　　　　　　　单位：元

项目	本期金额
一、经营活动产生的现金流量	
销售商品、提供劳务收到的现金	
收到的税费返还	
收到的其他与经营活动有关的现金	
现金流入小计	
购买商品、接受劳务支付的现金	
支付给职工以及为职工支付的现金	
支付的各项税费	
支付的其他与经营活动有关的现金	
现金流出小计	
经营活动产生的现金流量净额	
二、投资活动产生的现金流量	
收到投资所收到的现金	
取得投资收益所收到的现金	
处置固定资产、无形资产和其他长期资产所收到的现金净额	
收到的其他与投资活动有关的现金	
现金流入小计	
构建固定资产、无形资产和其他长期资产所支付的现金	
投资所支付的现金	

续表

项目	本期金额
支付的其他与投资活动有关的现金	
现金流出小计	
投资活动产生的现金流量净额	
三、筹资活动产生的现金流量	
吸收投资所收到的现金	
借款所收到的现金	
收到的其他与筹资活动有关的现金	
现金流入小计	
偿还债务所支付的现金	
分配股利、利润和偿付利息所支付的现金	
支付的其他与筹资活动有关的现金	
现金流出小计	
筹资活动产生的现金流量净额	
四、汇率变动对现金及现金等价物的影响	
五、现金及现金等价物净增加额	

表中第四项是"汇率变动对现金及现金等价物的影响"项目，主要反映下列两个金额之间的差额：

（1）企业外币现金流量折算为记账本位币时，采用现金流量发生日的即期汇率或按照系统合理的方法确定的、与现金流量发生日即期汇率近似的汇率折算的金额（编制合并现金流量表时折算境外子公司的现金流量，应当比照处理）；

（2）企业外币现金及现金等价物净增加额按资产负债表日即期汇率折算的金额。

现金流量表附注，也是现金流量表的补充资料，分为三部分：第一部分是"将净利润调节为经营活动现金流量"；第二部分是"不涉及现金收支的重大投资和筹资活动"；第三部分是"现金及现金等价物净变动情况"等项目。按现金流量表准则的规定，企业应当采用间接法在现金流量附注中披露将净利润调节为经营活动现金流量的信息。

现金流量表附注的具体内容如表13-4所示。

表13-4　现金流量表附注　　　　　　　　　　　　　　单位：元

补充资料	本期金额
1. 将净利润调节为经营活动现金流量	
净利润	
加：计提的资产减值准备	

续表

补充资料	本期金额
固定资产折旧	
无形资产摊销	
处置固定资产、无形资产和其他长期资产的损失（减：收益）	
固定资产报废损失	
公允价值变动损失（减：收益）	
财务费用	
投资损失（减：收益）	
递延所得税资产减少	
递延所得税负债增加	
存货的减少（减：增加）	
经营性应收项目的减少（减：增加）	
经营性应付项目的增加（减：减少）	
其他	
经营活动产生的现金流量净额	
2. 不涉及现金收支的重大投资和筹资活动	
债务转为资本	
1 年内到期的可转换公司债券	
融资租入固定资产	
3. 现金及现金等价物净变动情况	
现金的期末余额	
减：现金的期初余额	
加：现金等价物的期末余额	
减：现金等价物的期初余额	
现金及现金等价物净增加额	

五、现金流量表的编制方法

（一）经营活动产生的现金流量的编制方法

经营活动产生的现金流量是一项重要的指标，它可以说明企业在不动用从外部筹得资金的情况下，通过经营活动产生的现金流量是否足以偿还负债、支付股利和对外投资。经营活动产生的现金流量可以采用直接法和间接法两种方法反映。

1. 直接法

直接法是通过现金流入和现金流出的主要类别来反映企业经营活动产生的现金流量。在我国,直接法下经营活动产生的现金流量,其现金流入可分为:销售商品、提供劳务收到的现金,收到的税费返还,收到的其他与经营活动有关的现金等类别。现金流出可分为:购买商品、接受劳务支付的现金,支付给职工以及为职工支付的现金,支付的各项税费,支付的其他与经营活动有关的现金等类别。

采用直接法编报的现金流量表,便于分析企业经营活动产生的现金流量的来源和用途,预测企业现金流量的未来前景;采用间接法编报的现金流量表,便于将净利润与经营活动产生的现金流量净额进行比较,了解净利润与经营活动产生的现金流量差异的原因,从现金流量的角度分析净利润的质量。所以,《企业会计准则第 31 号——现金流量表》规定企业应当采用直接法编报现金流量表,同时要求在附注中提供以净利润为基础调节得到经营活动现金流量的信息。

(1)"销售商品、提供劳务收到的现金"项目,反映企业销售商品、提供劳务实际收到的现金(含销售收入和应向购买者收取的增值税税额),包括本期销售商品、提供劳务收到的现金,以及前期销售商品和前期提供劳务本期收到的现金和本期预收的账款,扣除本期销售本期退回的商品和前期销售本期退回的商品支付的现金,企业销售材料和代购代销业务收到的现金,也在本项目反映。

确定本项目的金额通常可以利润表上的"营业收入"项目为基础进行调整。

由于该项目包括应向购买者收取的增值税销项税额,因此应在营业收入的基础上加上本期的增值税销项税额。

由于企业的商品销售和劳务供应往往并非都是现金交易,因而应加上应收账款与应收票据的减少数,或减去应收账款与应收票据的增加数。

如果企业有预收货款业务,还应加上预收账款增加数,或减去预收账款减少数。

如果企业采用备抵法核算坏账,且本期发生了坏账,或有坏账回收,则应减去本期确认的坏账,加上本期坏账回收。因为发生坏账减少了应收账款余额,但没有实际的现金流入;坏账回收有现金流入,但与营业收入无直接关系,且不影响应收账款余额。

如果企业本期有应收票据贴现,发生了贴现息,则应减去应收票据贴现息,因为贴现息代表了应收票据的减少,并没有相应的现金流入。

如果企业发生了按税法规定应视同销售的业务,如将商品用于工程项目,则应该减去相应的销项税额,因为这部分销项税额没有相应的现金流入,也与应收账款或应收票据无关。

综合以上分析,可列出下列计算公式:

销售商品、提供劳务收到的现金=营业收入+销项税额−(经营性应收款项期末余额−
经营性应收款项期初余额)+(预收账款期末余额−
预收账款期初余额)−本期计提坏账准备−
应收票据贴现息−视同销售的销项税额

(2)"收到的税费返还"项目,反映企业收到返还的各种税费,如收到的增值税、消费税、所得税、教育费附加返还款等。

确定该项目的余额，需要分析"应交税费"账户下属各明细账账户的贷方发生额。

（3）"收到的其他与经营活动有关的现金"项目，反映企业除了上述各项目外，收到的其他与经营活动有关的现金，如罚款收入、流动资产损失中由个人赔偿的现金收入等。其他与经营活动有关的现金，如价值较大，则应单列项目反映。

该项目所包括内容比较复杂，要通过分析"库存现金""银行存款"账户的借方发生额确定，由于没有固定的账户对应关系，因此分析起来有一定难度。不过企业涉及此类现金流入的经济业务一般较少。

（4）"购买商品、接受劳务支付的现金"项目，反映企业因购买商品、接受劳务实际支付的现金，包括本期购买商品、接受劳务支付的现金（包括支付的增值税进项税额），以及本期支付前期购买商品、接受劳务的未付款项和本期预付款项。本期发生的购货退回收到的现金应从本项目内扣除。

确定本项目的金额通常以利润表上的"营业成本"项目为基础进行调整。

由于本项目包括支付的增值税进项税额，因此应在营业成本的基础上加上本期的增值税进项税额。

营业成本与购买商品并无直接联系，就商品流通企业而言，营业成本加上存货增加数或减去存货减少数，便可大致确定本期购进商品的成本。

本期购进商品成本并不等于本期购进商品支付的现金，因为可能存在赊购商品或预付货款的情形。故应加上应付账款与应付票据的减少数，或减去应付账款与应付票据的增加数；应加上预付账款的增加数，减去预付账款的减少数。

对于工业企业来说，存货包括材料、在产品与产成品等，也就是说，存货的增加并非都与购进商品（材料）相联系，本期发生的应计入产品成本的工资费用、折旧费用等也会导致存货增加，但与商品购进无关，因而应进一步扣除计入本期生产成本的非材料费用。

应调整其他与商品购进和商品销售无关的存货增减变动，主要包括：存货盘亏与盘盈，用存货对外投资或接受存货投资等。

综合以上分析，可列出下列计算公式：

购买商品、接受劳务支付的现金＝营业成本＋进项税额－（存货期初余额－存货期末余额）＋本期计提的存货跌价准备＋经营性应付项目期初余额－经营性应付项目期末余额＋预付账款增加数－预付账款减少数＋存货盘亏－存货盘盈＋用于投资的存货成本－接受投资增加的存货－计入本期生产成本的非材料费用

（5）"支付给职工以及为职工支付的现金"项目，反映企业实际支付给职工以及为职工支付的现金，包括本期实际支付给职工的工资、奖金、各种津贴和补贴等，以及为职工支付的其他费用，不包括支付的离退休人员的各项费用和支付给在建工程人员的工资等。企业支付给离退休人员的各项费用，在"支付的其他与经营活动有关的现金"项目中反映；支付给在建工程人员的工资，在投资活动产生的现金流量部分的"购建固定资产、无形资产和其他长期资产所支付的现金"项目中反映。

企业为职工支付的养老、失业等社会保险基金、补充养老保险、住房公积金、支付给

职工的住房困难补助、企业为职工缴纳的商业保险金，以及企业支付给职工或为职工支付的其他福利费用等，应按职工的工作性质和服务对象，分别在本项目和"购建固定资产、无形资产和其他长期资产所支付的现金"项目中反映。

（6）"支付的各项税费"项目，反映企业当期实际上缴税务部门的各种税金，以及支付教育费附加、矿产资源补偿费、印花税、房产税、土地增值税、车船税等，不包括计入固定资产价值、实际支付的耕地占用税等。

本项目的金额可通过分析"应交税费"账户下属的各明细账账户的借方发生额计算得到。

（7）"支付的其他与经营活动有关的现金"项目，反映企业除上述各项目外，支付的其他与经营活动有关的现金，如罚款支出、支付的差旅费、业务招待费现金支出、支付的保险费等，其他与经营活动有关的现金，如价值较大，则应单列项目反映。

确定本项目的金额，可以在账户表上的"销售费用"与"管理费用"两个项目的基础上进行分析调整，扣除折旧费用、无形资产摊销等无相应现金流出的项目。

2. 间接法

间接法是以本期净利润为起算点，调整不涉及现金的收入、费用、营业外收支等有关项目的增减变动，据此计算出经营活动产生的现金流量，采用直接法提供的信息有助于评价企业未来现金流量，在我国，现金流量表的附注补充资料中按照间接法反映经营活动现金流量的情况。

在利润表中反映的净利润是按权责发生制确定的，其中有些收入、费用项目并没有实际发生经营活动的现金流入和流出，通过对这些项目的调整，即可将净利润调节为经营活动产生的现金流量。具体需要调整的项目可分为四大类：一是实际没有支付现金的费用；二是实际没有收到现金的收益；三是不属于经营活动的损益；四是经营性应收、应付项目的增减变动。将净利润调节为经营活动的现金流量需要调整的项目如下：

（1）"计提的资产减值准备"项目，反映企业本期计提的各项资产的减值准备。本项目可根据"资产减值损失"账户的记录填列。

（2）"固定资产折旧"项目，反映企业本期计提的折旧。本项目可根据"累计折旧"账户的贷方发生额分析填列。

（3）"无形资产摊销"和"长期待摊费用摊销"两个项目，分别反映企业本期摊入成本费用的无形资产的价值及长期待摊费用。这两个项目可根据"累计摊销""长期待摊费用"账户的贷方发生额分析填列。

（4）"处置固定资产、无形资产和其他长期资产的损失（减：收益）"项目，反映企业本期由于处置固定资产、无形资产和其他长期资产而发生的净损失。本项目可根据"营业外收入""营业外支出""其他业务收入""其他业务成本"账户所属有关明细账账户的记录分析填列；如为净收益，以"－"号填列。

（5）"固定资产报废损失"项目，反映企业本期固定资产盘亏（减：盘盈）后的净损失，本项目可根据"营业外支出""营业外收入"账户所属有关明细账账户中固定资产盘亏损失减去固定资产盘盈收益后的差额填列。

（6）"公允价值变动损失"反映企业本期公允价值变动净损失。本项目可根据利润表上的"公允价值变动收益"项目的数字填列，如为净收益，以"－"号填列。

（7）"财务费用"项目，反映企业本期发生的应属于筹资活动或投资活动的财务费用。本项目可根据"财务费用"账户的本期借方发生额分析填列；如为收益，以"－"号填列。

（8）"投资损失（减：收益）"项目，反映企业本期投资所发生的损失减去收益后的净损失。本项目可根据利润表上"投资收益"项目的数字填列；如为投资收益，以"－"号填列。

（9）"递延所得税资产减少"和"递延所得税负债增加"项目，分别反映企业本期与净利润相关的递延所得税资产减少和递延所得税负债增加。可分别根据资产负债表"递延所得税资产""递延所得税负债"项目的期初、期末余额的差额分析填列，递延所得税资产的期末数小于期初数的差额，以及递延所得税负债的期末数大于期初数的差额，以正数填列；递延所得税资产的期末数大于期初数的差额，以及递延所得税负债的期末数小于期初数的差额，以"－"号填列。

（10）"存货的减少（减：增加）"项目，反映企业本期存货的减少（减：增加）。本项目可根据资产负债表上"存货"项目的期初、期末余额的差额填列；期末数大于期初数的差额，以"－"号填列。

（11）"经营性应收项目的减少（减：增加）"项目，反映企业本期经营性应收项目（包括应收账款、应收票据和其他应收款中与经营活动有关的部分以及应收的增值税销项税额等）的减少（减：增加）。

（12）"经营性应付项目的增加（减：减少）"项目，反映企业本期经营性应付项目（包括应付账款、应付票据、应交税费、其他应付款中与经营活动有关的部分以及应付的增值税进项税额等）的增加（减：减少）。

（二）投资活动产生的现金流量的编制方法

现金流量表中的投资活动包括不属于现金等价物的短期投资和长期投资的购买与处置、固定资产的购建与处置、无形资产的购置与处置等。投资活动产生的现金流量应先区分现金流入与现金流出，在此基础上再细分为若干项目。

1. 投资活动产生的现金流入

投资活动产生的现金流入可分为以下项目：

（1）"收回投资所收到的现金"项目，反映企业出售、转让或到期收回除现金等价物以外的交易性金融资产、长期股权投资而收到的现金，以及收回债权投资、其他债权投资、其他权益工具投资本金而收到的现金，不包括债权类投资收回的利息，以及收回的非现金资产。

（2）"取得投资收益所收到的现金"项目，反映企业因各种投资而分得的现金股利、利润、利息等。

（3）"处置固定资产、无形资产和其他长期资产所收到的现金净额"项目，反映企业处置固定资产、无形资产和其他长期资产所取得的现金，扣除为处置这些资产而支付的有关费用后的净额。自然灾害造成的固定资产等长期资产损失所收到的保险赔偿收入，也在本项目反映。

（4）"收到的其他与投资活动有关的现金"项目，反映企业除上述各项以外，收到的其他与投资活动有关的现金。其他与投资活动有关的现金，如价值较大，应单列项目反映。

2. 投资活动产生的现金流出

投资活动产生的现金流出可分为以下项目：

（1）"购建固定资产、无形资产和其他长期资产所支付的现金"项目，反映企业购买或建造固定资产、取得无形资产和其他长期资产所支付的现金，不包括为购建固定资产而发生的借款利息资本化部分，以及融资租入固定资产支付的租赁费。支付的借款利息和融资租入固定资产支付的租赁费，应在筹资活动产生的现金流量部分单独反映。本项目可根据"固定资产""在建工程""无形资产""库存现金""银行存款"等账户的记录分析填列。

（2）"投资所支付的现金"项目，反映企业对外进行权益性投资和债权性投资所支付的现金，包括企业取得的除现金等价物以外的交易性金融资产、长期股权投资、债权投资、其他债权投资、其他权益工具所支付的现金，以及支付的佣金、手续费等交易费用。本项目可根据"长期股权投资""交易性金融资产""债权投资""其他债权投资""其他权益工具""库存现金""银行存款"等账户的记录分析填列。

企业购买股票和债券时，实际支付的价款中包含的已宣告但尚未领取的现金股利或已到付息期但尚未领取的债券利息，应在投资活动产生的现金流量部分的"支付的其他与投资活动有关的现金"项目中反映；收回购买股票和债券时支付的已宣告但尚未领取的现金股利或已到付息期但尚未领取的债券的利息，在投资活动产生的现金流量部分的"收到的其他与投资活动有关的现金"项目反映。

（3）"支付的其他与投资活动有关的现金"项目，反映企业除上述各项以外，支付的其他与投资活动有关的现金。其他与投资活动有关的现金，如价值较大，应单列项目反映。本项目可根据有关账户的记录分析填列。

（三）筹资活动产生的现金流量的编制方法

现金流量表需要单独反映筹资活动产生的现金流量，筹资活动产生的现金流量应先区分现金流入与现金流出，在此基础上再细分为若干项目。

1. 筹资活动产生的现金流入

筹资活动产生的现金流入可分为以下几个项目：

（1）"吸收投资所收到的现金"项目，反映企业收到的投资者投入的现金，包括企业以发行股票、债券等方式筹集资金时实际收到的款项净额。以发行股票、债券等方式筹集资金而由企业直接支付的审计、咨询等费用，在"支付的其他与筹资活动有关的现金"项目中反映，不从本项目内扣除。本项目可根据"实收资本"（或"股本"）、"库存现金"和"银行存款"等账户的记录分析填列。

（2）"借款所收到的现金"项目，反映企业举借各种短期、长期借款所收到的现金。本项目可根据"短期借款""长期借款""库存现金""银行存款"等账户的记录分析填列。

（3）"收到的其他与筹资活动有关的现金"项目，反映企业除上述各项目外，收到的其他与筹资活动有关的现金，如接受现金捐赠等。其他与筹资活动有关的现金，如价值较大，应单列项目反映。本项目可根据有关账户的记录分析填列。

2. 筹资活动产生的现金流出

筹资活动产生的现金流出可分为以下几个项目：

（1）"偿还债务所支付的现金"项目，反映企业以现金偿还债务的本金，包括偿还金融企业的借款本金、偿还债券本金等所导致的现金流出。企业偿还的借款利息、债券利息，在"分配股利、利润或偿付利息所支付的现金"项目中反映，不在本项目中反映。本项目可根据"短期借款""长期借款""应付债券""库存现金""银行存款"等账户的记录分析填列。

（2）"分配股利、利润和偿付利息所支付的现金"项目，反映企业实际支付的现金股利、利润，以及支付的借款利息和债券利息等。本项目可根据"应付股利""财务费用""长期借款""应付债券""库存现金""银行存款"等账户的记录分析填列。

（3）"支付的其他与筹资活动有关的现金"项目，反映企业除上述各项外，所支付的其他与筹资活动有关的现金，如捐赠现金支出等。其他与筹资活动有关的现金，如价值较大，应单列项目反映。本项目可根据有关账户的记录分析填列。

第五节　所有者权益变动表

一、所有者权益变动表的内容

所有者权益变动表，是指反映构成所有者权益各组成部分当期增减变动情况的报表。

所有者权益变动表应当全面反映一定时期所有者权益变动的情况，不仅包括所有者权益总量的增减变动，还包括所有者权益增减变动的重要结构性信息，特别是要反映直接计入所有者权益的利得和损失，让报表使用者准确理解所有者权益增减变动的根源。

二、所有者权益变动表的结构

所有者权益变动表以矩阵的形式列示：一方面，列示导致所有者权益变动的交易或事项，即所有者权益变动的来源，改变了以往仅仅按照所有者权益的各组成部分反映所有者权益变动情况，而是从所有者权益变动的来源对一定时期所有者权益变动情况进行全面反映；另一方面，按照所有者权益各组成部分（包括实收资本、资本公积、其他综合收益、盈余公积、未分配利润和库存股）及其总额列示交易或事项对所有者权益的影响。此外，企业还需要提供比较所有者权益变动表，所有者权益变动表还就各项目再分为"本年金额"和"上年金额"两栏分别填列。

三、所有者权益变动表的编制

尚未执行新金融准则和新收入准则企业的所有者权益变动表的格式如表 13-5 所示。本表各项目应当根据当期净利润、其他综合收益、所有者投入资本和向所有者分配利润、提取盈余公积等情况进行分析填列。

表 13-5 所有者权益（股东权益）变动表

编制单位： 年度 单位：元

项目	本年金额							上年金额						
	实收资本（或股本）	资本公积	减：库存股	其他综合收益	盈余公积	未分配利润	所有者权益合计	实收资本（或股本）	资本公积	减：库存股	其他综合收益	盈余公积	未分配利润	所有者权益合计
一、上年年末余额														
1. 会计政策变更														
2. 前期差错更正														
二、本年年初余额														
三、本年增减变动金额（减少以"－"号填列）														
（一）综合收益总额														
（二）所有者投入和减少资本														
1. 所有者投入资本														
2. 股份支付计入所有者权益的金额														
3. 其他														
（三）利润分配														
1. 提取盈余公积														
2. 对所有者（股东）的分配														
3. 其他														
（四）所有者权益内部结转														
1. 资本公积转增资本（或股本）														
2. 盈余公积转增资本（或股本）														
3. 盈余公积弥补亏损														
4. 其他														
四、本年年末余额														

已执行新金融准则和新收入准则企业的所有者权益变动表比尚未执行新金融准则和新收入准则企业的所有者权益变动表多一项内容，即在"三、本年增减变动金额"项目下的"（四）所有者权益内部结转"项目中多一项"其他综合收益结转留存收益"。

第六节　财务报告附注

一、附注的性质与作用

财务报告附注是对资产负债表、利润表、现金流量表和所有者权益变动表等报表中列示项目的文字描述或明细资料，以及对未能在这些表中列示项目的说明等。

附注是财务报表不可或缺的组成部分。财务报表中的数字是经过分类与汇总后的结果，是对企业发生的经济业务的高度简化和浓缩的数字，如果没有对形成这些数字所采用的会计政策，理解这些数字所必需的披露，财务报表就不可能充分发挥效用。报表使用者要了解企业的财务状况、经营成果和现金流量，应当全面阅读附注。

二、附注披露的内容

附注应当按照如下顺序披露有关内容：

（一）企业的基本情况

（1）企业注册地、组织形式和总部地址。

（2）企业的业务性质和主要经营活动，如企业所处的行业所提供的主要产品或服务、客户的性质、经营策略、监管环境的性质等。

（3）母公司以及集团最终母公司的名称。

（4）财务报表的批准报出者和财务报告批准报出日。

（5）营业期限有限的企业，还应当披露有关营业期限的信息。

（二）财务报表的编制基础

（1）会计年度。

（2）记账本位币。

（3）会计计量所运用的计量属性。

（4）现金和现金等价物的构成。

（三）遵循《企业会计准则》的声明

企业应当明确说明编制的财务报表符合《企业会计准则》的要求，真实、公允地反映了企业的财务状况、经营成果和现金流量等有关信息。

（四）重要的会计政策和会计估计

企业应当披露重要的会计政策和会计估计，不具有重要性的会计政策和会计估计可以不披露。判断会计政策和会计估计是否重要，应当考虑与会计政策或会计估计相关项目的性质和金额。

企业应当披露会计政策的确定依据。例如，如何判断持有的金融资产为其他债权投资而不是交易性金融资产；对于拥有的持股不足 50% 的企业，如何判断企业拥有控制权并因此将其纳入合并范围；如何判断与租赁资产相关的所有风险和报酬已转移给企业；投资性房地产的判断标准等。这些判断对报表中确认的项目金额具有重要影响。

企业应当披露会计估计中所采用的关键假设和不确定因素的确定依据。例如，固定资产可收回金额的计算需要根据其公允价值减去处置费用后的净额与预计未来现金流量的现值两者之间的较高者确定，在计算资产预计未来现金流量的现值时，需要对未来现金流量进行预测，选择适当的折现率，并应当在附注中披露未来现金流量预测所采用的假设及其依据、所选择的折现率的合理性等。

（五）会计政策和会计估计变更以及差错更正的说明

企业应当按照《企业会计准则第 28 号——会计政策、会计估计变更和差错更正》及其应用指南的规定，披露会计政策和会计估计变更以及差错更正的有关情况。

（1）会计政策变更的性质、内容和原因。

（2）当期和各个列报前期财务报表中受影响的项目名称和调整金额。

（3）会计政策变更无法进行追溯调整的事实和原因以及开始应用变更后的会计政策的时点、具体应用情况。

（4）会计估计变更的内容和原因。

（5）会计估计变更对当期和未来期间的影响金额。

（6）会计估计变更的影响数不能确定的事实和原因。

（7）前期差错的性质。

（8）各个列报前期财务报表中受影响的项目名称和更正金额；前期差错对当期财务报表也有影响的，还应披露当期财务报表中受影响的项目名称和金额。

（9）前期差错无法进行追溯重述的事实和原因以及对前期差错开始进行更正的时点、具体更正情况。

（六）重要报表项目说明

企业应当以文字和数字描述相结合，尽可能以列表形式披露报表重要项目的构成或当期增减变动情况，并且报表重要项目的明细金额合计，应当与报表项目金额相衔接。在披露顺序上，一般应当按照资产负债表、利润表、现金流量表、所有者权益变动表的顺序及其项目列示的顺序。

（七）或有事项、资产负债表日后非调整事项、关联方关系及其交易等需要说明的事项

1. 或有事项

企业应当在附注中披露与或有事项有关的下列信息：

（1）预计负债：① 预计负债的种类、形成原因以及经济利益流出不确定性的说明；② 各类预计负债的期初、期末余额和本期变动情况；③ 与预计负债有关的预期补偿金额和本期已确认的预期补偿金额。

（2）或有负债（不包括极小可能导致经济利益流出企业的或有负债）：① 或有负债的种类及其形成原因，包括已贴现商业承兑汇票、未决诉讼、未决仲裁、对外提供担保等形成的或有负债；② 经济利益流出不确定性的说明；③ 或有负债预计产生的财务影响，以

及获得补偿的可能性无法预计的，应当说明原因。

（3）企业通常不应当披露或有资产，但或有资产很可能会给企业带来经济利益的，应当披露其形成的原因、预计产生的财务影响等。

2. 资产负债表日后非调整事项

（1）财务报告的批准报出者和财务报告批准报出日。

（2）每项重要的资产负债表日后非调整事项的性质、内容及其对财务状况和经营成果的影响。无法做出估计的，应当说明原因。

（3）企业在资产负债表日后取得了影响资产负债表日存在情况的新的或进一步的证据，应当调整与之相关的披露信息。

（4）在资产负债表日至财务报告批准报出日之间，企业发行在外普通股或潜在普通股股数发生重大变化的情况。

3. 企业的关联方

企业无论是否发生关联方交易，均应当在附注中披露与母公司和子公司有关的下列信息：

（1）母公司和子公司的名称。

（2）母公司和子公司的业务性质、注册地、注册资本（或实收资本、股本）及其变化。

（3）母公司对该企业或者该企业对子公司的持股比例和表决权比例。

企业与关联方发生关联方交易的，应当在附注中披露该关联方关系的性质、交易类型及交易要素。交易要素至少应当包括：① 交易的金额；② 未结算项目的金额条款和条件，以及有关提供或取得担保的信息；③ 未结算应收项目的坏账准备金额；④ 定价政策。

（八）有助于财务报表使用者评价企业管理资本的目标、政策及程序的信息

（九）其他需要披露的说明

企业应当在附注中披露终止经营的收入、费用、利润总额、所得税费用和净利润，以及归属于母公司所有者的终止经营利润；资产负债表日后、财务报告批准报出日前提议或宣布发放的股利总额和每股股利金额（或向投资者分配的利润总额）。

参 考 文 献

［1］财政部会计资格评价中心. 初级会计实务［M］. 北京：中国财政经济出版社，2020.

［2］财政部会计资格评价中心. 中级会计实务［M］. 北京：经济科学出版社，2020.

［3］戴德明，林钢，赵西卜. 财务会计学（第 12 版. 立体化数字教材版）［M］. 北京：中国人民大学出版社，2019.